总主编：黄炜 总审：闫存岩

“风险管理师”专业能力培养基础教程丛书

风险管理基础知识

Basic knowledge of risk management

主　编◎闫存岩　副主编◎韩旭军　王大军

王忠明博士作序推荐

风险管理师岗位能力、专业能力、教育培训的公共通识基础教程

经济管理出版社
ECONOMY & MANAGEMENT PUBLISHING HOUSE

图书在版编目（CIP）数据

风险管理基础知识/闫存岩主编．—北京：经济管理出版社，2018.6
ISBN 978－7－5096－5813－0

Ⅰ.①风…　Ⅱ.①闫…　Ⅲ.①风险管理—教材　Ⅳ.①F272.3

中国版本图书馆 CIP 数据核字(2018)第 107510 号

组稿编辑：何　蒂
责任编辑：杜　菲
责任印制：黄章平
责任校对：王淑卿

出版发行：经济管理出版社
（北京市海淀区北蜂窝 8 号中雅大厦 A 座 11 层　100038）
网　　址：www. E－mp. com. cn
电　　话：（010）51915602
印　　刷：三河市延风印装有限公司
经　　销：新华书店
开　　本：720mm×1000mm/16
印　　张：18
字　　数：343 千字
版　　次：2018 年 7 月第 1 版　　2018 年 7 月第 1 次印刷
书　　号：ISBN 978－7－5096－5813－0
定　　价：58.00 元

“风险管理师”专业能力培养基础教程丛书编委会

沈志群　中人会常务副会长

　　　　中国投资协会创业投资与私募基金专业委员会会长

王大军　中国人民保险集团风险管理部总经理

王忠明　国务院国资委研究中心原主任

　　　　国家经贸委经研中心原主任

　　　　全国工商联原副秘书长

　　　　中国民营经济研究会常务副会长兼秘书长

　　　　中人会副会长、风险管理分会会长

武广齐　中国海洋石油集团有限公司原党组副书记、副总经理

　　　　中人会风险管理分会原副会长、管理学博士

朱　军　中人会风险管理分会副会长

　　　　风险评估专业委员会主任委员

　　　　财政部资产评估准则专业委员会委员

章敏健　中国航天科技集团五院审计监察部原部长

张文来　中国航天科工集团审计与风险管理部副部长

张凤林　中人会风险管理分会副会长

　　　　北京市农业投资公司原总经理

张小红　亿阳信通股份有限公司原总经理、董事长、监事长

丛书参编人员

（一）《风险管理基础知识》

主　编：闫存岩

副主编：韩旭军　王大军

参编人员（按拼音顺序排序）：

梁　斐　刘晶心　王　华　孙文萃　庞　叶　卫光华

（二）专业能力一：风险评估

主　编：朱　军

副主编：毛　群　李　斌

参编人员（按拼音顺序排序）：

夏　莽　周元元

（三）专业能力二：风险应对

主　编：章敏健　金乐永

副主编：高立法　粟　芳　闫存岩　黄　炜

参编人员（按拼音顺序排序）：

和静淑　黄若洲　黄　勇　李　楠　马志芳

苏　超　阎　莹

（四）专业能力三：风险管理体系建设

主　编：莫春雷

副主编：谭兆奎　鲁玉明　张文来

参编人员（按拼音顺序排序）：

陈旭平　冯　琦　高　宇　关　海　李　栋

李晓昂　刘志梅　刘星权　米雪晶　彭　迪

任蔚然　孙静楠　王长芝　王彦昭　魏　然

文　科　吴　珍　武广齐　朱　桐

（五）行政事业单位内部控制建设指引

主　编：高立法　黄　炜　赵　健

副主编：王士民　宋方红　阎　莹　王东普

参编人员（按拼音顺序排序）：

高　蕊　马金煜　马志芳　王延岩　赵桂娟

赵朝辉

总 序

风险无处不在，这已经是我们每一个人的共识。不论个人、企业、政府部门、社会组织，还是其他社会参与者，逐渐意识到风险管理的重要性。

从 2006 年 6 月国资委颁布《中央企业全面风险管理指引》（以下简称《指引》）距今已有十几年的时间，《指引》指出企业全面风险管理是一项十分重要的工作，关系到国有资产保值、增值和企业持续、健康、长期稳定发展。自 2008 年以来，根据 COSO 内部控制框架，财政部会同证监会、审计署、银监会、保监会等五部委联合颁发了《企业内部控制基本规范》及 18 项配套应用指引，奠定了我国企业内部控制建设、评价和审计的制度，为加强企业内部控制提供了理论和实践基础，使我国企业内部控制管理水平进一步提升。各类企业特别是中央企业，在风险管理实践中也根据 ISO 企业风险管理的原则、框架和过程，结合各自公司战略和文化搭建了企业风险管理体系，并且取得了可喜的成绩，对防控企业风险起到了一定的作用。

一些风险管理专家一直致力于风险管理的理论研究和实践，并努力推动实现了“风险管理师”进入我国国家职业分类大典，风险管理成为一项专业技能。这为开展风险管理专业技能教育奠定了基础，也使风险管理专业愈加得到社会的认可。

然而，我国相关风险管理课程至今还没有完全进入大学课堂，风险管理还未形成完整的、成熟的理论体系。

本风险管理系列丛书第一批包括《风险管理基础知识》《风险评估》《风险应对》《风险管理体系建设》和《行政事业单位内部控制建设指引》五册。之所以是这样一个构成状况，主要的考虑有三点：第一，风险管理基础知识是风险管理师必备的基础知识；第二，风险评估、风险应对和风险管理体系建设是风险管理师的三项核心技能；第三，风险管理基础知识和这三项技能在实践中已经形成了一些通识的成熟的经验。

与其他学科相比，风险管理还是一个值得深入探究的学科。本系列丛书体现了以下几个特点：第一，涵盖的内容尽可能广，尽量把近年的实践成果总结进来；第二，语言尽可能通俗易懂，尽可能深入浅出；第三，基础知识尽量是大家已经达成通识的内容；第四，案例尽可能丰富一些，能够在实践中学以致用。

我国的风险管理还处在实践和探索之中。本丛书的编写和出版也只是一个起点。随着时间的推移，风险管理理论研究将不断深化，风险管理实践经验日益丰富和成熟，我们将对本系列丛书持续进行修订，继续更新和补充相关内容，使其日臻完善。

闫存岩

2018 年 1 月于北京

序（一）

我一直非常关注高级风险管理师的培养及培训工作。其中，印象颇深的是曾先后两次应邀出席了均为黄炜教授筹划的高级风险管理师培训或研修班的开班仪式并作主题演讲——之所以印象颇深，原因之一是它们都被冠以“首届”二字。

第一次“首届”是在2007年1月。当时，我在国务院国资委研究中心供职。出于岗位职责使然，我对国有企业尤其是中央企业的风险管控有着很强的探寻意愿，故欣然出席了中国首届注册高级企业风险管理师（CSERM）职业资格证书培训班的开班仪式。此后，我还见证了在钓鱼台国宾馆举行的中国首批注册高级企业风险管理师的颁证仪式。

记得《经济日报》记者陈莹莹曾以《发挥企业风险管理师在企业发展中的作用》为题做了报道（刊登于2007年4月10日的《经济日报》）。正如报道所言，“首批136名高层管理人员获得注册高级企业风险管理师证书，自此，新职业企业风险管理师正式浮出水面”。据我所知，这136名注册高级企业风险管理师主要来自国有企业的中高层管理岗位，他们中的佼佼者为国企包括央企在2008年抵御由美国次贷危机引发的国际金融风波的冲击中做出了重大贡献。他们作为中国风险管理实践的领军人物，在构建具有中国特色的风险管理体系中扮演了开拓者的重要角色。历史还将继续佐证这一开创中国风险管理人才培养的先河之举！

第二次“首届”是在2018年1月21日。此会以推进国家治理体系和治理能力现代化为主题，定名为首届高级风险管理师专业能力研修班。其主题和课程设置都十分符合党的十九大精神，顺应时代发展的要求。在演讲中，我明确建议以后应多组织这样的研修班，也就是说，不能止于“首届”，而应一届接一届地办下去。令我感慨的是，十多年过去了，昔日之“首批”已成为如今风险管理实践的一线指挥官，他们积累了经验并结合理论，以专家型授训者的身份登台讲课，有的还直接参与了这套丛书的编撰工作。而此“首届”与彼“首届”很大的一个区别，就是参训人员中明显以来自民营企业、中小企业者居多。这是非常重要的一种变化或深化。

风险管理是一项既有宏观作用，又有微观意义的工作，必须在全社会各个层面深入推进。2009 年我到中华全国工商业联合会工作，主要开展中国民营经济的专门研究，以推进其健康、可持续发展。其间，我深切感受到承担 80% 以上就业重任的民营企业也必须高度重视风险管理及危机应对。为此，我曾多次建议黄炜教授所带领的团队要把风险管理人才培养的重点更多地转向民营企业、中小微企业。培训课程模块也应更好地与中国当前的实际状况相吻合，课程内容要更接地气，最好能够为之提供一套可读性强、易于理解的通俗读本，以便培养出更多能够落地并具有完备风险管控专业能力的专门人才，为中国经济社会发展以及长治久安保驾护航。

2018 年 1 月 5 日，习近平总书记在新进中央委员会的委员、候补委员和省部级主要领导干部学习贯彻习近平新时代中国特色社会主义思想和党的十九大精神研讨班开班式上，着眼党和国家事业发展全局，鲜明提出三个“一以贯之”的要求，即“坚持和发展中国特色社会主义要一以贯之，推进党的建设新的伟大工程要一以贯之，增强忧患意识、防范风险挑战要一以贯之”。这第三个“一以贯之”，足显防范风险在党和国家最高领导人心目中的地位，需要我们认真体会并坚决贯彻。

本套丛书的框架设计以“1 +3 模式”为特色并配以应用型的教材作为辅助，“1”为一本《风险管理基础知识》，“3”为三本专业能力分述，包括《风险评估》《风险应对》和《风险管理体系建设》，《行政事业单位内部控制建设指引》作为配套的行业应用型教材在本次一同出版。这样的构思，有利于最终形成一套便于系统学习的风险管理基础教程丛书，它不仅是专业培训机构培养风险管理专业人才的基础教材，也应该是填补了该领域系列培训教程的一项空白。“知识 + 案例”是本丛书各章节内容的基本结构。我相信广大风险管理从业人员将以此作为良好读本，为传播现代风险管理理念和风险管理专业知识与方法做出更多的贡献！

是为序。

国务院国有资产监督管理委员会研究中心原主任
国家经济贸易委员会经济研究中心原主任
中华全国工商业联合会原副秘书长
中国民营经济研究会常务副会长兼秘书长
丛书指导小组组长
王忠明
2018 年春节于杭州

序（二）

鉴于国家发改委中国人力资源开发研究会在职业研究、人才开发领域的专业性及风险管理分会在风险管理专业人才培训中的长期实践与专业水平，受国家发改委的委托，中人会积极承担了2015版《中华人民共和国职业分类大典》修订工作。2011年1月，中人会正式启动并积极开展了“风险管理师”作为新增职业纳入《中华人民共和国职业分类大典》的组织申报工作，包括项目立项、职业信息采集、职业岗位主要工作活动描述及认证。在各方面的积极支持下，尤其是国家发改委就业与收入分配司、发改委社会发展研究所给予了全程支持。同时，在新职业立项与主要工作活动的调研期间，时任国家发改委就业与收入分配司主要领导和发改委社会发展研究所主要负责人给予了鼎力支持，借此机会一并表示衷心的感谢！

特别值得一提的是，在风险管理师作为新职业立项和该职业主要工作活动的描述信息采集、调研与认证过程中，中人会风险管理分会常务副会长黄炜教授所带领的团队充分发挥了他们在中国风险管理领域的专业优势，执着地开展并精准地完成了风险管理师新职业的主要工作活动的职业描述信息采集、调研与认证工作。2011年8月，财会申报报告通过了严格的行业评审认证，并通过了大典修订专家委员会答辩评审，2015年1月风险管理师作为新职业被正式编入2015年新版《中华人民共和国职业分类大典》。至此，风险管理师有了定职定编定岗的法定身份和权威依据。

2014年6月，受人社部委托，黄炜教授承担的《国家职业标准开发与工作机制建设》课题研究工作正式启动，“风险管理师国家职业标准开发和工作机制建设课题研究与实践”作为该项目的子课题正式列入研究计划。2014年7月，中人会成立“风险管理从业人员国家职业标准编写委员会”，该子课题通过科学的设计与翔实的调研，完成了以风险管理师为代表的新增职业的职业标准开发与工作机制研究，课题成果于 2015 年 10 月通过了人社部中国就业培训技术指导中心标准处组织的结题评审验收，标志着风险管理师国家职业标准开发的基本完成。

2016 年 3 月，中人会完成了《风险管理师职业标准》在人社部职业技能鉴定中心标准处的备案申请工作，备案申请中明确了风险管理分会秘书处道合阶明咨询（北京）有限公司为风险管理师国家职业标准进一步开发、完善修正与认证的组织实施单位。

为了支持各行业、各领域全面实施风险管理培训，提高各行各业风险管理从业人员专业水平，中人会决定正式以风险管理从业人员国家职业标准为基础，着力专项启动风险管理师专业能力教育与培训基础教程丛书的编撰工作。中人会及时下发文件即“2017 年 1 号文件”明确设立专项，并为此成立项目领导小组、项目开发指导小组及办事机构，以保障项目的顺利实施。文件还明确此项目的开发由中人会风险管理分会承担，项目开发的组织与经费筹措等具体工作由分会秘书处道合阶明咨询（北京）有限公司具体负责并组织实施。项目成果——教育培训教材丛书将委托出版社正式出版，并作为风险管理师岗位及专业能力教育培训的公共模块教材使用，此教材的更新与再版工作亦由风险管理分会秘书处负责。

前不久很欣慰地获悉该丛书已经进入统稿阶段，丛书总编黄炜教授约我写个序。如此高的效率，令我由衷敬佩和感谢黄教授带领的编写团队各位专家的敬业精神、专业素养和辛勤劳动。我清楚地记得，在 2017 年 3 月本套丛书编写启动会上，我还与全体参编人员谈到，这套丛书在中国风险管理事业发展中具有里程碑意义，编写工作要规范、有序地开展。以该丛书为基本载体，传播风险管理理念，培养并造就更多的各行各业风险管理人才，逐步形成风险识别、风险管控、风险处置的中国特色风险管理系统，无疑是保证新时代中国经济和社会持续稳定健康发展的重要基础。

从社会价值与意义层面来看，自风险管理师作为新职业正式入编《中华人民共和国职业分类大典》，到风险管理从业人员职业标准的开发等工作，黄炜教授所带领的团队一直在努力推进并自觉地积极投入，无愧为中国风险管理研究与相关职业创建的先行者和开拓者。

本人长期从事投资研究和投资行业协会工作，深知投资始终是推动中国经济社会发展的重要动力。而投资就有风险，同时创新与创业也面临风险。无论是股权投资包括创业投资的从业者还是管理者，都需要具有科学的风险管理意识，不仅要重视投资前的风险评估，同时更要重视投资后的风险审计，确保投资的有效性和可持续发展。所以在新时代社会与经济发展环境下，风险管理领域的从业人员广泛并且自觉地学习掌握风险管理的知识，并不断提升专业能力。此套丛书的编撰完成与正式出版无疑是中国风险管理领域的一件幸事，确实可喜可贺。

中国人力资源开发研究会常务副会长
中国投资协会副会长
中国投资协会股权和创业投资专业委员会会长
国家发改委宏观经济研究院原院长助理
丛书编写领导小组组长
沈志群
2018 年 1 月

前　言

风险非常重要，个人、企业、政府部门、社会组织以及国家都需要了解风险。只有了解了风险，才能做出正确的应对和决策。那什么是风险，风险如何产生，如何评价风险，怎样管理风险，作为风险管理师应具备怎样的职业技能等一系列问题，都需要我们认真地、科学地来回答。本书的目的在于给读者提供一个认识风险的思路和方法，帮助读者了解风险管理的基础知识，根据自己的能力、特点和风险管理技能，在风险评价、风险应对和风险管理体系建设等方面获得更进一步的提升，将来成为一名合格的高级风险管理师。

本书由八章组成：

第一章风险的概念。介绍了风险的含义、特点和类型等内容。

第二章风险管理理论的演进。介绍了风险管理理论的产生和发展，主要的风险管理理论框架、标准和方法，中国风险管理理论与实践的现状、挑战及应对等内容。

第三章风险管理理论与其他学科的关系。介绍了风险管理理论与保险、投资管理学、数学、财务管理学、审计学等的联系。

第四章风险管理的概念。介绍了风险管理的定义、特点、目标、作用以及与其他企业管理要素的关系等。

第五章风险管理原则、框架和过程。介绍了 ISO31000 风险管理原则、框架和过程，COSO ERM 企业风险管理框架，其他风险管理程序、方法等内容。

第六章组织风险管理。介绍了保险公司风险管理的相关内容，介绍了公共风险管理的含义、政府风险管理以及公共事件应对案例等内容。

第七章个体和家庭风险管理。分别介绍了个体风险管理和家庭风险管理等内容。

第八章职业标准与职业道德。介绍了风险管理师职业标准、职业技能和素质以及职业道德等内容。

作为一本介绍风险管理通识内容及专业技能等基础知识为主的书籍，本书的特点如下：

（1）内容通识，主要整理了目前比较通用的风险管理知识和理论。

（2）语言简练，深入浅出，尽量用通俗易懂的语言把专业的知识给读者讲明白。

（3）逻辑清晰，围绕风险概念、风险管理和风险管理框架等概念给读者以一定的逻辑和思路，层层介绍。

本书由闫存岩担任主编，韩旭军、王大军担任副主编。参加初稿编写的有：闫存岩、韩旭军、孙文萃、王华、庞叶、卫光华、刘晶心、梁斐。由闫存岩审阅定稿，韩旭军协助主编做了大量的审稿工作。

特别感谢张小红、黄炜、李冰等同仁在本书成稿的过程中提出的宝贵意见和建议。

希望《风险管理基础知识》一书能对读者的学习和工作有所帮助，同时，诚恳地接受读者对书中可能出现的错漏提出宝贵意见。

编著者

2018 年 1 月于北京

目 录

第一章 风险的概念 …… 001

第一节 风险的定义 …… 001
第二节 风险的特点 …… 009
第三节 风险的类型 …… 015

第二章 风险管理理论的演进 …… 026

第一节 风险管理理论的产生和发展 …… 026
第二节 主要的风险管理理论框架、标准和方法 …… 031
第三节 中国风险管理理论与实践的现状、挑战及应对 …… 052

第三章 风险管理理论与其他学科的关系 …… 058

第一节 风险管理理论与保险 …… 058
第二节 风险管理理论与投资管理学 …… 066
第三节 风险管理理论与数学 …… 068
第四节 风险管理理论与财务管理学 …… 072
第五节 风险管理理论与审计学 …… 073

第四章 风险管理的概念 …… 078

第一节 风险管理的定义 …… 078
第二节 风险管理的特点 …… 084
第三节 风险管理的目标 …… 088
第四节 风险管理的作用 …… 095
第五节 风险管理与其他企业管理要素的关系 …… 105

第五章 风险管理原则、框架和过程 …… 108
第一节 ISO31000 风险管理原则、框架和过程 …… 108
第二节 COSO ERM 企业风险管理框架 …… 159
第三节 其他风险管理程序、方法 …… 200
第六章 组织风险管理 …… 205
第一节 保险公司风险管理 …… 205
第二节 公共风险与政府风险管理 …… 221
第七章 个体和家庭风险管理 …… 231
第一节 个体和家庭风险的概念 …… 231
第二节 家庭风险管理 …… 233
第八章 职业标准与职业道德 …… 243
第一节 风险管理师职业标准 …… 243
第二节 风险管理师职业技能和素质 …… 258
第三节 风险管理师职业道德 …… 262
参考文献 …… 266
后 记 …… 268

第一章　风险的概念

第一节　风险的定义

一、认识风险

（一）“风险”一词的由来

在我国，单字“风”和“险”出现得很早，但并未很早组成“风险”一词。

在我国最早的文字——甲骨文中并没有“风”字，“风”与“凤”（应为繁体字）通。“凤”指凤凰，是美丽、吉祥的象征，如百鸟朝凤、凤毛麟角等用语。由此可知，“风”字不仅是中性词，且偏于正面、褒义。我国最早的辞典《尔雅》中有“四风”之说，多为褒义。《诗经》中关于风的诗句，也基本为赞美之词。日常所用的“风格、风度、高风亮节、风华正茂”等词汇具有明显的褒义和正面的特征。在我国“险”字早有使用，如《周易》：“山下有险、险而止，上刚下险、险而健，天险不可升也、地险山川丘陵也，见险而能止、知矣哉……”日常所用的“险恶、艰险、险遭不测”等词汇具有明显的贬义和负面的特征。

检索《十三经》《二十五史》《四部丛刊》《四库全书》等古籍，“风险”一词首次出现在《明史》中。《明史》卷 86《志 62 · 河渠四 · 运河下 · 海运》中写有“漕舟失泊，屡遭风险”。现通行的《明史》为清朝纂修，于乾隆四年（1739 年）定稿。此时距 17 世纪中期已近百年，“漕舟失泊，屡遭风险”的用法与“航行于危崖间”在意义上也趋于一致。在《汉语大词典》中对“风险”一词的解释是“可能发生的危险”，释义完全是负面的。

英语中“风险”一词为 risk。据 Flanagan 和 Norman（1993）的考证，最早意大利语中有单词 Risicare，意思是胆敢、敢为，表达的是人类固有的冒险性。

法语中 Risque 一词来源于意大利语 Risicare，意思是航行于危崖间。英语单词 risk 是来源于法语的 Risque，17 世纪中期才出现在英语中。

《朗文当代英语辞典》对风险的释义是："坏事、不愉快事、危险之事发生的可能性"（the possibility that something bad，unpleasant，dangerous may happen）。《韦氏高阶英语词典》对风险的释义是："坏事或不愉快事（如伤害或损失）将发生的可能性"（the possibility that something bad or unpleasant（such as an injury or loss）will happen）。《牛津英语大词典》对风险的释义是："危险；暴露于损失、伤害或其他许多情况的可能性"（danger；exposure to the possibility ofloss，injury，or other adverse circumstance）。可见，在英语的生活语言中，"风险"一词是负面的而非中性的词汇，这与其来源于"航行于危崖间""冒险"等提法直接有关。但是，冒险也可能带来积极或正面的效果，风险与某种不确定性相关联。

（二）对风险的一般认识

风险是损失的不确定性，这里的损失是指对人、企业和政府等经济主体的生存权益或者财产权益产生不利影响的事故。经济学家、统计学家、决策理论家和保险界学者对"风险"的认识主要有以下四种：

1. 损失发生的可能性（或机会）

可能性是指客观事物存在或者发生的机会，这种损失的可能性可以用概率来衡量，当损失事件发生的概率为 0 时，表明没有损失的机会，风险不存在；当概率为 1 时，表明风险是一种确定性的事件，其存在的状态不容怀疑，也就不在风险管理的范围内；损失可能性则意味着损失事件发生的概率在 0 ~ 1 之间。

2. 损失的不确定性

这种不确定性又可以分为客观不确定性和主观不确定性。客观不确定性是指风险事件发生的实际结果与预期结果的偏离，这种偏离可以使用数学、统计学方法加以衡量。主观不确定性是个人对客观风险的主观评估，同个人的知识、经验、精神和心理状态等方面因素有关的，不同的人面临相同的客观风险时，会有不同的评价。例如，个人对足球比赛中胜负的估计、企业对产品未来市场占有率增长或下降的估计。在对风险事件出现的可能性缺乏数据统计依据和评价方法时，主观概率法不失为评估风险的一种办法。但是，由于主观概率是个人估测的结果，往往存在一定的偏差，这会对风险管理者的决策产生不利的影响。

3. 实际结果与预期结果的偏差

例如，一家保险公司承保 10 万幢房子，按照经验数据估计，火灾发生的概率为 1‰，即 1000 幢住房在一年中有 1 幢会发生火灾，那么，这 10 万幢住宅在一年中就有 100 幢住房可能会发生火灾。然而，实际结果不太可能正好就有 100 幢住房发生火灾，实际结果往往会偏离预期的结果，保险公司估计的偏差域为

±10，即在90幢和110幢之间，这种实际结果与预期结果的偏差即为风险。

4. 实际结果偏离预期结果的概率

有学者认为，风险是一个事件的实际结果偏离预期结果的客观概率。例如，生命表中21岁男性的死亡率是1.91%，而21岁男性实际发生的死亡率与这个预期的死亡率不同，这种实际结果偏离预期结果的概率即为风险，这一偏离的客观概率是可以运用数学或统计学方法计算出来的。

综合以上几种观点，风险是损失的不确定性，是各种造成损失的风险事故发生的不确定性，这种不确定性是可以运用数学或统计学的方法估计出来的。

（三）以往认识的局限性

在以往风险的概念中，存在着偏重负面性、与不确定性混淆和脱离风险管理主体三方面的问题，给风险管理带来了被动管理、认识局限和管理主体不明确等问题。

追溯“风险”一词的历史，可以看到，一说到风险就意味着可能的损失、伤害、威胁、灾难，即确定的事情不是风险（即使是负面的），不确定性就是风险。但是，不确定性是客观的，混淆风险与不确定性，风险也变成了客观的，显然，人们很难对客观的、负面的风险实施主观的、主动的管理；有人甚至认为风险是不可管的、不可测的，这严重影响和制约了风险管理的发展。

虽然大家在日常生活中经常使用“风险”一词，但却很少将其与风险管理相联系，也没有管理主体的概念，即风险是对谁而言的风险并不明确。这严重影响了风险管理主体的有效性。

二、风险各种定义

风险的概念与人类的历史一样长久，而为风险做出理论上的定义却仅有百年历史。

（一）最早的风险概念

美国学者海恩斯（Haynes，1895）在*Risk as an Economic Factor*一书中最早提出了风险的概念：风险一词在经济学中和学术领域中并无任何技术上的内容，它意味着损失或损失的可能性。某种行为能否产生有害的后果应以其不确定性而定，如果某种行为具有不确定性时，其行为就反映了风险的负担。海恩斯的定义反映了风险的两个基本特性：损失（即负面性）和可能性（不确定性）。上百年来众多学者、诸多标准试图给风险下一个定义，尽管不同的学科对风险的定义存在着明显的差异，但基本上都逃不出这两个特性的框架。

（二）IRIVI风险概念

风险管理研究所（IRIVI）将风险定义为：某个时间发生的可能性及其结果。

结果可以是积极的，也可以是消极的。该定义适用广泛，具备很强的实用性。

（三）IIA 风险概念

国际内部审计师协会（Institute of Internal Auditors，IIA）将风险定义为：可能对目标的实现产生某种影响的事件所带有的不确定性。IIA 还指出风险的衡量指标主要包括风险所带来的结果及其可能性。健康与安全方面的从业者更趋向于将风险视为可能性及危害大小的简单组合，但对于风险管理方面的从业者而言，这还远远不够。

（四）COSO 风险概念

国际反虚假财务报告委员会下设的发起人分会（COSO）认为，风险是一个事项将会发生并给目标实现带来负面影响的可能性。

带有负面影响的事项阻碍价值创造，或者破坏现有的价值。例如，机器设备故障、火灾和信用损失等。带有负面影响的事项可能起源于看似正面的情况，如客户对产品的需求超过了生产能力，就会导致不能满足买方的需求，从而损害客户忠诚度和减少未来的订单。

带有正面影响的事项可以消除负面影响，并带来机会。机会是一个事项将会发生并给目标实现带来正面影响的可能性。机会支持价值的创造或保持。管理当局把机会反馈到战略或目标制定过程中，以便规划行动去抓住机会。

（五）ISO 风险定义

在《ISO Guide 73：风险管理术语》标准中，对涉及风险管理领域的 50 个术语进行了定义阐述。其中，第一章“与风险有关的术语”中给出了“风险”的最新定义，即不确定性对目标的影响。

根据 ISO31000：2009 标准原文所述：所有类型和规模的组织都会面对内部、外部因素及其影响，这给组织是否实现、何时实现其目标带来了不确定性。这种不确定性对组织目标的影响就是风险。

我国国标 GB/T 23694—2013《风险管理术语》也引用了风险术语定义。

历经风险管理的实践，人们已意识到原有的、完全负面意义的风险内涵所带来的巨大局限性、被动性；在当今企业全面风险管理（Enterprise Risk Management，ERM）时代，企业层面的风险具有了危害和可利用的两重性，已经是一个中性的字眼。人们需要冲破日常用语的束缚，在风险管理领域赋予“风险”一词更科学、更准确、更合理、更与时俱进的内涵，从而使风险管理更具有正确、全新的理论基础，更具有时代的特征，使风险管理更加有效、主动，并面向未来，借助风险管理创造出更大的价值。

三、ISO 中风险概念及其理解

ISO 风险最新定义是 ISO 风险管理标准族的核心和基石，其定义的内涵和外延直接影响风险管理工作的目标、内容和边界，为各种类型和规模的组织实施ISO31000标准确定了方向。[①]

（一）解读ISO风险的定义

风险术语定义（包括其后的五个注解）对以往的风险概念进行了“颠覆性”的改造。图1－1是对风险术语最新定义的图示。

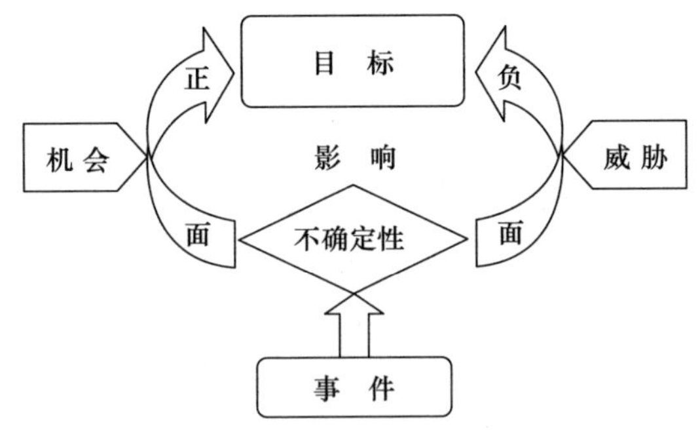

图1－1　风险术语最新定义的图示

ISO定义风险为不确定性对目标的影响，说明风险是一种影响。这种影响是对目标的影响，这种目标是组织的目标或利益相关方的目标。对目标的影响因素多种多样，风险要研究的只是其中一种，即不确定性，不确定性显示了风险的两重性，即正面的机会和负面的威胁；不确定性对目标的影响通过事件来体现，事件充当风险的载体。

1. 影响是指偏离预期，可以是正面的和负面的

风险是一种影响，该影响可能是正面的，也可能是负面的，即风险具有两重性。正面的影响意味着机会和收益，负面的影响则意味着威胁和损失。如投资股票的风险，可能赚钱，也可能赔钱。又如新产品研发的风险，可能成功，带来新的竞争力，也可能失败，导致现金流短缺而倒闭。

通常认为不确定性是客观的，而作为体现风险管理主体的目标是主观的。仅有客观存在——不确定性或仅有主观存在——目标并不能构成风险，只有当不确定性存在对目标的影响时，对与目标相对应的管理主体而言，才构成风险。

影响是桥梁，意为不确定性与目标发生关系，对目标施加作用。三者联系起来形成了风险概念的统一性和整体性，而不仅仅是单一的不确定性概念。

① 本书除特别指出外，所用标准和术语的原文全部引自ISO31000：2009风险管理——原则与指南（以下简称《标准》）、ISO Guide 73：2009风险管理术语（以下简称《术语》）。

2. 目标可以是不同方面和层面的目标

风险是对目标而言的，没有目标，就谈不上风险。这些目标不是抽象的，而是很具体的、多维的，如财务目标、健康安全目标、环境目标等方面，以及战略目标、组织目标、项目目标、产品目标、过程目标等层面。

对于任何人或组织，一切有理性的活动都是有目标的。目标就是人们从事有理性活动的预期，希望达到或取得的结果、成效或收获。就一个组织而言，其生存与发展需要五个要素，即目标、市场需求、可利用资源、自身能力、环境。目标是五要素之首，失去目标，其后的四个要素难以识别和界定。

3. 风险常具有潜在事件、后果或者二者结合的特征

事件是风险的载体。在风险评估的风险识别中，必须识别潜在事件。没有潜在事件就谈不上后果和可能性，也就无从对风险进行研究和计量。

《术语》中对事件定义为一些特定情况发生的事情及其变化。一个事件可能是一个或多个事情组成，并且会有多种原因；一个事件可能有一些不会发生，对风险管理而言，这种潜在事件正是预期需要管理的；一个事件有时被称为“不良事件”或“事故”；一个不会产生后果的事件可以被称为“未遂事件”“偶然事件”“临近伤害”或“幸免”，说明了事件的一种情况，即一个事件还没有产生后果，但存在造成负面影响的可能性。

事件一词使用宽泛，与不确定性相关所发生的一切都可概括成是事件。不确定性需要一个载体来实现对目标的影响，这一载体就是事件。也就是说，不确定性最终要以一个（或多个）事件来体现，该事件的发生后果将影响组织目标的实现。例如，天气变化具有不确定性，但明天下雨（一个事件）可能影响人们的出行（目标）。

4. 通常用事件后果（包括情形的变化）和事件发生可能性的结合来表示风险

风险定义明确了对风险的二维表示，一维是事件的后果，另一维是发生的可能性；而且，必须同时使用后果和可能性这两个参数。后果与目标和事件密切相关。风险可以用后果及其可能性的结合来表示。通常，在一个可能性和后果构成的二维平面内用一个点（或一个区域）来表示某一特定的风险，这个点代表的风险通过在可能性和后果两个坐标轴上对应的数值而获得。

显然，要完成对一个风险的表示，首先要对其对应的后果和可能性赋值。赋值并不一定指定量的，也可以是半定量的，或是定性的，但必须建立后果和可能性的度量标准，以完成对风险的表示。

在风险管理实践中，人们常用后果及其可能性的乘积表示风险的大小。风险的大小也称为风险等级。

（1）《术语》中对后果定义为某事件对目标影响的结果。一个事件可能导致各种结果；一个后果可能是确定的或不确定的，且对目标可能有正面的或负面的影响；因此，需要把握后果的性质和不确定性。后果可能是正面的，也可能是负面的。后果可定性或定量地表示，有人认为只有定量才能进行风险评估，这个观点显然过于武断。一个事件发生后，可能由于连锁反应而使最初的后果升级，得到扩大或增强。

对特定的目标而言，如果事件发生的结果对该目标有影响，则该结果对目标而言是后果；如果事件发生的结果对该目标没有影响，则该结果对目标而言不是后果。后果对目标的影响可能是正面的或负面的，这是风险具有两重性的体现。

（2）《术语》中对可能性定义为某事件发生的可能程度或机会。无论是以客观的或主观的、定性或定量的方式来定义、度量或确定，还是用一般词汇或数学术语来描述（如概率或一定时间内的频率），在风险管理术语中，可能性一词都用来表示某事发生的可能性。可能性常用概率代替，但不局限于概率的数学含义。

概率，又称或然率，是数学概率论的基本概念，是对随机事件发生的可能性的度量。概率是表示一个事件发生的可能性大小的实数，介于 0 到 1 之间。概率为 0，意味着事件肯定不发生；概率为 1，意味着事件肯定发生，又称必然事件。发生概率在 0 和 1 之间的事件被称为“或然”事件。

值得注意的是，如果一件事情发生的概率是 1/n，不是指 n 次事件里必有一次发生该事件，而是指此事件发生的频率接近于 1/n 这个数值。如掷骰子，骰子有 6 个面，按概率来说，每抛一次，出现三个点的概率应该为 1/6，但这并不意味着抛 6 次就一定会出现一次三个点。在实践中也可验证，抛 6 次骰子，可能出现两次三个点，也可能一次都不会出现。

频率是指被指定时间单元的事件或结果的个数或次数。频率可以适用于过去的事件或潜在的未来事件，用作可能性或概率的度量。

频率、概率、可能性三者密切相关又各不相同。其中，可能性外延最大，可定性或定量表示，一般是定性的；概率针对随机事件，以可能性为基础，一般用定量表示；频率则与次数和时间段相关，一般用定量表示。如果使用频率一词表示可能性，暗含着风险定期出现的意思。

5. *不确定性是指对一个事件的后果或对相关信息的理解的一种状态*

不确定性是风险的最基本特性。是一种缺乏或部分缺乏相关信息或认知的状态。也就是说，不知道或不清楚某个事件会不会发生、发生的后果会怎样、程度有多大、该后果发生的可能性有多大等。

信息和认识对不确定性来说至关重要。之所以存在不确定性，就是因为缺乏相关信息，缺少对事物的认识，所以不确定性是对于主观的认知而言的。对那些确定发生或确定不发生的事情，以及那些已知发生概率的客观不确定性（如抛硬币）事件，则不属于风险不确定性研究的范畴。

不确定性是风险概念的核心。没有不确定性，就谈不上风险，也不会有风险。但是，不确定性与风险是两个不同的概念。作为风险管理的主体，在制定目标以后，在争取实现目标的过程中，可能发生也可能不发生各种情况或事件，这便是存在不确定性。这些可能发生或不发生的情况或事件可能影响管理主体目标的实现，对该管理主体而言，这就是风险。

（二）ISO 风险定义的特点

1. 相比以往其他有关风险的概念和定义，ISO 风险定义更具全面性和科学性

过去关于风险的定义，往往来自具体的管理领域，如保险、安全生产等，它们只满足了某些特定领域的管理需要。例如，投行常常把风险视为机遇；在金融资产管理领域，常用资产价格分布的波动性描述风险；而在保险业，通常认为风险是“损失的不确定性”。随着时间的推移和风险管理实践的发展，《术语》对风险的定义将逐步获得更广泛的认同，涵盖上述各行各业。

2. ISO 风险定义的实用性强

它非常简洁、准确地指出了风险概念中最基本的三个要素，即目标、不确定性及二者之间的影响关系，为此，建立一个表达式可以帮助我们判断风险是否存在以及风险的大小，进而准确、全面地掌握这三个变量的内涵，这也是正确、全面、深入认识风险概念的基础。

目标、不确定性及二者之间的影响关系，可以用函数来表述风险：$Rc = R(U, E, O)$，组织是否存在风险（即 Rc 是否等于零）是三个变量 U、E、O 的函数，其中 U 为不确定性（Uncertainty）、O 为目标（Objective）、E 为影响（Effect）。可分为以下几种情况：

（1）$O = 0$，即没有目标。没有目标就不能明确管理的主体，Rc 可能等于零。

例如，汽油可能涨价是否是风险呢？如对一个有私家车的人，就是风险（可能加大开车的成本），而对一个不拥有私家车的退休人员，就不是风险（未增加其在这方面的成本）。

（2）$E = 0$，即没有影响。即使 O、U 都不为零，$Rc = 0$。

（3）$U = 0$，即没有不确定性。不确定性是风险的基本属性，如 $U = 0$，则 $Rc = 0$。

注意：如 $Rc = 0$，反过来不能说 $U = 0$。

对以上三种情况，基本结论是：$O = E = U = 0$，则 $Rc = 0$。

(4) O、E、U 均不为零，则 Rc 不为零。Rc 的大小取决于 O、E、U 的大小。

第二节　风险的特点

一、风险的特点

《术语》中对风险的定义使风险具有了丰富的、与以往不同的内涵，诞生了一个全新的风险观，其涉及以下几个方面：

(一) 不确定性

不确定性是风险的基本属性，没有不确定性，就不会有风险。正是在客观世界中存在着不确定性而导致了风险的存在。风险一定具有不确定性，一切确定的都不是风险，也不属于风险管理范畴。风险定义没有明确风险与不确定性的关系，风险的唯一确定性就是其所具有的不确定性。

在风险管理实践中，通常以概率的数值（P）表示不确定性的大小或程度。概率的取值范围为［0，1］，它对应某事件发生的可能性从 1% 到 100%。其中，P = 0，表示事件肯定不发生或消失；P = 1，表示事件一定发生；P = 0.5，表示事件发生或不发生都具有 0.5 的概率。这说明：P = 0 或 P = 1 均对应最大的确定性；P = 0.5 对应最大的不确定性。

如果将不确定性划分为四个等级，且第四等级具有最高程度的不确定性，同时假设不确定性（U）与概率（P）之间满足二次函数关系，那么可以得到如下等式：$U = -16(P-0.5)^2+4$；该函数的几个特征值为：$U(P=0)=0$，$U=(P=1)=0$，$U(P=0.07)=1$，$U(P=0.15)=2$，$U(P=0.25)=3$，$U(P=0.5)=4$。由此可以绘制如图 1 - 2 所示的抛物线，并据以根据不确定性的性质（即对目标影响的好坏）来管理不确定性。图 1 - 2 中的 Z 箭头方向表示不确定性的性质是正面的；F 箭头方向表示不确定性的性质是负面的，从 H 点到 M 点，是不确定性程度提高的过程；从 M 点到 N 点，是不确定性程度降低的过程。

在《术语》风险定义中，不确定性是风险的内核，对目标的影响是风险的结果。正是不确定性的未来性对预期的未来目标产生影响，所以我们关注未来就必须识别和管理不确定性，以期改变它对目标的影响。

不确定性的明确内涵是信息的缺乏。事件是潜在的、未来可能发生的，在目前环境和信息技术水平下，必然缺乏与其相关的各种信息，也就必然影响了人们

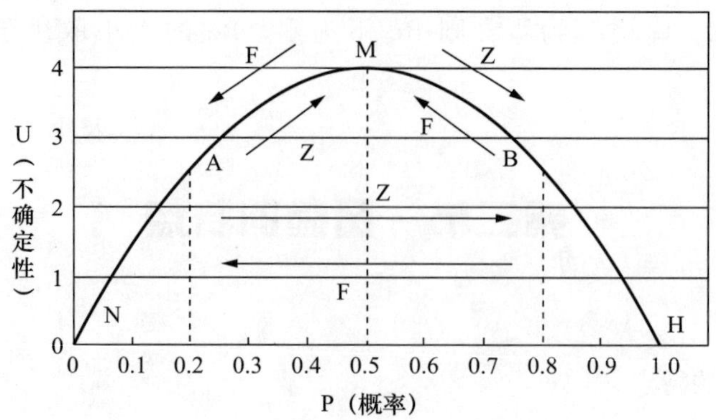

图1-2 不确定性与概率的关系曲线

对事件、后果、可能性的认识和了解，在今天看来，这便是未来的不确定性。缺乏信息体现了不确定性的客观性，缺乏了解或认识体现了不确定性的主观性，缺乏的程度决定了不确定性的程度。缺乏的程度较小，则不确定性的程度较低（确定的程度较高）；缺乏的程度较大，则不确定性的程度较高（确定的程度较低）。

如果有了对潜在事件、后果、可能性的足够信息，就可以实现对它们的认识和了解，就可以变不确定性为确定性。这一认识直接影响对风险概念的理解，也影响实施风险管理的有效性。只要不断改进对事件、后果、可能性的信息、了解或认识（主观与客观的结合），就有可能确认不确定性并改变其不确定程度，使风险管理朝着有利于人类的方向发展（注意：不一定有利的方向就是朝着确定性的方向发展）。

不确定性的客观性是人们的普遍共识，深入理解两种不同性质的不确定性的客观性，是认识风险具有可管性的基础。

（1）客观上的确定性。某些事物在客观上是确定的，只是由于人类总体上的认知能力不足，或无法得到确定状态所必需的一切信息，在一定时期内所表现出的不确定性。其形成机制是不确定性客观上的确定性的重要特征，人们一旦发现或掌握这一形成的机制，将变不确定性为确定，或改变不确定性的程度。例如天气的变化具有不确定性，但对天气的预报从很不确定走向逐渐的确定。地球绕太阳的轨迹早就是确定的，并不是因为有了微积分、万有引力定律以后地球才以椭圆形轨道绕太阳运行的。

（2）客观上的不确定性。某些事物由一些不可预测的偶然因素导致，无论如何掌握有关信息，无论人们的认识程度如何，对于未来的结果始终无法判断。人类并未试图研究不确定性的形成机制，而是利用这种不确定性来为人类所用，并期望能通过主观上的管理来改变风险结果，如投掷硬币、掷骰子等一些随机过程，完全由不可预测的偶然因素所导致。

（二）目标性

《术语》风险定义明确含有目标一词，以此与不确定性的概念区别开来。风险术语定义的最大亮点和突破，就是明确了与目标相连，体现了在风险管理领域中定义风险术语的基本要求。

风险是对目标而言的。没有目标，就谈不上风险。目标是主观的，一定是人或组织（管理主体）的目标，所以明确了目标，就明确和界定了风险管理的主体。任何脱离主体的风险，在实践中都是没有意义的。风险管理一定是特定人或组织——主体对风险的管理。不明确和界定管理主体，风险管理就失去方向，就不可能有正确的管理内容，也就不可能实现既定的预期。

（三）两重性

影响一词是中性的，具有两个不同的方面：正面的影响——促进目标的实现，负面的影响——阻碍目标的实现。这种不确定性对目标和影响而客观存在的两重性直接导致了风险的两重性。

《术语》风险定义赋予风险中性特征，使其内涵具有了两重性——机会与威胁，彻底纠正了以往皆为负面的风险内涵，是理解最新风险管理理论、学习最佳风险管理实践的前提条件，更是“鼓励主动管理、创造更多价值”的内在动力，这是风险新定义的最突出之处。如图 1 - 1 所示，不同的风险对于一个目标，可能是机会，也可能是威胁；同一个风险对于不同的目标，可能是机会，也可能是威胁。例如，可能爆发的金融危机对于大多数企业而言，可能是很大的威胁，但对于一些有识之士或企业，可能就是千载难逢的机会。

需要注意的是，强调风险的两重性并不能否定组织在一定的历史时期、在特殊环境下，重点关注风险的威胁或机会。以往风险的全负面性仍然存在，许多组织可能将风险管理的重点放在了对企业威胁的管理上。

另外，风险的两重性是机会与威胁而不是成功（或收益）和损失，因为前者含有可能性的意思，符合对风险术语的定义；而后者都是确定的，不符合风险术语的定义。

（四）未来性

已经发生的事都是确定的（就发生的可能性和后果而言），只有未来将要发生的事才具有不确定性，所以，不确定性具有未来属性。目标是人们今天制定并预期在未来某一时刻或时间范围将要实现的目标，所以目标也具有未来属性。《术语》中风险定义被赋予了清晰的未来属性：风险直接与未来相关。这一点极为重要，正基于此，风险管理才具有一个崭新特性——管理风险就是管理未来。

（五）事件性

《术语》风险定义表明风险与事件直接联系。由于风险的未来属性，与风险相关的事件一定是潜在事件，今天没有发生，可能在未来某一时间点发生。潜在事件是风险具有的最突出特征，关注风险就应该关注未来可能发生的事件，以及与事件相关的变化，牢牢把握风险的这一潜在事件特征。

事实已证明，所有风险的可能发生都一定对应有相应可能事件的发生，而一切风险的实际发生都一定是特定事件的发生所触发的。

风险的事件性对风险管理具有重要的实际意义。风险是抽象的，事件是具体的。在实际工作中，应首先识别、分析可能发生的事件，而后再去将可能发生的事件与组织可能面临的何种风险相联系。知道了可能发生的事件，风险应对就容易具体和正确，管理风险才能有效和高效。例如，可能发生的汇率变化是一个事件，对于具有外汇储蓄的组织而言，就可能面临金融风险。风险识别的中心内容是识别可能的事件，作为风险识别过程的主要输出——风险清单，其基础也是事件，而不是各种风险的名称、分类。

（六）客观与主观相结合

由于个人精神状态和心理状态所产生的风险，称为主观风险。是不是风险、风险有多大，往往会受到主观性判断因素和个人素质的影响，这就是所谓的主观风险学。主观风险学是基于个人对事物的主观估计来定义风险的，因此一般难以客观度量风险和比较风险之间的大小。

与此相对应，不以人的意志为转移的客观存在的风险，称为客观风险。客观风险学往往用“时间段、不确定性和结果差异”来描述风险，风险是指在特定条件下与给定的期间内，可能发生结果与期望结果之间的差异。因此“风险有概率分布、风险可以客观度量和统计”成为客观风险学的基本思维。客观风险学是当代企业风险管理发展的信仰支持，是20世纪90年代后期企业加大风险量化实践的思维基础。

《术语》风险定义不确定性具有客观性，目标具有主观性，而主观性与客观性相联系的桥梁就是影响，所以说，风险具有主观与客观相结合的特性。就一个组织的风险管理而言，明确客观存在的不确定性与主观目标的关系，对组织实施主动的风险管理具有重要意义，风险可管、风险可测，组织可以发挥更大的主观能动作用，以提高风险管理的有效性和效率。

（七）没有自身的生产过程

风险具有一个极为特殊的性质——风险本身没有自己的生产过程，这是构成风险管理与其他管理相区别的一个重要方面，也是风险管理的特殊性所在。例如，通过生产过程将组织的产品生产出来、通过资产的管理过程将组织的资产管理好。但组织中没有这样的过程，专门用于生产风险，从而需要将这一专门生产风险的过程管理好。

组织风险产生于特定的业务过程中，如在以上举例中，产品生产过程中的产品质量风险和资产管理过程中的资产安全风险。明确、理解风险没有自身的生产过程是认识、理解风险管理嵌入性的基础，对组织实现风险管理的有效性意义重大。

二、风险的关键要素

（一）风险关键要素定义

风险是由多种要素构成的，这些要素的作用决定了风险事故的发生和发展。一般来说，风险是由风险因素、风险事故和损失等要素构成的，这些要素之间存在着一定的内在联系。

1. 风险因素

风险因素是指引起风险事项发生或增加风险事项发生机会的因素，通常称其为风险源。风险因素引起或增加风险事故发生的可能性，引起风险事故发生或者产生损失的条件，是风险事故发生的潜在原因。例如，汽车刹车系统失灵、恶劣的天气（飞机无法降落）、企业言而无信（造成声誉损害）或汇率贬值。对于人来讲，不健康、年事已高等是导致死亡的风险因素，但是，导致某人死亡的直接原因却是风险事故，如突发脑溢血疾病死亡。根据性质不同，风险因素可以分为实质风险因素、道德风险因素和心理风险因素三种类型。

（1）实质风险因素，是指有形并能直接影响事物物理功能的因素，即某一标的本身所具有的足以引起或增加损失机会和加重损失程度的客观原因和条件。人类对于实质风险因素，有些可以在一定程度上加以控制，有些在一定的技术条件下是无能为力的。

（2）道德风险因素，是指人们怀有犯罪意图、不诚实品质或者图谋不轨而引起或增加损失机会的条件。道德风险因素强调人的恶意行为或故意行为造成的损失。

（3）心理风险因素，是指与人的心理状态有关的原因而引起或增加损失机会的条件。人的过失、疏忽、知识水平有限等都属于心理风险因素。

2. 风险事故

风险事故也称风险事件，泛指单一或系列的特别/偶然事件或影响的发生，是风险之所以发生的直接原因，风险事故是促使风险因素由可能变为现实的直接引起损失的事件。

3. 损失

损失是指非故意的、非计划的、非预期的经济价值的减少。这一定义包含两个重要条件：一是非故意的、非计划的和非预期的；二是造成经济价值的减少，二者缺一不可。任何故意的、计划的、可以预期的事件，造成的经济价值减少，都不属于损失的范畴。无法计量经济价值的，也不属于损失。

例如，恶意行为、折旧、自然损耗、面对受损的物资可以抢救而不抢救等造成的后果，都不能被视为损失。又如，人的记忆力随着年龄的增长而逐渐衰退，满足非计划、非故意和非预期这一条件，但是却无法计量其经济价值减少的程度，也不能称为损失。再如，车祸使受害人丧失一只胳膊，车祸的发生满足第一个条件，而人的胳膊是不能以经济价值来衡量的，即不能用货币来衡量，但是，失去胳膊所需的医疗费，以及因残废而导致的收入减少却可以用货币来衡量，又满足了第二个条件，因而可以视为损失。

一般来说，按照损失的内容划分，可以将其分为下列四种：

（1）实质损失，是指风险事故直接造成的、有形物质的损失，又称为直接损失。

（2）费用损失，是指由风险事故引起的修理费用、重置费用、施救费用、救助费用、医疗费用、清理场地费用等。这种由风险事故而引起的组织支付费用增加的损失，形成费用损失。

（3）收入损失，是指由风险事故引起停产、影响经营收入减少的损失。一般来说，收入损失、费用损失、责任损失等构成企业的间接损失，而收入损失又是比较重要的间接损失，对经济活动主体的影响较大。

（4）责任损失，是指根据合同、法律法规的规定，行为人应当对他人的财产或者人身伤害承担经济赔偿责任的损失。

（二）风险关键要素关系

风险因素、风险事件和风险损失是传统风险的三大要素，这三大要素之间存在着一定的因果关系。即风险因素的存在和增加引起风险事故，而风险事故一旦发生，便会导致损失。从风险因素和风险事故间的关系来看，风险因素是风险事故产生并造成损失的可能性，只是引起损失的条件，并不会直接导致损失。风险因素的变化过程有时是容易被人察觉的，有时则是不易被人察觉的，风险因素增加到一定程度或者遇到某一特殊情况时，才会引发风险事故，而风险事故一旦发生就会引起损失。由此可以说，风险因素是产生损失的潜在原因，而风险事故是导致损失的直接原因，损失是风险事故所带来的不利后果。

过去人们习惯用纯风险的视角看待三要素，但在 ERM 时代，随着人们对风险特性由负面性到中性认识的转变，风险三要素的称谓和含义也发生了相应的修正与变化。例如，风险因素变成中性词，风险事件改称为风险事项，风险损失改称为风险损益等。

20 世纪 90 年代之前，风险因素一般是指导致损失的频率或损失程度增加的要素，其定义一般与纯风险的发生紧密相连。ERM 时代对风险因素的要点提示有时具有正面意义，这取决于风险因素给企业带来的是损失还是收益。

传统风险事件定义仅仅是指负面性的，直接导致损失的偶发事件，如车祸、失窃或火灾。ERM 时代对风险事件的新解为："风险事件是源于内部或外部的影响战略实施或目标实现的事故或事项，风险事件可能带来正面或负面影响，或两者兼而有之。"（COSO ERM：2004）当代概念下的风险事项识别包括对风险和机遇的同时识别，目前的科技手段对于某些风险事项发生的可能性可以做到量化。

传统概念上的损失多指企业有形的、可用货币度量的损失。ERM 时代解释企业层面的损失包括了对企业产生的所有不利影响，包括有形的和无形的，可直接度量的和难以直接度量的，如企业发生法律诉讼案时，对企业的品牌可能造成无形的或难以度量的损失。风险获利是企业所承担的投机性风险所致。企业还可以通过实施有意识的风险治理来增进企业的获利程度和频度，或者说是企业试图以管理风险获利来达到利用风险创造价值的目标。

第三节　风险的类型

一、风险分类的视角

风险分类已有较长的历史，不同研究范畴和不同时代产生了对风险的多种分类视角，各种分类方法各具逻辑性和互补性。在对风险进行分类时，首先要能够清晰界定所研究的目标风险的范畴，建立合理的风险分类框架，这是进行风险识别和系统性风险评估所要求的基本前提。目前还没有一个统一的分类标准。根据实践经验，人们可以从不同的角度对风险进行分类。

（一）根据风险产生的原因划分

按照风险产生的原因，可将风险划分为自然风险、社会风险、政治风险、经济风险、技术风险等。

1. 自然风险

自然风险是指因自然力的不规则变化（自然和物理现象等实质性风险因素）而给人类的经济生活、物质生产和生命安全等带来损失的不确定性。例如，雷电、地震、水灾、火灾、风灾、冻灾、旱灾等都属于自然风险。一般来说，自然风险具有影响范围广、损失程度大的特点。

2. 社会风险

社会风险是指由于个人或团体的行为，包括不可预料的过失行为、不当行为和故意行为，对社会生产和人类生活造成损失的可能性。例如，盗窃、抢劫、罢工、玩忽职守、故意破坏、恐怖活动等都属于社会风险。一般来说，社会风险造成的损失具有影响范围较小、损失程度较小的特点。

3. 政治风险

政治风险又称国家风险，是指在对外投资和贸易过程中，因政治原因或者订约双方所不能控制的原因，债权人可能遭受损失的风险，包括政局的变换、政治动乱、战争、种族或宗教冲突等政治因素以及经济制裁。例如，因输入国家发生战争、革命、内乱而中止货物进口的损失；因输入国家实施进口或者外汇管制，对输入货物加以限制或者禁止输入而造成损失的风险；因本国变更外贸法令，输出货物无法送达输入国，致使合同无法履行而造成损失的风险等，都属于政治风险。一般来说，政治风险具有损失范围较大、损失程度较大的特点。

4. 经济风险

经济风险是指在生产和销售等经营活动中，由于受市场供求等各种关系的影响、经济贸易条件等因素变化的影响，或者经营决策失误，导致经济上遭受损失的可能性。包括社会需求、市场竞争、宏观调控和经济周期变动等外部经济环境的变化，如生产的减产、价格的涨落、经营亏损等，都属于经济风险。一般来说，经济风险具有影响范围较小、损失较小的特点。

5. 技术风险

技术风险是指在科学技术发展过程中所导致的某些副作用，如酸雨、环境污染、核泄漏和地球变暖。科技发展的作用也应包括在内，如科技进步带来产品升级和服务深化，使传统的产品和服务的生命周期及竞争力相对退化。从社会发展的整体利益考量，这类进步带来的风险有益于产业进步和社会繁荣。

（二）根据风险产生的因素划分

按照风险产生的因素，可将风险划分为危险因素（或者纯粹的风险）、控制性风险（或者不确定性风险）、机会（或者投机性）风险和合规风险四个类型。

1. 危险因素

某些风险仅能为个人或者企业带来消极负面的后果，主要包括各种危险因素或者纯粹的风险，通常可被称为操作性风险或者可保风险。危险因素可以细分成很多种，包括财产风险、人身风险及企业稳定发展风险等。总体来说，企业对风险的存在有一定的容忍度，而这些危险因素应当保持在企业的可接受范围内。盗窃可被视为很多企业所面临的危险因素的极好例子。

危险因素是仅会对组织目标的实现过程产生抑制作用的风险因素，属于可保类型的风险，如火灾、暴风雨、洪水及伤害等。正常高效的运营流程可能被各种外界因素所侵扰，包括灭失、损坏、遭遇偷窃及其他威胁等。这些因素可参见表1-1的相关内容，一般包括人员、前提、流程和产品四个方面。

表1-1 危险因素的分类

类型	影响因素示例
人员（People）	特殊技能/人才资源匮乏 资深经理人的不得体行为 关键人物的突然失踪 身体不适、遭遇车祸或伤害
前提（Premises）	场地不够或无权使用某块场地 场地受限或者受到污染 有形资产的受损或毁灭 遭遇偷窃或有形资产的灭失
流程（Processes）	计算机硬件或软件系统不能正常工作 黑客或者计算机病毒的侵袭 对信息的管理不够到位 通信系统或者运输系统出现故障
产品（Products）	产品或服务的质量不过关 供应商所导致的服务链的断裂 带有瑕疵的产品或者组件流入市场 外部服务或设施出现问题

通过对风险管理工具及技巧的运用来实现对潜在危险因素的管理和监控，这是风险管理学科中历史最悠久且最完善的内容。危险因素有着完善的控制体系，危险因素通常与潜在的危害源头相关联，或者与某种可能破坏目标的实现过程相联系。危险因素是企业风险管理的头等大敌，包括职业健康及安全项目等。

2. 控制性风险

企业中存在某些能够导致结果的不确定性因素，引发对企业实现其使命能力的质疑，这些因素通常被称为控制性风险。因为这些因素与某些未知事项或者未被预知的事件等不确定性相互关联，因此控制性风险有时又被称为不确定性风险。例如，企业内部财务控制条例的制定便是针对控制性风险作出反应的最佳示范，如果将企业内部财务控制条例作废，企业的命运将出现怎样的转折确实难以言说。

控制性风险与项目管理高度相关。不确定性可能与项目所产生的益处相关，也可能导致项目不能在规定的期限内得以圆满完成，或者是项目开销超过预算。一般而言，企业都不希望遭遇控制性风险。为了保证商业活动的成果达到令人满意的程度，对控制性风险实施管理是非常有必要的，其目的在于缩小预期结果与实际结果之间的差距。虽然绝大多数企业都宣称保证控制性风险已经得到有力监管，但实际上，控制性风险依然普遍存在且难以量化。实现对控制性风险的管理通常依赖对员工的高效管理及控制条款的贯彻执行。

3. 机会风险

企业可能特意冒险，特别是对市场及商业风险，目的是获得积极的回报。这些风险可以被视为机会或者投机性风险，而企业对投机性风险通常怀有特别的情愫。机会风险的两个关键因素在于风险及回报。企业面对投机性风险的动机在于通过某些带有风险性的行为来实现可观的利润或收益，故而机会风险的核心在于投资行为。

机会风险是企业刻意（通常是这样的）的风险。企业竭力推进组织目标的实现，而机会风险便应运而生了。如果机会风险所带来的效果违背了企业的初衷，那么这些机会风险依然可能抑制企业的进一步发展。对于企业的长期、持续、稳定的发展而言，机会风险的重要性是不言而喻的。

许多企业为了获得可观的利润或者回报，都愿意投资某些高风险的商业决策，这些企业可以被视为乐于开展风险投资活动的公司。与此同时，这些公司对于危险因素的态度则截然相反，对危险因素的容忍程度极为有限。公司对风险及危险因素所持的态度迥异，这是合情合理的，因为没有哪家企业愿意在风险投资时将过多的宝贵资源被有百害而无一利的风险所占用甚至消耗。

机会风险的特征主要表现为两个方面的内容：冒险可能带来某些潜在的危险因素，但选择不冒险的做法通常也会引致某些弊端；机会风险通常不可见或者发生并不彻底，但是它们通常与经济利益相关。虽然企业冒机会风险通常是为了获得正收益，但实际情况并不尽然。小型企业所面临的机会风险可以表现为将某些业务转移至新地址、购买新的不动产、扩展业务范围及开发新产品等。

4. 合规风险

除了上述危险因素、控制性风险及机会风险之外，人们还需要单独考虑风险的第四种类型，也就是严格遵守规章——按章办事。对于某些受到严格监管的产业，如能源产业、金融业、赌博业及交通业等，按章办事格外重要。鉴于按章办事所引发风险的特殊性质，按章办事通常被单独列为一类风险，因此对这类风险的监督手段也不一样。企业的所有业务均严格按照相关规定执行，实现零风险运作目标。这样的做法对于控制性风险而言是可行的，但是对其他三种类型的风险均不适用。

（三）根据风险产生的环境划分

按照风险产生的环境，可将风险划分为静态风险和动态风险。

1. 静态风险

静态风险是指在经济条件没有变化的情况下，一些自然现象和人们的过失造成损失的可能性。

2. 动态风险

动态风险是指在经济条件变化的情况下，造成经济损失的可能性。例如，价格水平的变化可能使企业、个人遭受损失的可能性；技术的变化可能使一些企业技术由先进转变为落后，造成企业损失的可能性；消费者偏好的转移可能使一些产品因滞销而造成企业损失的可能性。

3. 静态风险和动态风险的区别

（1）损失不同。静态风险对于个体和社会来说都是纯粹损失，如一辆汽车的拥有者面临着可能撞车而带来的经济损失风险，一旦发生撞车，车主会遭受一定的经济损失。如果不发生车祸，车主不会因此获得收入，车主的经济状况也不会因为未发生车祸而好转，这就是静态风险。动态风险则不同，动态风险对于一部分人来说可能是损失，但是，对另一部分人来说则可能获利。例如，消费者爱好的转移，会使旧产品失去销路，会使人们对新产品的需求扩大。又如，技术进步会使一部分人或者企业受益，也会使一部分人或者企业受损。

（2）影响范围不同。静态风险通常只影响少数个体，而动态风险的影响范围则比较广泛，往往还会产生连锁反应。

（3）特点不同。静态风险在一定条件下具有一定的规律性，是可以预测的；动态风险则因缺乏一定的规律性而难以预测。保险公司承保的通常是可以预测的静态风险。

（四）根据风险损失的范围划分

按照风险损失所涉及的范围，可将风险划分为基本风险和特定风险。基本风险与特定风险随着社会环境的变化其分类有时发生转换。

1. 基本风险

大部分是由经济、政治原因和自然灾害引起的，是非单个人行为引起损失的风险，是个人无法控制的原因引起损失的风险。一般来说，基本风险造成的损失较大，影响的范围也广泛。

基本风险既包括纯粹风险，又包括投机风险。例如，失业、战争、通货膨胀、地震、火山爆发、洪水等都属于基本风险。基本风险是自然、社会、经济或政治等风险的组合风险。基本风险的形成一般需要一定的时间积累，人类或个体难以控制或不可控制。基本风险属于典型纯粹风险，基本风险的爆发往往意味着某些相关区域的人类较大损失的产生。

2. 特定风险

主要是由个人或单位疏于管理造成的，风险仅同某些特定的单位和个人相关，与其有因果关系。例如，火灾、车祸、盗窃、恐怖袭击、法律起诉等风险就属于特定风险。特定风险多数属于纯粹风险，其影响的范围较小，一般只影响个人、企业或者某一些部门，可以通过个人或组织的风险预测、风险控制和风险处理等加以管理。

保险公司承保的是特定风险，基本风险由于其损失较大、影响的范围较广，商业保险公司一般不予承保。

（五）根据风险损失的形态划分

按照风险的损失形态，可将风险划分为财产风险、人身风险和责任风险。这三类风险的划分也是保险业对保险产品进行分类的重要基础。

1. 财产风险

财产风险是指一切导致有形财产损毁、灭失或者贬值的风险。如建筑物因地震而损坏、轮船沉没、股票跌价等风险。财产损失主要包括财产的直接损失和间接损失。例如，企业设备遭受损失，不仅导致设备丧失价值，即造成直接损失，而且导致设备无法使用、停产所带来的间接经济损失。

2. 人身风险

人身风险一般指人的死亡、伤残、疾病、衰老或降低或丧失劳动能力等所造成的风险，“意外、寿命和健康”是人身风险研究者考虑的重要切入点。

3. 责任风险

责任风险是指社会个体或经济单位的侵权行为或不履行责任行为（如疏忽、过失）造成他人财产损失或人身伤亡或造成公共损失，一般依照法律、法规、合同等负有经济赔偿责任。社会中的不少职业有典型的职业责任，如律师、会计师和医师等。这些专业人员需要为难以完全控制的专业失误风险购买保险。

违约风险也是一种责任风险，它是指签订合同的一方不履行合同规定的义务，而造成另一方经济损失的可能性。例如，承包商未按计划完成一项建筑工程，造成房地产开发商的损失；债务人未按规定支付款项，造成债权人无法按期收回借款的损失等，都属于违约风险。根据合同的约定或者国家法律、法规的规定，违约方具有赔偿损失的义务，违约风险是商业信用活动中经常面临的风险。

（六）根据风险影响的时间轴划分

按照风险影响的时间轴，可将风险划分为短期风险、中期风险及长期风险。

短期风险与企业的正常运作相关，中期风险与企业的发展策略相关，而长期风险则与企业的发展战略相关。与此相对应的，短期风险与某些行为或者决定相关，中期风险与环境变化相关，而长期风险则与某些事项相关。该分类方法能够帮助明确这些风险是否（主要）分别与短期运营、策略制定及长期决策等因素相互关联，能够完成对企业的风险敞口的分析。三者之间的界限并不明晰，但能够协助完成对风险的深入剖析。事实上，某些短期风险也可能与决策性核心流程紧密相关，而某些中期或者长期风险同样可能会对企业的运作核心流程带来影响。

1. 短期风险

短期风险的影响将在事件发生之后即可显现。工伤、交通事故、火灾及盗窃等均属于影响能够即刻显现的短期风险。这些风险一旦发生，事件所带来的影响非常直观。可见，在可保风险中，事件的性质及其可能带来的结果较容易被理解和接受的，但事件的时间轴确定难以捉摸。事实上，连事件是否确定将来发生也是未知的。

短期风险将会对企业的发展目标、主要关系及核心流程产生直接的影响。一旦这些风险得以发生，无疑将会给企业的正常运营造成困扰。绝大多数短期风险都可以被视为危险性风险因素，虽然有时候也会出现特例。这些风险通常与某些计划外的干扰性事件相互关联，也可能与企业的成本控制措施相关。短期风险通常会对企业维持核心流程的高效运作的能力产生负面影响，而这些核心流程通常与企业的业务连续性及日常运营的监管密切相关。

2. 中期风险

中期风险通常能够在事件发生或者决定完成之后的某个时间段内继续存续，该时间段通常为 1 年左右。因此，中期风险通常与某些项目及工程的开展相互关联。举个例子，企业需要安装新的电脑软件系统，那么电脑软件系统的选择便是一项长期的或者战略性的决策。但是，与安装电脑软件的项目相关的决定则是中期风险，所对应的风险便应当是中期的。

中期风险通常在事件发生稍作停顿（停顿时间较短）之后才会给企业带来影响。一般而言，中期风险的影响不是立竿见影的，但在事件发生数月甚至一年之后，我们便能见识到中期风险的威力。中期风险可能会对企业维持高效的核心流程的能力产生负面影响，进而影响企业的策略、项目及其他变化项目的管理流程。这些中期风险通常与项目、策略、促进、发展、新产品促销及类似的生产经营行为相互关联。

3. 长期风险

一般而言，长期风险将会持续多年，在事项发生或者决策完成之后，风险可能持续存在 5 年及以上。因此，长期风险通常与战略性决策相关。当企业决定开始某款新产品的推广时，该决定（及产品本身的成功）所造成的影响在很长一段时间内并不明朗。

长期风险将在事件发生之后较长的时间区域外对企业产生某种负面影响。一般而言，影响出现在事件发生之后的1~5年（甚至更长时间）。长期影响通常会对企业保持核心流程的高效性产生一定的负面影响，阻碍企业的顺利发展，使英明决策难以实施。长期风险通常与决策相关，但是不能将长期风险简单地视为机会风险。决策的制定及成功施行的潜在危害因素的杀伤力通常大于企业业务运作及策略的影响因素。

（七）根据风险是否获利划分

按照风险是否获利，可将风险划分为纯粹风险和投机风险。该分类适用于公共、企业和个体三大风险研究范畴，尤以企业范畴的风险分类和理念应用常见。

1. 纯粹风险

纯粹风险是指那些只有损失而无获利可能性的风险，如自然灾害、人的生老病死等，都属于纯粹风险。火灾、质量缺陷、工伤事故等风险，只会给企业带来损失不会带来利益。企业的这种风险一般发生在内部操作过程中，或者由于外界的环境变化而给企业带来纯粹风险，如传染病、海啸、洪水暴发等。企业不喜欢这种纯粹风险，会利用转移、控制等方法管理这种风险。

2. 投机风险

投机风险是指那些既有损失可能又有获利可能的风险，如市场风险、投资风险、开发新产品风险等。企业喜欢投机风险，企业的经营冒险行为就是为了追逐投机风险，能让企业决策管理层和股东感兴趣的风险也是投机风险。

投机风险是有可能转化为纯粹风险的。例如，在通货膨胀时期，某商人囤积商品，商人有可能在物价上涨的时候卖出商品而获利；也有可能因为囤积的商品卖不出去而遭受损失，这时投机风险就会转化为纯粹风险。又如，商人囤积的商品因为遭受火灾而损失时，投机风险也会转化为纯粹风险。从这一角度来看，纯粹风险和投机风险的界限比较模糊，投机风险随时有可能转化为纯粹风险。

企业风险管理就是要“极大限度地减小纯粹性风险，同时要智慧化地、策略地学会承担投机性风险，以利于实现股东价值最大化”。

纯粹风险具有可保性，投机风险不具有可保性。保险公司承保纯粹风险，而不承保投机风险。

（八）根据风险分担的方式划分

按照风险的分担方式，可将风险划分为可分散风险和不可分散风险。

1. 可分散风险

可分散风险又叫非系统风险或公司特有风险，是指某些风险因素给单个经济单位造成损失的可能性。可分散风险可以通过联合协议或者风险分担的方式来减少风险事故造成的损失。例如，某公司工人罢工、公司在市场竞争中失败等，都是个别经济单位遭受的损失。这些损失可以通过采取相应的措施来分散风险事故造成的损失。又如，一个证券投资者可以投资多种股票来避免个别公司的经营风险，这种风险可以通过投资的分散化来减少损失，是可分散的风险。

2. 不可分散风险

不可分散风险又叫系统风险或市场风险，是指由于某些风险因素给所有经济单位造成损失的可能性。不可分散风险不可能通过联合协议或者风险分担的方式来减少风险事故造成的损失。例如，国家宏观经济状况的变化、国家税法的变化、国家财政和货币政策的变化等，都属于不可分散的系统风险。投资者持有多种股票并不是零风险，投资者还面临着宏观经济状况、国家产业政策、金融监管政策等方面变化的影响，这种风险是系统风险，是无法通过多样化投资组合方案加以避免的，是不可分散的风险。

一般来说，保险公司承保的是可分散的风险，不承保不可分散的风险。

（九）根据风险承担的主体划分

按照风险的承担主体，可将风险划分为个体风险（个人和家庭风险）、企业风险和政府风险，这也是广义的风险概念。

1. 个体风险

个人和家庭是社会总体最基本的构成单位，与风险相关的决策也最简单。个人和家庭风险主要体现在实质资产风险（如住房损坏）、财务资产风险（如货币贬值）、责任风险（如第三方责任）与人身风险（如人身伤亡）等。

2. 企业风险

企业是社会经济的细胞，与企业风险相关的决策较个人和家庭层面复杂，企业决策不仅要考虑企业的风险，还要考虑企业利益相关者的风险。企业要经营就一定要冒风险，企业风险的范畴聚焦在企业这个细胞内部，然而企业风险源自企业经营的内部环境和外部环境。一个企业携带的风险可达成千上万种，特别是跨国企业。

3. 政府风险

政府风险可归纳为社会基本风险、公共组织风险和个体行为风险三大类。社会基本风险一般来源于自然灾害、经济滑坡或政治冲突等个人和组织难以控制的风险要素。公共组织风险一般由决策失误、社会保障能力建设不足、公共组织内部管理缺陷所致，公共组织的风险以可控制为主要特征。个体行为风险来源于个体的价值观或道德支配下的行为过失（有意或无意）而给公共带来的风险，如恐怖主义的风险行为，个体行为风险也与个体的教育程度相关，个体风险以可控制或可改良为主要特征。

政府是公共风险的决策者、管理者和监控者，公共风险的最终承受者是企业和社会个体，社会环境和社会生活水准的改良或恶化是公共风险的重要度量指标。

二、企业风险的分类

多年来，很多专家学者或行业标准指引都试图给企业风险进行合理分类，如有的学者从经营风险、行为风险和管理风险三大角度为企业划分风险，有的学者从战略、财务、运营、声誉、雇员、信息技术、环境、健康及安全、管制等角度划分企业风险。然而，无论怎样划分都难以完全避免由于划分框架本身局限性所带来的在划分概念上的某些风险重叠现象。另外，由于企业具有行业特征，一种适于某一个行业的划分框架对另外一个行业可能就明显不适用。因此，在选用风险分类框架的问题上没有决然的对与错，但有合理与否的选择框架逻辑。以下三类分类框架是目前比较通用的。

（一）BRM 商务分析模型——环境、过程和信息风险

自企业全面风险管理（ERM）理念和实践在 20 世纪 90 年代产生后，寻求与之相匹配的企业风险分类方法便被提上了议事日程。新的分类方法要充分体现“企业共同的风险语言”，于是阿瑟·安德森会计服务公司（Arthur Andersen，即安达信咨询）提出了以环境、过程和信息三大导致企业发展和经营不确定性的源头风险作为风险识别框架的基础，由此产生了著名的 BRM 商务风险模型（Business Risk Model，BRM）。

BRM 模型认为，环境风险影响经营模式变动的不确定性，过程风险影响经营模式实施的不确定性，决策所需信息风险影响创造价值所需决策而依赖的信息可靠性与可信性的风险。BRM 模型的环境风险主要包括竞争对手、客户需求、技术创新、敏感性、股东关系、主权/政治、法律、监管、行业、金融市场和意外损失风险；过程风险主要包括操作、授权、财务、信息过程/技术和完整性五大类风险；决策所需信息风险主要包括过程/操作、业务报告和环境/战略三大类风险。BRM 模型详细界定了大约 75 种企业风险。

在 ERM 时代的早期，许多西方企业应用 BRM 模型进行企业风险分类和识别，即便是后来产生了英国 AIRMIC/AIARM/IRM 风险管理标准的四大板块风险分类框架，不少企业仍然喜欢继续使用 BRM 模型进行风险分类。

（二）英国风险管理标准——战略、操作、财务和危害性风险

2002 年英国颁布了 AIRMIC/AIARM/IRM 风险管理标准，该标准以现代企业管理理念为基本出发点，以清晰界定企业战略和操作运营层面的功能特点为前提

而提出了战略风险、操作风险、财务风险和危害性风险四大板块分类方法（即驱动因素分类法）。

企业战略风险既来源于企业内部也来源于企业外部，包括竞争风险、客户喜好转换风险、行业方向转换风险、战略收购合并风险和企业研发新产品风险等。企业战略层面的风险可能为企业带来潜在的损失，然而企业更期待战略风险为企业带来的机遇。

企业操作风险的来源也有内部和外部之分，但一般主要产生在内部操作运营过程中，包括企业财务控制风险、信息系统安全控制风险、质量控制风险和供应链风险等。企业在操作层面的风险一般给企业带来损失。

企业财务风险来源于企业不可控制的宏观金融风险的环境冲击，如受到宏观利率调控、汇率调整和股市价格变动的影响，还受到企业外部信用风险和企业内部流动性风险的影响。企业在财务层面的风险多数为企业带来损失。

企业危害性风险，包括员工风险、产品与服务缺陷风险、资产风险和外部突发事件风险等，这些风险一般只会给企业带来损失。

上述四大板块的分类框架体现了所有行业企业所携带的主要层面风险的共性特点，适用于对所有行业的风险分类。自从英国标准 2002 颁布后，全球企业特别是欧盟和英联邦国家的企业较普遍地开始采用这一框架为企业风险进行分类，一些国家或行业的风险管理指引中也明显推荐这种分类框架，亚洲风险与危机管理协会（Asia Association of Risk Management，AARM）的 CERM 专业资格证书培训项目的风险分类也推荐选用这个框架。

2006 年国资委颁布的《中央企业全面风险管理指引》中，将企业风险分为战略风险、运营风险、财务风险、市场风险、法律风险等。

（三）巴塞尔条约——信用、市场和操作风险

将信用风险、市场风险和操作风险视为源头风险而对企业风险进一步详细分类是近年来银行业的公认做法。显而易见，它们正是银行业面临的三大关键性风险，以规范和管理银行业著名的巴塞尔条约对监管和计量这三种风险均给予了清晰的框架。因此这类风险分类框架在银行界的应用已经可以称之为“最佳实践”了。

然而，如果用银行业惯用的信用风险、市场风险和操作风险的分类框架为其他行业进行风险划分是不适宜的，至少信用风险在很多行业中都不可能进入风险排序的前三位，并且信用风险也一般不宜视为企业通有的风险源头。因此，信用、市场和操作风险分类框架一般不适于除具有明显信贷业务之外的其他一般行业。

第二章 风险管理理论的演进

第一节 风险管理理论的产生和发展

人类是大自然造就和哺育，并通过认识自然和改造自然而成长起来的。人类一出现，风险就相伴而生、相伴而行。在原始社会，人类为了生存和发展，开荒种地，生产粮食，以应付来日饥荒之风险；人们设法制作各种工具用以应付毒蛇猛兽的侵袭，属于风险预防措施；他们将住处安排在山洞或其他适合的位置，以免被洪水冲淹或野兽侵害，就属于风险避免的措施。

一、风险管理思想的起源

（一）中国古代风险管理思想

早在夏朝后期，《夏箴》有云："天有四殃，水旱饥荒，其至无时，非物积聚，何以备之。"这告诉人们，何时发生难以预料，需要随时储粮备荒。《周礼·仓人》则说："谷有余则藏智，以待凶年而颁之。"墨子主张"必使饥者得食，寒者得衣，劳者得息"和"有力以老人"。荀子提出"节用裕民，而善藏其余""岁虽凶败水旱，使百姓无冻馁之患"。这些论述是要把剩余产品（主要是粮食）积蓄起来，遇灾荒年代使百姓不受饥寒；在平时，社会鳏寡孤独和残疾人等都能得到国家的保护和社会的扶助。在此思想指导下，我国历代都有赈济制度。周朝有"委积"、战国时期魏有"御廪"、秦朝"敖仓"、汉代有"常平仓"、隋朝有"义仓"、宋朝有"社仓"等，这些赈济制度本质上是建立后备、应付饥荒的一种风险对策。约公元前1700年开始，我国在长江从事货物水运的商人们为了避免在贩运货物过程中因意外事故的出现使货物全部遭受损失，采取了将一批货物分装于几条船上的做法。这样，若一条船发生意外，则货主只受到一部分损失，而不至于全部货物受损，这实质上是风险预防，风险分散、损失分摊的一种风险处理方法。

在《孙子兵法》论述力求“知彼知己”即为准确识别风险，力求“计后战”即为评估风险，力求“智勇相济”即为巧妙应对风险；力求“齐勇若一”即为上下同心协力，共同战胜风险。这就是现代风险管理的过程，即识别风险、分析风险、评估风险和应对风险的思路。在战争中，狭路相逢勇者胜；在商战中战胜风险就是赢得机遇。

（二）西方传统风险管理思想

在西方，古巴比伦、埃及、希腊和罗马等文明古国也很早就有互助互济、损失补偿的风险处理方法，并逐渐演变成为现代保险。约在公元前2800年，古埃及就盛行互助基金组织，参加这一组织的成员订立契约，互相遵守。当某个成员不幸死亡时，由生存的成员所缴纳的会费支付丧葬费或救济其遗属。此种类似的组织在古罗马和希腊都曾盛行过。

对于财产风险，早在公元前2000年，古埃及横越沙漠的商队就开始对于丢失的骆驼采用互助共济方式进行补偿；而在幼发拉底河沿岸早已出现了冒险借贷，并在巴比伦《汉谟拉比法典》（公元前1792～前1750年）中有所规定，《汉谟拉比法典》中还有关于对火灾风险的规定。公元前916年的《罗地安海商法》所确定的共同伤损制度是对公元前2000年以来一直流行的这种海上风险处理方法的肯定。按照这个原则，在货物和船舶发生共同危险时，由船长做出抛弃货物或器具的决定，因抛弃而引起的损失由全体船员、货物关系人共同分摊。

古希腊、古罗马和古埃及等奴隶制国家对秘密安全已有了风险意识，采取了风险防范措施，防止发生泄密问题。如公元前1世纪，古罗马人就运用植物汁作密写墨水，以防范他人知晓。公元5世纪，历史学家希罗多德在其记载的希波战争中就有运用隐写术传递军事秘密信息，防范秘密被泄露风险的做法。

（三）现代风险管理思想

风险是伴随着人类的产生、发展而不断发展的，人类社会的历史就是一部对抗风险、管理风险的历史，而风险管理理论的产生和发展则是科学技术、生产力发展到一定阶段的产物。探寻风险管理理论产生和发展的历史，可以加深对风险管理这门学科的理解。

工业革命以后，随着新技术、新成果在生产领域的广泛应用，同时也带来了新的、更大的风险，风险事故造成损失的程度和范围也在逐步扩大，这就促使人类进一步提高安全管理意识，加强风险管理。促使风险管理理论的产生和发展的原因主要有以下几个方面：

1. 巨额损失的机会增加

随着科学技术的发展，企业生产规模不断扩大。在企业生产中，任何疏忽大意或者不规范操作都有可能带来巨额的经济损失；在投资决策中，投资决策的失误也会造成财产、人员的巨大损失。巨额损失机会的增加促进了风险管理理论的产生和发展。

2. 损失范围的扩大

生产的社会化和专业化使企业之间的联系变得越来越紧密。一个企业或地区发生风险事故，可能会危及整个国家，甚至危及世界经济。损失范围的扩大是风险管理理论产生和发展的另一个重要原因。

3. 风险管理意识的增强

随着生产的发展和人民生活水平的提高，社会福利水平也在不断地提高，国家、企业和个人采取各种措施规避风险的意识和能力增强，这在客观上促进了风险管理理论的产生和发展。政府开展的养老保险、医疗社会保险、失业保险．工伤保险、社会救助等社会保障措施，对于降低风险、解除人们对风险的忧虑和恐惧具有积极作用。企业和个人为了规避风险，举办企业年金计划和投保商业保险等行为，反过来又进一步强化了人们利用风险管理措施增进福利水平的意识。风险管理意识的增强促进了风险管理理论的产生和发展。

4. 利润最大化的追求

企业能否获得利润是企业生存和发展的前提条件。企业在生产和经营中，追求的目标是实现利润最大化，然而，企业利润的获得是以承担一定的经营风险为条件的。例如，投资损失风险、风险事故造成财产的损毁风险、人员伤亡的风险等。由于企业存在着同生产和经营相伴随的损失风险，迫使企业投资者采取各种措施，尽量避免生产经营中可能出现的各种不利后果，这样才能保证企业的持续、稳定发展。

5. 社会矛盾的突出

社会矛盾和政治风险导致企业损失的风险越来越大。例如，战争、民族争端、劳资矛盾等都会使国家、企业和个人面临损失的不确定性增加，而且社会矛盾造成的损失程度越来越大，这一切都会使国家、企业和个人寻求各种方法，以规避国家、企业面临的政治风险。例如，我国出口信用保险就是国家为了鼓励出口，以政府直接承保或者间接承保风险的经营方式，来保障出口商因进口商的信用风险或进口国的政治风险而遭受的损失，这种信用保险保障了本国出口企业的利益。可见，社会矛盾的发展也促进了现代风险管理理论的产生和发展。

二、风险管理理论的发展历程

（一）风险管理理论萌芽阶段（18 世纪中期至 20 世纪 50 年代）

自古以来，风险管理就已经存在，它是人类为了生存而必然采取的措施之一。史前人类结为部落，共同承担风险、分担责任、共同分享劳动成果的管理方式就是风险管理的一种方式。只是这种风险管理的方式尚未以学科理论的方式确定下来。

企业风险管理思想的萌芽是伴随着工业革命的进程而产生的。工业文明的发展促进了生产力的高度发展，促进了社会财富的急剧增加。但是，与之相伴的是，巨大的财产损失和人身伤亡事故的增加，这不仅影响企业的经营、发展，而且也影响员工的生命安全。

1906 年，美国钢铁公司董事长凯里从公司多次发生的事故中吸取教训，提出了“安全第一”的管理思想，并将公司原来的“质量第一，产量第二”的经营方针改为“安全第一，质量第二，产量第三”，这一改变保障了企业财产和雇员的安全。他的管理思想在实践中获得了较大的成功，并震惊了美国实业界。

1912 年，芝加哥创立的全美安全协会研究制定了有关企业安全管理的法律草案。1917 年，英国伦敦也成立了英国安全第一协会。1916 年，被称为“现代经营管理之父”的德国管理学家亨利·法约尔在其代表作《工业管理与一般管理》中提出，企业经营有技术职能、营业职能、财务职能、安全职能、会计职能和管理职能六种职能，并认为安全职能是所有职能的基础和保证，是控制企业及其活动所遭遇的风险、维护财产和人身安全的保证。

1929～1933 年，世界经济陷入了严重的经济危机。面对经济衰退、工厂倒闭、工人失业和社会财富遭受的巨大损失，人们开始思考，应采取有效的措施来减少或者消除风险事故给人类带来的种种灾难性后果，采取科学的方法控制和处理风险。

1931 年，美国经营者协会（AMA）明确了对企业风险进行管理的重要意义，并设立保险部门作为美国经营者协会的独立机构，该保险部门每年召开两次会议，除了从事保险管理外，还开展有关风险管理的研究和咨询事务。从此，管理企业风险的人被称为风险管理人或风险经理。

1932 年，由企业风险管理人员共同组成了纽约投保人协会，彼此交换风险管理的信息，并研究风险管理的技术和方法。

（二）风险管理理论形成阶段（20 世纪 50 年代至 20 世纪 70 年代中期）

概率论和数理统计的运用使风险管理从经验走向科学，20 世纪 50 年代，风险管理以学科的形式发展起来，并形成了独立的理论体系。

风险管理理论最早起源于美国，并在美国获得了广泛的发展。推动风险管理理论进一步发展的原因主要有两大事件。1948 年，美国钢铁工人工会与厂方就养老金和团体人身保险等损失问题进行谈判。由于厂方不接受工会所提出的条件，导致钢铁工人罢工长达半年之久。1953 年 8 月 12 日，美国通用汽车公司在密歇根州得佛尼的一个汽车变速箱工厂因火灾而损失惨重。这一切都提醒人类，在利用科学技术迅猛发展带来便利的同时，也要重视科学技术带来的巨额损失风险，重视对引起事故的各种风险因素进行科学、规范的分析和管理。

1950 年，美国的加拉格尔在调查报告《费用控制的新时期——风险管理》中，首次使用了风险管理一词。如果说，50 年代以前，企业仅仅将保险作为处理风险的唯一方法；那么，50 年代以后，风险管理的方法进一步扩大，特别是到了 60 年代，很多学者开始系统地研究风险管理的方法，并寻求风险管理方法的多样化。

1963 年，美国出版的《保险手册》刊载了梅尔和赫奇斯的《企业的风险管理》一文；1964 年，威廉姆斯和汉斯出版了《风险管理与保险》一书，引起了欧美各国的广泛重视。

（三）风险管理理论发展与传播阶段（20 世纪 70 年代中期至今）

有关风险管理的教育在美国率先展开。1960 年，美国华裔学者段开龄博士在亚普沙那大学（Upsala）企业管理系率先开讲“公司风险管理”这门课程。70 年代中期，美国许多大学的工商管理学院及保险系普遍讲授风险管理课程，将风险管理的教育和培训贯穿经济管理课程之中，许多大学将传统的保险系更名为风险管理与保险系。有关保险团体也纷纷改名，如全美大学保险学教师协会更名为全美风险与保险学协会。

70 年代中期以后，风险管理在欧洲、亚洲、拉丁美洲等一些国家获得了广泛的传播。1970 年，联邦德国引入美国风险管理理论，并形成了自己独特的理论体系。70 年代以后，法国引入了风险管理理论，并在国内广泛传播开来。1976 年，查邦民尔在其所著的《企业保全管理学》中，就防止意外风险的发生以及有关法律上的保护、预防和保险等问题进行了综合论述。1978 年，考夫出版了《风险控制学》，将控制意外风险事故作为企业经营管理的核心，开展了经营管理型的风险管理研究，形成了独立的风险管理理论体系。1986 年，欧洲 11 个国家共同成立了欧洲风险研究会，进一步将风险研究扩大到国际交流的范围，英国因此也成立了工商企业风险管理与保护协会。

风险管理可以溯源到很多事物，如今已经演化成了多种职业。其中，美国的保险管理功能便是风险管理的早期发展之一。50 年代，保险所需投入的成本一路飙升，而保险的覆盖面却相对有限。于是，风险管理实践开始风靡，操作的协调性也逐步得以改善。企业逐渐意识到如果对不动产及员工重视不够的话，仅仅依靠购买保险并不足以规避风险。因此，保险购买者越发关注不动产保护、健康与安全标准、产品责任及其他风险监管问题。

70 年代，风险融资及风险管理的综合管理办法在欧洲得到了广泛传播。风险所需总成本的概念变得越发重要。随着该风险管理办法日臻完善，越来越多的企业认识到它们所面临的众多风险均属于不可保范围。

期间，以德国郝斯塔特银行破产、美国富兰克林国民银行破产为标志，人类步入了风险管理的新阶段。可以说，正是这一系列特定事件的接连发生，引起了风险管理在世界范围内的广泛关注。此后不久，1975 年巴塞尔银行监管委员会发布了《巴塞尔资本协议》第一版，1979 年美国发布了《反国外贿赂行为法》，风险事件与风险管理法规相伴而生的走势逐渐形成。此后，人们追溯风险管理的历史也经常是从这一时间开始的。

鉴于全球金融环境不稳定性日益加剧，1988 年《巴塞尔资本协议》经过反复修订后正式发布。可以说，它的发布意味着资产负债管理时代开始向风险管理时代过渡。一套国际通用的、以加权方式衡量内外风险的资本充足率标准诞生了。它的实施有效扼制了与债务危机相关联的国际银行业风险。

随着关注的焦点逐步集中在风险管理上，人们越来越清晰地意识到需要提供一个强有力的风险管理框架（理论）以更好地指导风险管理实践。

第二节　主要的风险管理理论框架、标准和方法

一、典型的风险管理理论

经济全球化使大型企业开始发展成为全球性企业集团，企业由单独经营走向了纵横交错的联合经营。企业风险也因之连接在一起，演变成了风险的链条。一个企业的风险就可能引发整个联合体的集体风险，通过“多米诺骨牌”式的传导机制，演化为系统风险。企业风险扩大，并变得更错综复杂。于是，以整合、集成、一体化为特色的全面风险管理应运而生。

企业风险管理从初步应用发展到精密运作；从个别理论发展到全面理论；从面向过去发展到注重未来；由被动地防范或转移风险发展到价值创造；从企业个体内部的风险管理发展到个体外部的风险管理，进而发展到面对整个企业集团或者联合体全面的风险管理，风险管理的范围和对象甚至还将扩大到整个行业乃至跨行业。风险管理的理念、方法和工具已经广泛应用于企业战略选择、财务管理、审计、生产管理等各个方面，涵盖了企业运作的各个层面。将一切管理纳入风险管理的范畴，在一切管理活动中贯彻风险导向。风险不再是具体的各项事务，而变成了管理的对象，风险管理已变成了管理的核心。

由于风险的相对主观性质，风险导向型管理给企业提供了更大的决策空间，更多的战略期权，本身已含有巨大价值。风险管理的研究主体也由个体学者发展为政府或经济组织。世界各国以及相关的组织在风险管理方面已相继建立起相对成熟的体系，并制定了相关的政策、法律和法规。

（一）COSO ERM 企业风险管理框架

1. COSO IC 与 COSO ERM 的发展历程

可以说，20 世纪后期在世界范围内兴起的风险管理热在很大程度上是源于某些大公司的财务虚假、财务舞弊。1985 年美国成立的反虚假财务报告委员会（通常称为 Treadway 委员会），其主旨就在于探讨并解决财务报告的舞弊、虚假问题。1992 年，为了帮助企业及其他主体评估和增进它们的内部控制制度，美国 Treadway 委员会下设的发起组织委员会（the Committee of Sponsoring Organizations of the Treadway Commission COSO）发布了《内部控制——整合框架》（先后于 1994 年、2013 年分别进行了增补和修订）。它为内部控制构建了一个框架，成为企业和其他主体用来评价自身的控制系统的评价工具。该框架界定和讲述了有效的内部控制所需的五个相互关联的构成要素。《内部控制——整合框架》（COSO IC）把内部控制定义为由一个主体的董事会、管理当局和其他人员实施的、旨在针对实现以下三类目标提供合理保证的一个过程，即经营的有效性和效率、财务报告的可靠性和符合适用的法律和法规。

此后《内部控制——整合框架》被纳入政策、规则和法规中，并被数千家企业采用，以对企业为实现既定目标所采取的行动实施更好的控制。现如今《内部控制——整合框架》已成为内部控制领域最权威的文献之一，是美国证券交易委员会（SEC）唯一推荐使用的内部控制框架。

2001 年，美国“安然事件”爆出；2002 年，美国“世通事件”爆出。这两个事件的相继发生，彻底打击了美国投资者对资本市场的信心。2002 年 7 月，美国国会和政府加速通过了《萨班斯—奥克斯利法案》，要求所有在美国上市的公司必须建立和完善内部控制体系。《萨班斯—奥克斯利法案》被认为是美国自 1934 年以来最重要的公司法案。在其影响下，世界各国纷纷出台类似的标准或法案，以加强公司治理和内部控制规范，提高信息披露要求，实施企业全面风险管理。美国前总统布什就曾说道：“这是自罗斯福总统以来美国商业界影响最为深远的改革法案。”

2004 年 9 月，为使企业的执行者能够对照一套标准去评估企业的风险管理过程，从而使企业朝着既定的目标迈进，并使立法者和监管者能够获得对企业风险管理更深入的认识。COSO 在《内部控制——整合框架》的基础上，又发布了著名的《企业风险管理——整合框架》（COSO ERM：2004）。《企业风险管理——

整合框架》拓展了内部控制，更具深度地关注企业风险管理这一宽泛领域。《企业风险管理——整合框架》将内部控制框架纳入其中，从而构建了一个更务实、更完善的风险管理框架，使企业不仅可以借助这个风险管理框架来满足其内部控制的需要，还可以实现向一个更加全面的风险管理的转变。

2. COSO ERM 企业风险管理框架

COSO ERM 表明，企业的奋斗目标与风险管理组件（也就是实现企业的奋斗目标所需要的各种要素）之间存在直接的联系。从严格意义上，企业风险管理并非一个连续的过程，因为在连续的过程中，某个组件失灵的影响对象仅限于紧接着的事物。事实上，企业风险管理是一个多向的重复性过程，任何组件的失灵都能够且确实对其他组件造成实质性的影响。

COSO ERM 通过一个立方体模型来描述奋斗目标与各个组件之间的紧密联系，如图 2－1 所示。虽然风险管理过程在该模型中并未过多涉及，但 COSO ERM 的使用越来越普遍，因为风险管理执业者更倾向于使用 COSO IC。因为 COSO IC 得到了《萨班斯—奥克斯利法案》的认可，跨国企业经常要求它们的分支机构采用 COSO IC 管理办法。

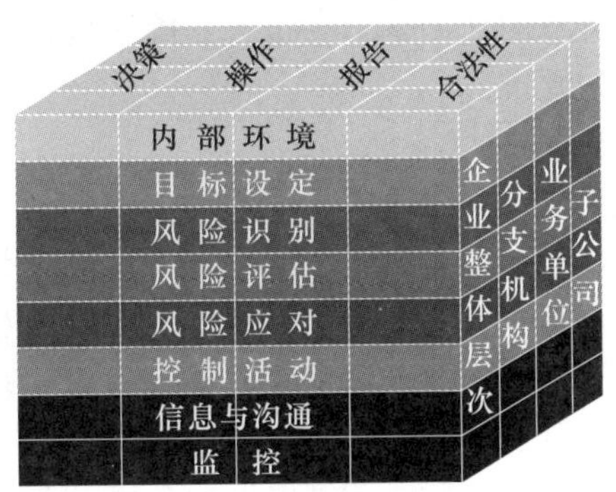

图 2－1 COSO－ERM 企业风险管理框架

COSO ERM 立方体是一种别具影响力的风险管理框架。它通常由八个相互关联的部分共同组成，其内容来源于企业的管理与经营之道，与管理流程相辅相成，展示了企业风险管理行为（见表 2－1）。

表 2－1 COSO－ERM 企业风险管理要素

要素	释 义
内部环境	指的是企业的总体氛围，奠定了企业看待以及应对风险因素的基调
目标设定	企业必须明确其发展目标，这样才能准确定位可能会对目标的实现带来影响的各种因素
风险识别	必须依次甄别影响目标实现的各种内部以及外部事件，将这些事件分为风险和机会两个大类

续表

要素	释　义
风险评估	从风险发生的可能性以及可能带来的影响程度的大小，综合考量风险的具体内容，进而明确风险管理的途径和方法
风险应对	企业管理人员选择相应的风险应对策略或者态度，如闪躲、接受、降低、分享
控制活动	为了确保风险管理活动的高效开展，企业必须制定各种政策，明确相关程序的内容
信息与交流	为了明确各方的权责并确保各自使命的顺利达成，企业必须挖掘相关信息，捕捉各种有利信息，并实现企业内部的信息共享
监控	企业风险管理的整个流程都应当在企业管理者的掌控之中，在必要的时候作出适当的修正

COSO ERM 对框架的定义是：针对企业的特定使命或者愿景，企业管理层明确战略性目标的具体内容，选择相应的策略，制定企业内部各个部门的相关工作目标。该企业风险管理框架旨在帮助企业从以下四个方面实现目标：①决策：高水准的目标；与企业的使命相关联，能够推动企业向着该目标前进。②操作：更高效；提高企业的可得资源的利用率。③报告：确保报告的真实可靠性。④合法性：符合相关法律法规的要求。

3. COSO IC 与 COSO ERM 的关系

（1）比内部控制更广泛。内部控制被涵盖在企业风险管理之内，是其不可分割的一部分。企业风险管理比内部控制更广泛，拓展和细化了内部控制，以便形成一个更全面地关注风险的更加强有力的概念提炼。《内部控制——整合框架》本身对于那些着眼于内部控制的主体和其他方面仍旧有效。

（2）目标的类别增加了战略目标。内部控制明确了经营、财务报告和合规三类目标，企业风险管理也明确了经营、报告和合规三个类似的目标类别。内部控制框架中的报告被定义为与公开的财务报表的可靠性有关。在企业风险管理框架中，报告被大大地拓展为包含主体所编制的所有报告，遍及对内报告和对外报告。它们包括管理当局内部使用的报告，以及那些发布给外部方面的报告，包括监管申报材料和给其他利益相关者的报告。并且范围从财务报表拓展为不仅包含更加广泛的财务信息，而且还包含非财务信息。

企业风险管理框架增加了另一类目标，即战略目标，它处于比其他目标更高的层次。战略目标来自一个主体的使命或愿景，因而经营、报告和合规目标必须与其相协调。企业风险管理应用在战略制定以及朝着实现其他三类目标迈进的过程中。

企业风险管理框架引入了风险容量和风险容限的概念。风险容量是一个主体在追求其使命/愿景的过程中所愿意承受的广泛意义的风险数量。它在战略制定和相关目标的选择中起到指向标的作用。风险容限是相对于目标的实现而言所能接受的偏离程度。在确定风险容限的过程中，管理当局考虑相关目标的相对重要性，并使风险容限与风险容量相协调。在风险容限以内，经营为管理当局提供了对主体保持在其风险容量之内更大的保证，进而为主体实现其目标提供了更高程度的慰藉。

（3）增加了风险组合观。内部控制框架中没有预期到的一个概念是风险的组合观。而企业风险管理框架除了在分别考虑实现主体目标的过程中关注风险之外，还有必要从组合的角度考虑复合风险。

（4）拓展了风险评估构成要素。通过更多地关注风险，企业风险管理框架拓展了内部控制框架的风险评估要素，创造了目标设定（它在内部控制中是先决条件）、事项识别、风险评估和风险应对四个构成要素。

（5）内部环境要素增加。在讨论环境要素时，企业风险管理框架讨论了一个主体的风险管理理念，它是决定一个主体如何考虑风险、反映其价值观并影响其文化和经营风格的一系列共同的信念和态度。包括主体的风险容量以及支撑它的更具体的风险容限。

由于董事会及其组成的突出重要性，企业风险管理框架拓展了内部控制框架中至少要有多名独立董事的呼吁，即至少要有两名独立董事，指出为了使企业风险管理有效，董事会中必须有至少占多数的独立外部董事。

（6）增加了潜在事项的概念与识别。企业风险管理和内部控制框架都承认风险发生在主体的各个层次上，并且来源于许多内部和外部因素，两个框架都以对目标实现的潜在影响为背景来考虑风险识别。

企业风险管理框架讨论潜在事项的概念，将事项定义为影响战略执行或目标实现的从内部或外部所发生的事故或事件。有着正面影响的潜在事项代表机会，而那些有着负面影响的则代表风险。企业风险管理涉及运用那些既考虑过去和新生的趋势，也考虑是什么引发了该事项的技术组合来识别潜在的事项。

（7）风险评估关注关联风险。尽管内部控制和企业风险管理框架都要求从一个给定的风险将会发生的可能性和它的潜在影响的角度来评估风险，但是企业风险管理框架建议通过一个更敏锐的视角来观察风险评估。要从固有的和剩余的风险角度，最好采用和该风险相关的目标而构建的计量单位相同的单位来表述风险。时间范围应该与主体的战略和目标相一致，而且可能的话，应该与可观测的数据相一致。企业风险管理框架还要求关注相互关联的风险，它反映了一个单独的事项可能会怎样产生多重风险。

如前所述，企业风险管理包含了管理当局树立主体层次的组合观的需要。负责业务单元、职能机构、流程或其他活动的管理人员建立了对各自单元的风险复合评估，主体层次的管理当局就能够从组合的角度去考虑风险。

（8）控制活动本身也起到了风险应对的作用。企业风险管理框架确定了回避、降低、分担和承受四类风险应对。作为企业风险管理的一部分，管理当局从这些类别中考虑潜在的应对，并以达到与主体的风险容限相协调的剩余风险水平为目的来考虑这些应对。个别或整体地考虑对风险的应对之后，管理当局要考虑整个主体范围内风险应对的累积效果。

内容控制和企业风险管理两个框架都引入了控制活动，帮助确保管理当局的风险应对得以实施。企业风险管理框架明确地指出，在某些情况下控制活动本身也起到了风险应对的作用。

（9）拓展了信息与沟通要素。企业风险管理框架拓展了内部控制的信息与沟通要素，强调对来自过去、现在和潜在的未来事项的数据关注。历史性数据使主体得以对照目标、计划和期望来追踪实际的业绩，并提供关于主体在不同条件下在过去期间表现方面的认识。现在或当前状况下的数据提供了重要的补充信息，而有关潜在的未来事项的数据和基本要素使信息分析更加完善。信息基础结构获取和收集与主体识别事项、评估和应对风险以及保持在其风险容量范围之内的需要相符的时间范围和详细程度的数据。

内部控制框架中有关在正常的报告途径之外的其他沟通渠道的存在性的讨论，在企业风险管理框架中更受强调，后者指出有效的风险管理需要这种渠道。

（10）扩充了董事会的职能与责任。两个框架都集中关注作为内部控制和企业风险管理的一部分或为其提供重要信息的不同方面的职能与责任。企业风险管理框架描述了风险官员的职能与责任，并扩充了主体的董事会职能。

（二）ISO31000 风险管理标准

ISO 风险管理标准族的核心标准为 ISO31000，始建于 2005 年。2005 年 9 月，国际标准化组织正式成立技术管理局风险管理工作组（ISO/TMB/RMWG），由澳大利亚任主席国，日本任秘书长国，以 AS/NZS 4360：2004 为蓝本起草和修订 ISO31000，与会的 28 个委员国的专家统一在时任主席的领导下，历经 4 年多的研究和论证，于 2009 年 11 月达成共识，并发布正式标准——《ISO31000 风险管理——原则与指南（Risk Management - Principles and Guidelines）》和《ISO Guide 73 风险管理术语》。

ISO31000 标准并不以认证为目的，且对“原则”的推荐强度要高于“指南”。

1. ISO31000：2009

ISO31000：2009 由前言、引言、正文、附录 4 部分组成，其中正文部分包括范围、术语和定义、原则、框架、过程5项内容。如下所示：

◆ 前言（Foreword）
◆ 引言（Introduction）
1. 范围
2. 术语和定义
3. 原则
4. 框架
4.1　总则
4.2　授权与承诺
4.3　风险管理的框架的设计
4.4　实施风险管理过程
4.5　框架的监测与评审
4.6　框架的持续改进
5. 过程
5.1　总则
5.2　沟通与咨询
5.3　建立环境
5.4　风险评估
5.4.1　概述
5.4.2　风险识别
5.4.3　风险分析
5.4.4　风险评价
5.5　风险应对
5.6　监测与评审
5.7　记录风险管理过程
◆ 附录A

在正文部分，第1部分是标准的范围，第2部分是术语和定义，第3、第4、第5部分是该标准的主要内容，阐明了风险管理的基本原则、基本框架及基本过程，提示组织在开展风险管理活动时，至少应该遵循这些内容。其中，主体是第4部分，第5部分“过程”是对第4部分“框架”中“4.4实施风险管理过程”的详解。如图2-2所示，它清晰、全面地显示了标准的构成以及各个构成之间的关系。这些基本内容是对各国风险管理最佳实践的总结和概括，有很强的科学性和实用性。

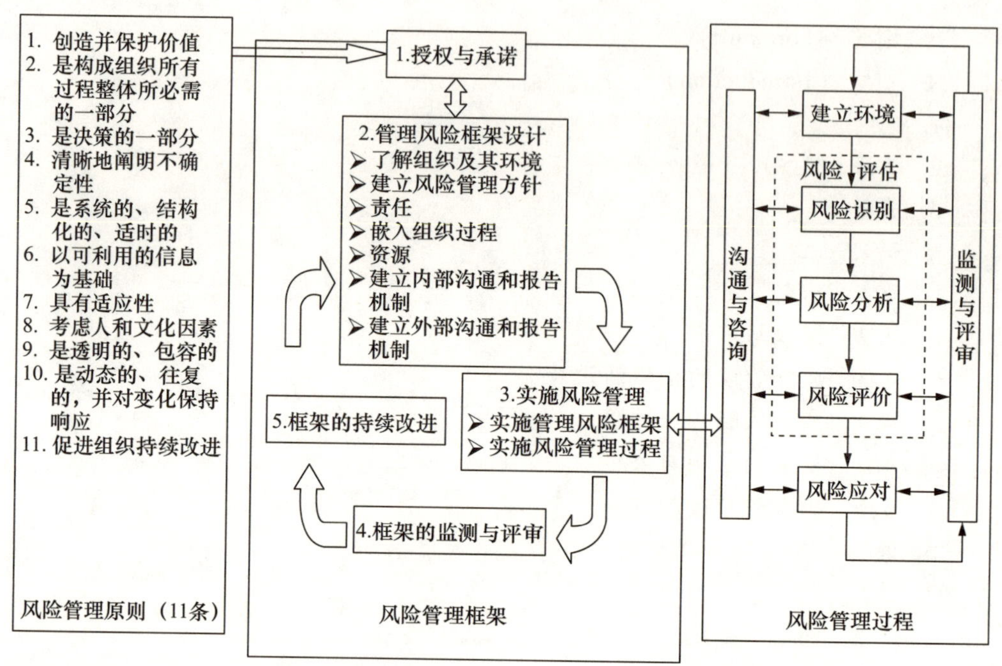

图 2－2　风险管理原则、框架与过程的关系

其中，“11 条原则”可以说是 ISO31000 在风险管理领域对全球的最大贡献，它指明了风险管理的意义、目标、特点，并为组织开展风险管理工作明确了方式和要求等。“框架”部分是 ISO31000：2009 标准的主体，也是组织开展风险管理工作的主体。组织应该对“框架”给予高度重视。框架包括五个部分，在授权与承诺之后，按 PDCA 逻辑循环依次是框架的设计、实施风险管理、框架的监测与评审、框架的持续改进。“过程”是指组织的风险管理过程，是组织在实施风险管理时应遵循的基本流程。该流程包括“沟通与咨询”以及一个主循环。该主循环从“建立环境”开始，依次经过“风险评估、风险应对、监测与评审”，最后返回“建立环境”。概言之，原则通过授权与承诺以及实施风险管理过程贯穿框架和过程，统领全文。

2. ISO Guide 73：2009

ISO Guide 73：2009 风险管理术语标准共有 4 章，对涉及风险管理领域的 50 个术语进行了定义和阐述。第一部分包括 1 个与风险相关的术语，也就是“风险”；第二部分包括 4 个与风险管理相关的术语，分别是风险管理、风险管理框架、风险管理方针、风险管理计划；第三部分是与风险管理过程相关的术语，共45个。这45个术语涵盖了风险管理过程的5个基本活动，其中，沟通与咨询有3个术语、建立环境有4个术语、风险评估有23个术语、风险应对有8个术语、监测与评审活动有6个术语，外加1个“风险管理过程”术语。

为了统一风险管理语言，在ISO31000：2009中重复引用了ISO Guide 73：2009中的29个术语，表明了这29个术语在风险管理中的重要性。如表2－2所示，ISO31000引用ISO Guide 73的术语加“＊”表示。

表2－2　ISO31000与ISO Guide 73：2009风险管理术语逻辑关系

类别			术语
1. 风险			1. 风险（＊）
2. 风险管理			2. 风险管理（＊） 2.1　风险管理框架（＊） 2.2　风险管理方针（＊） 2.3　风险管理计划（＊）
3. 风险管理过程	3.1　沟通与咨询		3. 风险管理过程（＊） 3.1　沟通与咨询（＊） 3.1.1　利益相关方（＊） 3.1.2　风险感知
	3.2　建立环境		3.2　建立环境（＊） 3.2.1　外部环境（＊） 3.2.2　内部环境（＊） 3.2.3　风险准则（＊）
	3.3　风险评估	风险识别	3.3　风险评估（＊） 3.3.1　风险识别（＊） 3.3.1.1　风险描述 3.3.1.2　风险源（＊） 3.3.1.3　事件（＊） 3.3.1.4　危害源 3.3.1.5　风险所有者（＊）
		风险分析	3.3.2　风险分析（＊） 3.3.2.1　可能性（＊） 3.3.2.2　暴露 3.3.2.3　后果（＊） 3.3.2.4　概率

续表

类别			术语
3. 风险管理过程	3.3 风险评估	风险分析	3.3.2.5 频率 3.3.2.6 脆弱性 3.3.2.7 风险矩阵 3.3.2.8 风险等级（*）
		风险评价	3.3.3 风险评价（*） 3.3.3.1 风险态度（*） 3.3.3.2 风险偏好 3.3.3.3 风险容忍 3.3.3.4 风险厌恶 3.3.3.5 风险聚合 3.3.3.6 风险接受
	3.4 风险应对		3.4 风险应对（*） 3.4.1 控制（*） 3.4.2 风险规避 3.4.3 风险分担 3.4.4 风险融资 3.4.5 风险保留 3.4.6 剩余风险（*） 3.4.7 恢复力
	3.5 监测与评审		3.5 监测与评审 3.5.1 监测（*） 3.5.2 评审（*） 3.5.3 风险报告 3.5.4 风险登记 3.5.5 风险状况（*） 3.5.6 风险管理审计

3. ISO/IEC31010：2009

为了支持ISO31000的应用，国际电工委员会（International Electro - technical Commission，IEC）负责起草和修订IEC 31010标准，并于2009年12月和ISO联合发布了ISO/IEC 31010：2009《风险管理——风险评估技术》标准。该技术标准从操作性的角度明确定义了风险评估的全过程，主要包括风险识别、风险分析、风险评价三个子过程，如图2-3所示；详细阐述了ISO31000风险评估过程中各环节的操作要点，并对如何进行风险识别、风险分析、风险评价做了详细说明，为组织开展风险管理工作提供了 31 种方法和技术，如表 2－3 所示。ISO/IEC 31010 对各项风险评估技术进行了适用性比较分析，并给出了各种方法和技术的适用场合。在风险管理实践工作中组织可根据自己的实际情况选用。

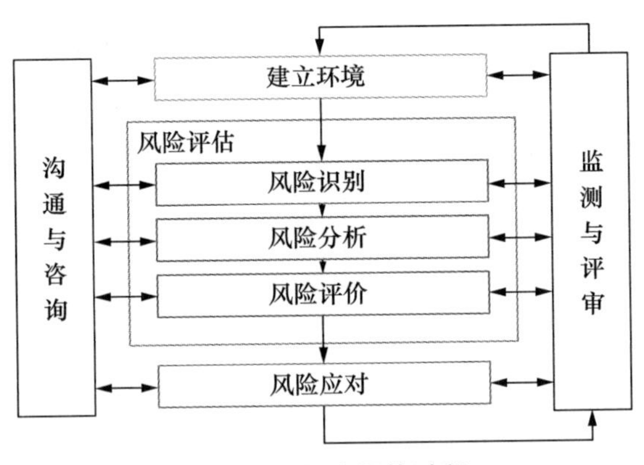

图 2－3　风险评估过程

表 2－3　在风险评估中常用的方法与工具

工具及技术	风险评估过程				
	风险识别	风险分析			风险评价
		后果	可能性	风险等级	
头脑风暴法	SA	A	A	A	A
结构化/半结构化访谈	SA	A	A	A	A
德尔菲法	SA	A	A	A	A
情景分析	SA	SA	A	A	A
检查表	SA	NA	NA	NA	NA
预先危险分析	SA	NA	NA	NA	NA
失效模式和效应分析（FMEA）	SA	NA	NA	NA	NA
危险与可操作性分析（HAZOP）	SA	SA	NA	NA	SA
危险分析与关键控制点（HACCP）	SA	SA	NA	NA	SA
保护层分析法	SA	NA	NA	NA	NA
结构化假设分析（SWIFT）	SA	SA	SA	SA	SA
风险矩阵	SA	SA	SA	SA	A
人因可靠性分析	SA	SA	SA	SA	A
以可靠性为中心的维修	SA	SA	SA	SA	SA
业务影响分析	A	SA	A	A	A

续表

工具及技术	风险评估过程				
	风险识别	风险分析			风险评价
		后果	可能性	风险等级	
根原因分析	A	NA	SA	SA	NA
潜在通路分析	A	NA	NA	NA	NA
因果分析	A	SA	NA	A	A
风险指数	A	SA	SA	A	SA
故障树分析	NA	A	A	A	A
事件树分析	NA	SA	SA	A	NA
决策树分析	NA	SA	SA	A	A
Bow - tie 法	NA	A	SA	SA	A
层次分析法（AHP）	NA	SA	SA	SA	SA
在险值（VaR）法	NA	SA	SA	SA	SA
均值—方差模型	NA	A	A	A	SA
资本资产定价模型	NA	NA	NA	NA	SA
FN 曲线	A	SA	SA	A	SA
马尔可夫分析法	A	NA	SA	NA	NA
蒙特卡罗模拟法	NA	SA	SA	SA	SA
贝叶斯分析	NA	NA	SA	NA	SA

注：SA 表示非常适用；A 表示适用；NA 表示不适用。

ISO/IEC 31010：2009《风险管理——风险评估技术》标准共推荐了 31 种风险评估的技术方法，一类是强烈适用（Strongly Applicable，SA），另一类是可适用（Applicable，A）。

在风险识别环节，ISO/IEC31010 推荐了 15 种强烈适用的方法，如头脑风暴法、结构化/半结构化访谈、德尔菲法、情景分析和检查表法等；推荐了 7 种可适用的方法，如业务影响分析、根原因分析和潜在通路分析等。

在风险分析环节，ISO/IEC31010 为可能性推荐了 13 种强烈适用方法、7 种可适用方法；为后果推荐了 22 种强烈适用方法、1 种可适用方法；为风险等级推荐了 9 种强烈适用方法、11 种可适用方法。

在风险评价环节，ISO/IEC31010 推荐了 10 种强烈适用方法，如危险与可操作性分析、危险分析与关键控制点、结构化假设分析、贝叶斯分析等；推荐了 10 种可适用的方法，如风险矩阵、人因可靠性分析、故障树分析、决策树分析等。

（三）AARCM 企业全面风险管理思维与基本方法

1. 企业全面风险管理的思维

企业的决策者和经营者要想持久并成功地运作一个企业，均需要一套严密的企业管理思维作为行动指南。Williams（1998）曾指出这套完整的思维是由战略管理、经营管理、风险管理三大板块的基本思维组成的，如图 2－4 所示。

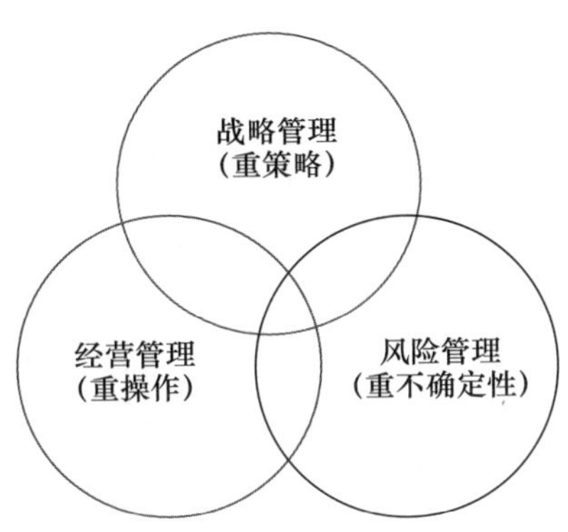

图 2－4　Williams 的企业管理思维

战略管理思维的效用是筹划企业存在的使命和发展战略目标，并且进一步筹划用什么样的策略和资源去支持这种使命和目标的实现。经营管理是一种操作层面的运作，经营管理的目的是为了执行企业的既定策略和实现企业发展的目标。风险管理的基本任务是管理企业在制定和执行战略过程中可能会产生的影响目标实现的不确定性，因此风险管理的逻辑既关联企业的战略层面也关联企业的操作层面。

显然风险管理就是对企业发展的不确定性实施管理，企业在管理不确定性方面不论愿意还是不愿意都必须花费资源和精力，也必须凭借某种逻辑去管理，这种逻辑就是围绕管理企业发展的不确定性形成的一套严密而系统的企业全面风险管理思维。支撑企业全面风险的代表性思维共 20 项，企业正是在这一思维的引导下开展各类不确定性管理活动。

（1）不确定性管理思维。遵从事物不确定性规律，企业发展的不确定性将会导致两种结果：一是目标实现或目标超过预期额度的结果；二是目标不能实现或目标部分实现的结果。企业对不确定性实施管理就是为了获得上述不确定性的第一种结果——促进有利，并同时限制第二种可能性结果的出现——限制不利。企业发展是一种风险行为，经济全球化和信息一体化使企业经营的外部环境变数增大，发展的不确定性增加，企业持续生存的风险增大，因而加强对不确定性的管理显得尤为必要。

（2）追求风险/回报最佳平衡点思维。企业进行风险管理的目的不是为了消灭风险，也不是盲目地追求风险最小化。因为消灭了风险就消灭了机遇，没有胆量承担能够承担的足够风险可能会使企业丧失本应该抓住的机会。然而，企业也不能盲目无限制地冒险，如果企业承担的风险超过了风险忍受度，产生战略上的赌博风险，最终可能会吞下失败的苦果。因而，ERM 理念下企业经营所追求的是，风险与回报的最佳平衡点，机会与收益的最大化、风险适宜化以及损失最小化，以实现企业价值最大化。

（3）风险管理与战略攸关的思维。ERM 有别于传统企业风险管理的关键要素之一就是哪种模式更具有战略意义。传统企业风险管理仅关注操作层面的风险管理，而 ERM 则是在原有基础上又前进至战略层面。ERM 之所以能够提升至战略层面高度并受到企业董事会和决策层的高度重视，其原因就在于 ERM 对企业战略发展所能发挥的支持能力和影响力。其主要表现在：

1）ERM 整体化风险思维的战略影响意义，如 ERM 制定的风险管理职能战略思维、风险哲学思维、风险忍受度思维和整体性风险管理思维等构筑了新时代制定企业战略思维的基础。

2）ERM 体系下所发展的技术工具对企业战略制定可发挥的支持作用。例如，ERM 的预测技术和风险评估技术等能在企业战略定位中起到重要参考作用，ERM 的情景分析、压力测试和模拟分析是支持企业实施战略选择的重要依据，ERM 的控制技术又是企业战略实施的重要保障，ERM 时代企业的战略性发展已经离不开 ERM 的基础支持。

（4）预防为主的思维。预防为主的思维体现了企业主动管理风险的愿望，是一种前瞻性的管理风格。据某项统计显示，在 7.5 万个工业事故中，88% 源自不适行动、10% 源自危险的物理或机械环境、2% 源自“上帝的安排”，而其中 98% 的事故可以预防。企业一般在制定战略、业务规划、财务预算、风险管理计划时需要预防分析的思维作指导，企业在预测、监视和控制风险的过程中要有预防思维的警示和指引，另外，员工在执行目标实现的过程中需要有预防差错的观念。企业往往利用预防的技术来支持预防的思维和前瞻性的决策，这些技术主要包括风险预测技术、风险模拟技术和风险预警技术等。

（5）提高企业整体性风险管理能力的思维。ERM 有别于传统企业风险管理就是其整体性风险管理的思维。这种思维的实现是基于高科技技术发展的支撑，以及风险管理方法和工具的发明和发展。另外，在战略、组织结构、系统、人才与理论发展方面也支持了企业整体性风险管理能力的提升。企业整体性风险管理思维的形成和风险管理能力的提高使企业有可能了解整体层面风险的总体价值，这对企业进一步管理风险和抓住机遇提供了衡量与决策的基准。

（6）策略风险管理的思维。策略风险管理的产生是建立在风险评估技术基础之上的。通过风险评估企业了解到潜在的风险数目、各类风险的特征和企业关键性风险所在的环节，并且可通过使用风险图谱等技术进一步了解各类风险的分布。针对风险的特征（如风险的影响程度和发生概率），依据风险应对策略的经验总结通则，依据风险收益的评价比较和依据风险图的分布等，企业选择风险治理策略。ERM 时代，上述提及的风险治理策略通则已被企业普遍接受，在此基础上形成自身独特的策略风险管理模式和风格。总而言之，ERM 是一个策略风险管理的时代，在风险与机遇管理的竞技场上，有策略者战胜无准备者将会是一种必然。

（7）确保目标实现的思维。企业经营运作的目的是实现既定目标，而影响目标实现的因素一定是风险因素。企业围绕着目标实现，依据系统的风险识别方法来识别影响目标实现的风险因素，并进一步找出治理风险的最佳策略，通过策略的实施以达到将风险治理到可接受范围的目的和确保企业目标的实现。在引入了 ERM 的理念后，企业加深了对目标实现与风险管理关联性的认识，由于有风险管理能力水平的支持，也增强了企业实现既定目标的信心和把握。

（8）风险管理提升企业核心竞争力的思维。ERM 对提升企业核心竞争力的影响可以归纳为以下四点：

1）提升企业开发新产品、开拓新市场和寻找新机遇的能力。由于对风险价值等量化技术的掌握，使企业能够在开拓与发展的相关决策方面和在对某些新产品的设计方面获得新的能力或新技术的支持。

2）企业运用风险调整技术（如 RAROC）调整经营方向，使资源配置能够向支持盈利能力的方向发展，而这些风险管理技术又为企业做大做强提供了新的支持能力。

3）企业风险管理能力的形成和逐步提升为企业进一步发展构筑了坚强的后盾。正是风险管理能力所给予的基础支持，使企业在经营与决策方面具有了更富有挑战的思维，增加了竞争的胆略和智慧，并借助运用“防与攻”的策略增强竞争的进攻力度。

4）ERM 代表着企业的社会责任所提升的正面形象，ERM 与企业利益相关者的利益是一致的，近年来，企业的利益相关者，特别是西方社会广大消费者和投资者已经开始逐渐了解 ERM，甚至学会了将 ERM 的实施与企业的品牌形象相联系，企业风险管理行为也开始引导市场需求者的选购行为。仅从上述几点来看，就已充分显示 ERM 对提升企业核心竞争力的影响是巨大的。

（9）提高前瞻性战略决策能力的思维。企业能否产生前瞻性的英明决策除了取决于决策者的风格和素质之外，还与企业能多大限度地掌握产生前瞻性决策的必要信息有关。而影响这些决策信息质量的要素包括：信息收集者对信息的敏感性和警觉性对收集信息质量产生的影响；风险评估结果会对前瞻性战略决策产生的影响；企业的风险预测技术和模拟技术的使用对前瞻性决策产生的影响。可见，与 ERM 相关的风险管理技术的发展水平对企业前瞻性战略决策的制定能产生重要影响，而当今高度不确定的竞争环境恰恰有利于具有前瞻性决策能力的竞争者。

（10）提高组织应变能力的思维。商务环境从未停止过变化与变革，适者生存，优胜劣汰，提高组织的快速应变能力是经济全球化下企业提升持续生存能力的愿望和目标。如何实现这种目标？其答案仍旧与企业的风险管理能力相关。第一，企业的风险文化对推动整体组织风险敏感性和警觉性的提高会起到支撑性和系统性的作用；第二，企业近些年来纷纷制定的商务可持续性计划、意外计划和应急计划为应对突发的不利变化做好了提前准备；第三，企业的风险转移或损失融资计划等策略为不利变化的发生事先安排了财务解决方案；第四，企业风险管理能力的提升为企业抓住有利变化做好了保障和支持准备。

（11）提高对企业全盘控制力的思维。20 世纪后半叶，伴随着企业规模扩大化和大型企业跨国发展的趋势，企业逐渐感受到一种失控的威胁。于是跨国企业向风险管理寻找答案，通过加强企业内部控制的建设，其中包括强化授权机制、合规机制、过程管理机制、预警机制以及激励与惩罚机制等，同时还通过信息系统的联网手段和完善风险报告机制等来强化对全球业务的控制力度。这种实践对规模化发展的企业颇有启示。

（12）ERM 实践与业务计划相融合的思维。企业全面风险管理是从企业管理学发展起来的新理论体系，就其地位来讲居于企业管理学的三大支撑系统之中。ERM 的出现填补了企业防守学系统性理论的空白，强化了企业管理的基础。然而，ERM 并不能完全取代企业管理的整体逻辑，也不应独立于现实的企业管理实践。正确的思维则是，将 ERM 融合在日常企业管理的每一项业务中，与业务目标结合。在目标实现的过程中，本着“减小不利和促进有利，把风险控制在可接受范围内”而积极努力，最终保障业务目标的实现。

（13）合规的思维。合规包括了合法、符合行业规则和企业规范。而其中的合法确立了企业存在和发展行为的有效法律地位和法律认可，合法是企业能够存在的底线。显然，合规风险是每一个企业所共有的关键性风险。任何企业如果习惯于违规操作则迟早会受到合规风险的惩罚，任何企业如果在合规方面招致了严重的法律层面的风险，都可能瞬间带来灭顶之灾。因此，企业如果要经营和发展，自始至终都要守住合规的信条，当机遇与法律环境产生冲撞并无法合法避开时，则应放弃机遇。

（14）管理企业关键性风险的思维。据统计，企业关键性风险带来的损失一般超过企业总损失的半数，有时企业的关键性风险能引发企业大的危机产生，甚至能瞬间置企业于死地。因此，识别企业的关键性风险和管理企业关键性风险就显得至关重要。关键性风险的识别一般可通过对影响企业关键性业绩的风险进行识别，对影响企业目标实现的风险要素进行识别或采用对企业整体层面的风险评估等方法来操作实施。对企业关键性风险的管理不仅要根据风险评估的结果策划出合理的对策，而且企业一般需配置合理的资源作为治理行动的支持，企业还要对关键性风险治理实施的有效性加以监控和评价，以确保关键性风险能够被控制在可接受的范围之内。

（15）企业社会责任的思维。“安然事件”的产生引发了全球范围内有关企业社会责任的争鸣。无论政府还是企业，无论西方还是东方都一致认同：企业在为股东创造价值的同时必须担负起对社会的责任。经过几年的发展，这种理念和思维已经明显影响了某些大型跨国企业的经营和对外宣传方式，某些企业更以慈善和社会责任等行为大力包装自己的形象，从而获得广大消费者等利益相关方的认同、认可和品牌支持。总之，无论企业在社会责任的承担方面具有多大诚意，是实实在在或是做表面文章，但社会至少还是在这一理念下受益，企业行为也在此理念下转变得更规范和谨慎。显然，企业的社会责任是道德操守 ERM 在风险管理方面所倡导的思维和极力推崇的实践。

（16）管理商务可持续性的思维。企业按照既定目标实施经营管理的过程中往往会遭遇一些意外事件，其结果可能会阻断企业的正常运营。这种商务中断小则会产生一定数目的损失，大则可能影响业务计划的按时完成，而这种不能够按时完成计划产生的损失往往又会引起连锁反应，如订单不能按时完成可能会遭到客户的起诉而引起损失，严重的商务中断甚至会带来企业市场份额的损失。因此，预先加强对商务可持续性管理就显示出其独特的重要性。事实上在过去的十几年间，倡导商务可持续性计划与倡导危机管理以及与倡导 ERM 几乎具有同步的推进速度，不难理解不少学者将制定商务可持续性计划作力危机管理的内容进行研究，但由于 ERM 体系外延涉及内容的宽泛性或 ERM 本身自成体系的特点，最终无论是商务可持续性计划还是危机管理都应被列为 ERM 体系的组成部分，商务可持续性思维也就成为 ERM 基本思维的一种类别。

（17）管理未来和管理可持续性发展的思维。企业的投资者之所以保持投资信心，是因为他们对该企业的未来怀有信心。成熟的投资者希望被投资企业未来收益的可预见性大、波动性小和持续向上，并且企业的其他利益相关者也有着同样的期待。显然，企业管理风险的能力正是企业管理可持续性发展能力的基础，也是企业管理未来的能力基础。企业必须能够今天健康地活着，才能谈及未来的进取和发展，企业发展不仅只顾眼前利益，还要考虑稳健和长远利益，在奔向未来的发展进程中免不了受惊涛骇浪的冲击，然而企业已经构筑的风险管理体系的铜墙铁壁将会为企业保驾护航。总之，企业实施 ERM 向利益相关者展示出企业管理生存的艺术和企业为未来负责任的举措和准备。

（18）共同语言的思维。企业中的每一个工作岗位都是为企业创造价值或者是为创造价值服务的，每一个岗位在创造价值的过程中都带有各种各样的风险，而这些风险又往往是相关联的。因此管理好各个岗位的风险需要每一位员工首先自身做出努力，也需要有关联风险岗位的员工之间的风险沟通和相互支持。事实上企业的关键性风险正是分布在企业的某些岗位上，这些岗位一旦发生风险事件可能会祸及全局，企业员工不仅关心自身岗位直接关联的风险，也会关注企业的关键性风险。正是由于风险无处不在和风险是企业生存攸关的特征，使企业对风险管理有号召全员参与的必要。

由于在 ERM 时代对企业整体性风险管理的推动，使风险管理的责任已不再只是几个专职风险责任人的事情，而成为企业每一位员工的事情。ERM 使过去单一风险管理时代存在的单一风险责任人之间基本没有联络与沟通的局面被打破。如今风险管理成为企业员工与员工之间的共同语言，因而增进了对风险管理的关注氛围，加强了企业的风险沟通，使风险管理的参与范围扩充至全员，从而提高企业的风险敏感度，增强企业风险管理实施的有效性，促进企业风险文化的形成。

（19）企业风险文化的思维。企业中每一个岗位都是风险岗位，每一位员工都有管理企业风险的责任和义务，只有号召企业每一个岗位的全体员工都参与的风险管理才能称为全面风险管理，不关心企业风险的员工恰恰可能成为引发企业重大风险隐患的源头。因此只有形成一种透明的、敏感的、警觉的、监督性的风险识别和风险管理文化，才有助于企业预防风险的愿望落到实处，才有助于构筑良好行为的常规环境。归根结底，只有形成企业风险文化才能对企业持续有效地实施风险管理提供环境保障。正如詹姆斯·林所说，“与一家机构的总体文化在决定公司的成功方面可能是至关重要的一样，它的文化将决定 ERM 有多成功……必须把风险管理看作日常商务运作的一个中心部分，强势的文化必须到位，这种环境才能有助于真正有效的风险管理”。

（20）企业风险、公共风险和个体风险是相互关联的思维。这一认识可以从两个角度来理解：一是风险不是孤立，企业内部的风险是相关联的，企业外部的风险也往往是相关联的。企业是社会的细胞，企业的风险常常会蔓延至社会，有时可能引发社会性的风险而影响社会的和谐与稳定。例如，一家银行倒闭会使员工失业，与此同时可能会引发其他银行的挤提，进而引发社会性的恐慌和危机。因而，企业治理风险有利于提升对员工的保障度、对消费者的保证度、对广大民众的保障度和对社会的责任度。二是治理企业风险与治理公共风险和个体风险的诸多策略是相通的或理念是接近的。

2. 企业全面风险管理的基本方法、手段和过程

企业风险管理的基本方法、技术、手段和过程是企业实施风险管理所必须掌握的要素和技能，这其中缺乏任何一种要素则 ERM 的实施就无从谈起。

风险管理的基本方法是指企业在完成整个风险管理过程中所使用的各类识别、分析、评价和管理方法总体组合的统称。ERM 的方法学是在企业管理的方法学中较系统和完整的一套体系，这套体系是在传统企业防守学的方法和思维基础上建立和产生的，多数在 20 世纪 90 年代之前发展的风险识别、分析方法和风险管理方法如今仍在 ERM 时代适用，如头脑风暴、机遇/威胁分析、风险/成本分析、产品生命周期分析、敏感度分析方法和压力测试方法等。在进入 ERM 时代之后，有关于风险管理的新方法特别是聚焦于企业整体层面风险分析和风险管理的方法不断出现，如制作企业风险图就是站在企业整体视野来评估和分析风险的新方法。

风险管理的过程包括了从风险识别、风险分析、风险评价、识别和选择风险反应策略、实施策略、监控和改进一系列循环管理风险的过程。

风险管理的手段用于服务企业风险管理的策略实施，或者说企业风险管理对策的落实必须靠使用风险管理的技术或手段工具来完成。有关风险管理使用的手段，可粗略分为风险管理的非财务手段和财务手段，在非财务手段中主要包括企业内部控制和合约方式的风险管理方法，在财务手段中主要包括保险、衍生工具、预留资金、贷款、自保以及其他财务方式的风险管理方法。

（四）巴塞尔资本协议

1975 年，国际清算银行旗下的巴塞尔银行监管委员会发布了《巴塞尔协议》第一版。鉴于全球金融环境不稳定性日益加剧，1988 年 7 月《关于统一国际银行资本衡量和资本标准的协议》（《巴塞尔资本协议Ⅰ》）经过反复修订后正式发布，较早启动了对金融机构的外部监管。可以说，它的发布意味着由资产负债管理时代开始向风险管理时代过渡。一套国际通用的、以加权方式衡量内外风险的资本充足率标准诞生了。它的实施有效扼制了与债务危机相关联的国际银行业风险。

1995 年爆发的英国巴林银行事件，堪称金融衍生工具操作失败的经典案例。此次事件引发了全世界对金融领域风险管理的密切关注，金融衍生工具的高风险开始被广泛认识。1997 年，亚洲金融危机爆发，是继 20 世纪 30 年代大危机之

后，对世界经济产生深远影响的又一重大事件。此次亚洲金融危机暴露出了世界和各国的金融体系存在严重缺陷。1997 年 9 月，巴塞尔银行监管委员会颁布了《有效银行监管的核心原则》，它与 1988 年的《巴塞尔资本协议Ⅰ》共同构成了对外资银行风险监管的基本规定。与此同时，该事件还引发了巴塞尔委员会对金融风险的全面而深入的思考。并于 2004 年颁布了《新资本协议》（也称为《巴塞尔资本协议Ⅱ》），使国际上的风险管控制度更加标准化，并对提升国际金融服务的风险管控能力发挥了重要作用。

2008 年，席卷全球的金融危机爆发，对世界各国的政治、经济格局产生了极其深远的影响，引起了全世界对风险管理特别是对金融领域系统风险的极大关注。为应对全球性金融危机，在 2009 年的 G20 峰会上，各国领导人一致要求加强国际金融政策和金融监管的协调。巴塞尔银行监管委员会根据 G20 达成的共识，决定对《巴塞尔资本协议Ⅱ》进行修订，并于 2009 年 12 月出台了《增强银行体系稳定性》和《流动性风险计量标准和监测的国际框架》两个文件，它针对资本金和流动性这两项在此次金融危机中暴露出来的金融监管方面的重大弱点进行了特别强化。与《巴塞尔资本协议Ⅱ》相比，两个文件增加了扩大资本框架的风险覆盖面、引入杠杆率作为《巴塞尔资本协议Ⅱ》的补充等五方面的内容。

随着监管思想的不断变化，资本协议内容的不断丰富和完善，2010 年 11 月《巴塞尔资本协议》第三版（《巴塞尔资本协议Ⅲ》）发布实施。虽然巴塞尔委员会不是严格意义上的银行监管国际组织，但其制定的标准得到世界各国监管机构的普遍赞同，并已构成国际社会普遍认可的银行监管国际标准。

（五）COBIT 信息系统和技术控制目标

除了风险管理标准及企业管理要求之外，还有很多与风险管理相关的专业标准。特别是 IT 部门制定了一系列颇受尊崇且运用范围极广的通行标准。在所有 IT 部门风险管理的标准中，信息系统和技术控制目标（Control Objectires for Information and Related Technology，COBIT）拔得头筹。作为电子信息领域的通行标准，COBIT 制定了该领域的活动框架，将各项具体活动以一定的逻辑顺序及管理方式串联起来，其最佳实践内容所反映的是专家的一致意见。COBIT 的侧重点在于控制，而非执行。这些实践行为能够帮助信息产业的从业人员实现对信息技术投资的优化，保证产业所提供的服务质量，在出现问题时提供参考标准。

为确保信息产业能够成功实现商业要求，管理人员必须将内部控制系统或者框架落实到位。COBIT 的控制框架是通过下述步骤实现以上目标的：

（1）找到与商业目标的契合之处。

（2）将信息产业活动整合成能够被普遍接受的流程模型。

（3）找出能够被利用的信息系统的主要资源。

（4）明确管理控制目标。

COBIT 的业务方向在于将商业目标与信息产业的管理目标联系起来，为其提供矩阵及成熟的结果评价模型，明确企业主与信息管理人员的相关责任。

（六）其他风险管理标准和框架

1995 年，由澳大利亚和新西兰联合开发的《AS/NZS 4360 风险管理标准》正式发布。该标准明确定义了风险管理的标准程序，是第一个企业层面的风险管理标准，也是第一个以国家名义发布的风险管理标准，该标准在当时最完整和成熟。2004 年，澳大利亚和新西兰对 AS/NZS 4360 标准进行了修订，正式发布了 AS/NZS 4360：2004 标准。该标准在发布后得到了世界各种组织和企业的广泛认可，成为当今较充分反映企业利益相关者利益的更适宜的企业层面风险管理过程框架，并使其成为国际标准化组织制定《ISO31000 风险管理——原则与指南》时，首先被选择作为标准起草的基础参照框架和重要参考文本。为了能够与 ISO31000 相互兼容，澳大利亚标准协会于 2011 年对 AS/NZS 4360 标准进行了修订。

在澳大利亚之后，世界上的其他国家性标准机构及政府部门也逐渐涉足此领域。中国标准 GB/T 24353—2009《风险管理——原则与实施指南》于 2009 年 9 月发布。英国标准 BS 31100《风险管理：实务守则与 BS ISO31000 实施指南》于 2011 年 6 月正式出版面世。

所有标准的总指导思想是类似的。虽然每个风险管理标准的受认可程度不尽相同，但是企业应当选择与其特定环境最相关的风险管理方法。

公司治理、风险管理及合规审查（GRC）概念的出现有效促进了风险管理标准的发展。支撑该原则的方法与三道防线相互对应。不同的风险管理及内部控制责任将被分配给资深的企业管理人员、风险管理专家及内部审计师。GRC 的总体思路在于职权的明确划分，资深的企业管理人员所负责的是企业内部的管理，风险管理专家负责风险管理活动的开展，而内部审计师则将企业内部合规审查工作做到位。

二、风险管理理论发展方向

风险管理的特殊职能、作用已经被社会各界普遍认同，并获得了较大发展。对于风险管理理论未来的发展方向，学术界存在几种不同的看法。

一种观点认为，风险管理缺乏一定的规律性和科学性，随着各学科发展的专业化和细化，风险管理理论也会失去其存在的价值，其最终将会融合在更加专业化的其他管理学科中，被其他管理学科所代替。

另一种观点认为，随着科学技术日新月异的发展，给人类带来的损失风险也会越来越大。由于永远都存在人类无法认识或者认识不到的空间和领域，对面临的各种风险进行管理是一种必然的选择，风险管理理论具有广阔的发展前景。风险管理理论会进入一个令人兴奋的、具有新型业务和责任的时代。

还有一些人认为，因为风险管理的范围较大，涉及的实际操作知识较多，缺乏一个确定的发展方向。

显然，在风险管理理论中，风险识别、风险衡量、风险评价、风险控制技术和风险融资方法等具有一般规律性和科学性，可以用来指导普遍的风险管理实践。风险管理理论是经过实践检验的，是进行风险管理操作和实践的基础理论。

企业风险管理实践未来发展的重点将集中在两个领域：首先，确保风险管理活动与企业业务流程实现完美融合，借助领导力、参与程度、学习能力、可靠性及沟通等得以实现。其次，展示企业风险管理活动的施行所带来的财务层面的可量化益处；因为运营风险管理实践的发展很可能决定着企业风险敞口的总体水平的测量方式。

总而言之，企业风险管理学科已经建立起来，并且还将持续存在。但是，风险管理活动必须能够带来较大且可度量的经济利益。这里所示的经济利益可以具体体现为运营效率的提升及公共部门服务的价值。当然，随着风险管理理论研究的深入和各门学科发展的专业化和细化，风险管理理论的内容还需要不断地充实和丰富。

第三节　中国风险管理理论与实践的现状、挑战及应对

一、现代风险管理理论在中国的发展

20 世纪 70 年代初期，风险管理的理念开始传入日本和中国台湾，但是，风险管理的实务在亚洲的发展却比较缓慢。相比较而言，仅在菲律宾与新加坡最先获得了广泛的发展。为了适应风险管理实务的需要，风险管理理论方面的研究也随之发展起来。

中国大陆对风险管理的研究则始于 80 年代后期，一些企业引进了风险管理和安全系统工程管理的理论，运用风险管理的经验识别、衡量和估计风险取得了较好的效果。企业的风险管理实践推动了风险管理理论的研究，为适应经济发

展要求，我国高等院校普遍开设了风险管理课程。风险管理理论和实务在我国还仅仅处于初步发展阶段，有关风险管理方面的论文和教材也较少。随着科学技术发展带来的负效应的逐步扩大、政府对风险管理的重视、企业发展的深化、个人风险管理意识的逐步增强，风险管理的理论和实务必将在我国获得较大的发展。

进入21世纪后，我国各级政府部门相继颁布了一系列有关风险管理的法规文件。2001年初，证监会颁布《证券公司内部控制指引》。此后，财政部颁布了《内部会计控制基本规范》《加强货币资金会计控制的若干规定》征求意见稿。2001年“银广夏事件”、2003年“中航油（新加坡）事件”以及2004年“德隆事件”陆续爆发后，为了切实保护投资者的合法权益，促进资本市场持续、健康发展，有效地防范和化解上市公司风险，证监会于2005年颁布了《关于提高上市公司质量的意见》。2006年6月与9月，为推动和指导上市公司建立健全及有效实施内部控制制度，提高上市公司风险管理水平，保护投资者的合法权益，促进上市公司规范运作和健康发展，上海和深圳证券交易所相继颁布了《上海证券交易所上市公司内部控制指引》《深圳证券交易所上市公司内部控制指引》。

（一）中央企业全面风险管理指引

2006年6月，为指导国资委履行出资人职责的企业开展全面风险管理工作，增强企业竞争力，提高投资回报，促进企业持续、健康、稳定发展，国资委正式发布《中央企业全面风险管理指引》。这是我国第一个全面风险管理的指导性文件，它针对中央企业开展全面风险管理工作的总体原则、基本流程、组织体系、风险评估、风险管理策略、风险管理解决方案、监督与改进、风险管理文化、风险管理信息系统等进行了详细阐述，对贯彻落实工作也提出了明确要求，根本目标是增强国有企业的竞争力，提高投资回报率，保障国有企业健康持续发展。

全面风险管理是指企业围绕战略目标，制定风险管理策略，在企业经营管理的各个环节和业务过程中执行风险管理的基本流程，落实风险管理措施，培育良好的风险管理文化，建立健全风险管理的组织体系、信息系统和内部控制系统的过程和方法。

全面风险管理是一个过程和方法，为实现企业战略服务，要围绕企业战略目标，识别风险、制定风险战略、确定风险偏好，把风险管理工作纳入企业日常各项工作中。

风险管理包括五个环节，即信息收集、风险评估、风险管理策略、风险管理解决方案、监督与改进风险管理要实现五大目标：①确保将风险控制在与总体目标相适应并可承受范围内；②确保内外部真实、可靠的信息沟通；③确保遵循有关法律法规；④确保企业重大措施的贯彻执行，保障经营管理的有效性、提高经营活动的效率和效果，降低实现经营目标的不确定性；⑤确保企业建立针对各项重大风险发生后的危机处理计划，保护企业不因灾害性风险或人为失误而遭受重大损失。

（二）企业内部控制规范及指引

2008 年 3 月“三鹿奶粉事件”爆发，同年 5 月，为了加强和规范企业内部控制，提高企业的经营管理水平和风险防范能力，促进企业可持续发展，维护市场经济秩序和社会公众利益。财政部、证监会、保监会、银监会、审计署五部委发布了《企业内部控制基本规范》（以下简称《基本规范》）。《基本规范》在形式上借鉴了 COSO《内部控制——整合框架》的五要素构成，同时在内容上体现了 COSO《企业风险管理——整合框架》中八要素框架的实质。

2010 年 4 月，为了提升中国企业的财务报告质量，减少商业欺诈风险，确保企业内控规范体系平稳顺利实施，财政部等五部委又联合发布了《企业内部控制配套指引》（以下简称《配套指引》）（包括企业内部控制评价指引、企业内部控制审计指引和 18 项企业内部控制应用指引）。《配套指引》连同 2008 年 5 月所发布的《基本规范》，共同构建了中国企业内部控制规范体系，如图 2－5 所示。它标志着适应我国企业实际情况、融合国际先进经验的中国企业内部控制规范体系基本建成。

我国内部控制体系包括企业内部控制基本规范、企业内部控制 18 项应用指引、企业内部控制评价指引和企业内部控制审计指引。

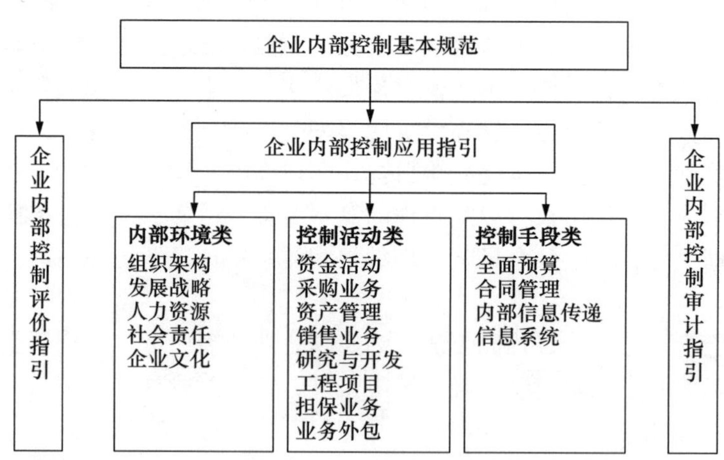

图 2－5　我国内部控制体系

1. 企业内部控制基本规范

企业内部控制基本规范主要涉及内部控制的基本理论问题，包括内部控制的本质、目标、原则、要素（对象）与方法。规范提出了内部控制的五原则、五目标和五要素。五原则分别是全面性、重要性、制衡性、适应性、成本效益性原则。五目标分别是合法合规、资产安全、财务报告、绩效经营、战略实现目标。五要素分别是内部环境、风险评估、控制活动、信息与沟通、内部监督。

内部控制五要素之间存在这样的逻辑关系：内部控制环境是基础（说明在什么样的环境下开展控制活动），风险评估是前提（说明要重点针对什么活动和在该活动的什么方面进行控制），控制活动是核心（说明对需要重点控制的活动或环节运用什么方法进行控制），信息与沟通是桥梁（以一定的方法对风险评估确定的应该控制的活动和环节开展控制，没有信息的支持是无法达成目标的），内部监督是保障（没有监督作为保障，控制的好坏在管理上没有区别，则无法达到控制的目标）。

内部控制的方法涉及全部五个要素，既有内部控制环境的评价与改进方法，也有风险评估、风险管理策略的选择方法；既有直接运用于控制活动的方法，也应有信息生产与沟通、监督的方法。而且，内部控制主要体现在企业的流程管理上，一是业务流程，即规定完成业务的先后顺序；二是管理流程，主要是对各风险管理点的标准规范。

2. 企业内部控制应用指引

18 项应用指引是对内部控制要素进行控制时的具体应用指南，重点突出了对风险的关注。各项指引的总则部分说明了企业应关注的风险，这可看成企业风险评价的基础和指南。就其他四个要素来看，内部控制环境涉及组织架构、发展战略、人力资源、社会责任和企业文化五个具体指引。就控制活动来说，涉及资金活动、采购业务、资产管理、销售业务、研究与开发、工程项目、担保业务、业务外包、财务报告九个具体指引。控制手段涉及合同管理、全面预算以及信息与沟通要素方面的内部信息传递和信息系统四个具体指引。

3. 企业内部控制评价指引

企业内部控制评价指引是根据《企业内部控制基本规范》制定的。内部控制评价是指企业董事会或类似权力机构对内部控制的有效性进行全面评价、形成评价结论、出具评价报告的过程。内部控制评价应遵循全面性、重要性和客观性原则，并针对五个要素分别进行评价。内部控制评价程序一般包括制定评价工作方案、组成评价工作组、实施现场测试、认定控制缺陷、汇总评价结果、编报评价报告等环节。

4. 企业内部控制审计指引

企业内部控制审计指引是根据企业内部控制基本规范和《中国注册会计师鉴

证业务基本准则》制定的。内部控制审计是会计师事务所接受委托，对基准日内部控制设计与运行的有效性进行审计并发表审计意见，出具内部控制审计报告。

（三）风险管理国家标准

2009 年 9 月，为满足我国企业风险管理理论和实践的需要，向企业实施风险管理提供通用的标准指南，国家质检总局和标准化管理委员会先后发布了国家标准 GB/T 24353—2009《风险管理——原则与实施指南》（2009 年 12 月）；GB/T 23694 风险管理术语（2009 年 10 月、2013 年 12 月发布修订版）；GB/T 风险评估（2009 年 11 月 26 日）；GB/T 24420 供应链风险管理指南（2009 年 12 月）；GB/T 公司治理风险管理指南（2010 年）；GB/T 企业法律风险管理指南（2010 年 4 月 20 日）等。

其中 GB/T 24353 标准是我国风险管理系列标准中的指导性标准，参考 ISO31000《风险管理——原则与实施指南》编制而成。该标准的发布使我国有了一个普遍适用的、国家等级的风险管理标准，成为我国各种组织实施风险管理的最高级别标准，得到了广泛关注和重视。GB/T 24353—2009 适用于各种类型和规模的组织，适用于组织的生命周期及其阶段，也适用于组织的各种活动，包括流程管理、职能行为、项目管理以及与产品、服务、资产、运作和决策等有关各项活动。GB/T 24353 标准内容主要包括风险管理原则、风险管理过程、风险管理的实施三部分。

二、现代风险管理理论在中国的实践应用

（一）中国企业持续发展的迫切需要

改革开放以来，在我国加入 WTO、经济全球化、网络媒体全球化的大背景下，企业生存、发展的内外部环境都发生了极大变化，所面临的不确定性日益突出。不断加剧的不确定性严重影响企业实现其战略目标。中国企业赶上了中国改革开放的黄金时代，又恰逢机遇与挑战共存的经济全球化的外部环境，企业要实现其使命、愿景、价值，建立持续发展的长效机制，有效地管理风险就显得尤为迫切了。而且在经济全球化以后，许多企业走出国门，国际间的贸易活动和商业往来越来越多，不仅在海外上市的一些公司要接受外国或国际组织的各种法律法规的监管，即使在境内经营的许多企业也会受到国外有关法规的约束。因此，实施一个被普遍承认的通用的国际标准自然成为合理的选择。

ISO31000：2009 标准的产生适应了世界各国风险管理的需要，是人类在风险管理领域取得的巨大进展。人类风险管理的历史还不长，风险管理的理论和实践仍在发展之中，但 ISO31000：2009 标准作为第一个 ISO 层面的风险管理标准，是“被国际上普遍承认”的风险管理标准，它“已可以帮助一个组织开始和改

进自己的风险管理过程”（ISO/TC 262 主席 Kevin Knight）。今天的中国企业有实施 ISO31000：2009 标准的基础，具有有效管理风险、创造更大价值的现实意义，其必要性不言而喻。

对一般的企业而言，已有一定的风险管理要求和风险控制方法，但正如所说，这时“组织能够将自己的风险管理实践与一个被国际上普遍承认的风险管理标杆相比较”（Kevin Knight）十分必要。ISO31000：2009 标准指出：“如果组织已有现存的风险管理实践和过程，或组织已经采用了其他风险管理过程，组织应按照本国际标准对这些实践和过程进行批判性的评审与评估，以作为决定其充分性的基础。”

（二）ISO31000 标准的积极使用者、推广者

距 1994 年我国“等同采用”ISO9000 标准已有 20 多年的历史，“等效采用”87 版 ISO9000 标准（国标为 GB/T10300）也已近 30 年。尽管我国的“贯标”进程中存在一定的偏差，特别是“贯标”的有效性很不平衡。但 ISO 管理标准在中国的引进和实施极大地促进了我国各类企业从计划经济向市场经济的转变，同时也极大地提高了企业的管理水平，在 40 年改革开放的历史中有着不可忽视的意义。作为改革开放的重要成果之一，中国政府、企业初识 ISO、了解 ISO、熟悉 ISO，在采用 ISO 管理标准的领域内，已不存在“与国际接轨”的问题，我国已经走在采用和实施 ISO 管理标准的世界前列。

自 2005 年 6 月 ISO/TMB 成立制定 ISO31000 标准的工作组以来，中国作为工作组的 28 个成员国之一，积极参与了 ISO31000 标准的起草和修改工作，为该标准的最终完成做出了很大贡献。特别是在 2007 年 4 月于加拿大渥太华召开的 ISO/TMB/RMWG 第四次会议上，我国代表提出的风险管理核心术语——“风险”的定义“不确定性对目标的影响”被工作组成员国投票通过，形成了人类对“风险”一词的最新定义，反映了人类对风险的最新认识。与此同时，风险管理核心术语——“风险”的定义完成也为标准的下一步修改明确了方向。自 2006 年以来，中国各级政府部门发布的内部控制、风险管理的法规性文件的密度、强度举世瞩目，更以风险术语定义被 ISO 采纳为标志，在风险管理领域，中国向世界迈进了一大步。我国理所当然就是 ISO31000：2009 标准的积极使用者和推广者。

第三章　风险管理理论与其他学科的关系

风险管理的研究对象是风险，风险的复杂性和普遍性决定了风险管理的范围广泛。风险管理理论是社会生产力和科学技术发展到一定阶段的产物。运筹学、概率统计学、系统论、控制论、计算机技术等为风险管理提供了先进的技术手段；资产风险管理、责任风险管理、人力资本风险管理等涉及金融、财务管理、法律、数学、投资管理、社会学、心理学、人力资源等多门科学的交叉。因此，风险管理理论既是对风险管理实践一般规律的概括和总结，又可以指导具体风险事件的管理，研究范围广泛，应用性较强。

风险管理是研究风险发生规律和风险控制技术的一门新兴管理科学，属于哪一学科，理论界尚未确定。我国一些高校将风险管理学划入数学、统计学管理，一些高校将风险管理划入金融学管理，还有一些高校将风险管理划入财务管理学等。风险管理与保险、投资、数学、财务管理、审计等学科之间既有区别又有联系。风险管理作为一门新兴的管理科学，具有管理学的计划、组织、协调、指挥、控制等功能，同时又具有自身独特的理论、思维方式和功能，不能等同于上述任何一门学科，下面逐一介绍风险管理理论同其他学科的关系。

第一节　风险管理理论与保险

一、保险概况

（一）保险的历史

保险的历史源远流长，可以追溯到中国与巴比伦商人的交易。据考证，14世纪中叶，海洋保险已经为众多欧洲沿海国家所接受。在近现代时期，1666年的伦敦大火之后，现代形式的火灾保险从此发展起来。17 世纪 80 年代，有人在伦敦开设了一家咖啡馆，后来成为希望为货物和船只投保的商人及那些愿意背书的人碰面的场所。

18～19 世纪，保险业的发展极为迅速。在保险公司正式出现之前，保险单是由个人签署的。保险人的姓名及愿意承担的风险水平都在保险申请书下方加以注明。这也正是术语“背书人”的真正起源。

19 世纪 30～50 年代，美国的现代保险公司发展迅速。这种发展通常是由大型灾难所引致的，特别是大规模火灾。1835 年，纽约发生特大火灾；1817 年，芝加哥也遭遇特大火灾。这些发生在市中心的大型火灾需要大量的资金实现修复，而保险业恰好满足了这一需求。

某些保险制度与家庭主要劳动力丧生之后受供养子女的保护相关。19 世纪，互助组织或者互济会的出现使这些制度安排变得更正式。责任保险的发展史则相对较近，集中在最近的一个世纪当中。很多国家都明确规定企业应当承担的强制性责任保险。这些强制性责任保险的历史可以追溯到约 50 年前。绝大多数国家将强制性责任保险限制在员工责任险（员工赔偿）及机动车第三人强制险。

（二）保险的需求

总体来说，企业安排必要的保险主要出于以下三个因素的考虑：法律或合同规定的责任和义务；负债平衡表、收益及亏损保护；员工福利或员工资产的保护。保险覆盖的范围、认购环境等如表 3－1 所示。

表 3－1 保险的需求

类别	内容
法律或合同规定的责任和义务	• 对雇员的责任——赔偿员工因为工伤而遭受的损失 • 对公众的责任——归公众或者客户的赔偿 • 对产品的责任——损害或者受伤的赔偿责任 • 专业责任赔偿——金融咨询师们未能准确地为其客户提供金融建议的赔偿
负债平衡表、收益及亏损保护	• 营业场地——负面事件对场地的损伤 • 业务中断——利润的损失及工作成本的增加 • 资产保护——损失，包括现金流、传播当中的货物数量、信用风险及职工忠诚保证的灭失（员工不诚实） • 机动车保险——机动车事故所引发的赔偿 • 恐怖主义——对恐怖主义所导致的损失的赔偿 • 关键人员的流失——对企业核心员工离职的赔偿
员工福利或员工资产的保护	• 生命及健康——包括对员工生命保险、重大疾病保险、收入保护、个人用药开销、永久性健康保险、个人意外事故及旅游伤害或损失等方面的补偿 • 执行官及管理层人员的法定责任——法定及赔偿成本

绝大多数情况下，保险的购买并非强制性行为，但绝大多数国家都会规定某些特定情形下必须购买保险。一般情况下，这些均属于强制性责任范畴，包括对员工发生工伤的赔偿及在交通事故当中对第三人的赔偿等。

除了强制性等级的保险之外，企业必须自行决定是否购买哪个类型的保险。企业是否购买某类保险通常是由企业风险评估结果、企业所面临的风险的性质及水平是否在企业的危险因素风险承受能力之内等诸多因素共同决定的。保险所需成本（保险费）及保险所覆盖的范围同样是保险购买过程当中必须重点考虑的因素。一般而言，企业将为那些发生可能性较低但发生可能带来的影响力较大的风险购买保险，如水灾、台风及火灾等不可抗力因素。

（三）保险的种类

可供企业选择的保险种类不计其数，企业应当根据自身的特殊经营活动及特质，确定所应购买的保险范围。某些时候，企业的承保能力同样可能出现不足，也就是说，企业可能希望购买某一类型的保险，但是该保险所需的成本却远远超出企业的承受范围。

近年来，企业更倾向于从整体上看待所面临的各种风险。这种整体观导致企业认真审查企业所需购买的保险范围。例如，项目可能面临着多种重大风险，而保险仅能覆盖那些处于有限风险敞口水平的风险，那么仅为这些风险购买保险的做法并不妥当。企业风险管理办法有效控制了某些企业将保险作为风险控制手段的频率。企业必要的保险险种如表 3－2 所示。

表 3－2　必要险种

业务特性	商业保险险种
企业拥有一定数量的员工	企业员工责任险
企业员工境外出差	业务出差
某些公众可能受到影响	公众责任险
企业提供产品或者组件	产品责任险、产品召回
企业提供专业咨询	未能准确地为其客户提供金融建议的赔偿
员工可能出现的不诚实行为	企业员工忠诚保证
企业需要特定的营业场所	营业场所保险
经营场地需要特殊设备或者其他库存	场地物品保险
经营场地离不开特殊设备或者计算机	工程保险
企业经营可能受到火灾或者洪水等因素影响	业务中断
企业涉及货物运输业务	传播中的货品
企业涉及公共道路机动车运输	机动车保险

续表

业务特性	商业保险险种
企业为员工提供生命收益	生命及健康保险
特定员工对企业业务开展而言至关重要	关键员工保险
企业可能陷入债务危机当中	贸易信用保险
企业拥有执行官及高级管理者	董事责任保险

保险市场的特质之一就是保险所需成本随着保险市场的周期而变换，不断地在低费率水平与高费率水平之间更替，每个周期历时6~10年。当费率水平较高时，企业将选择尽可能少地购买保险，增加对自保保险公司的使用频率。当费率水平较低时，企业将购买尽可能多的保险，因为这个阶段的保险通常可以算作是性价比极高的控制措施。

（四）保险的购买

企业购买保险时需要特别注意以下六点内容（即6C）：保险成本（Cost）、保险范围（Coverage）、承受能力（Capabilities）、保险能力（Capacity）、保险索赔（Claim）、合规性（Compliance）。

1. 保险成本

保险成本也就是企业需要支付的保险费。成本的第二个要素是保单所要求的自保水平（包括超额和不足额两种情况）。这也就意味着企业必须在收到来自保险公司的任何款项之前支付索赔第一阶段所需的开销。

2. 保险范围

保险单通常拥有责任限额、保证及除外责任，说明了保险公司可能拒绝接受索赔要求的情形。企业必须在购买保险之前，充分了解各种保险的具体保险范围，确保企业所购买的保险能够覆盖所有重大风险类型。购买的唯一目的是某个特定事项发生时企业能够获得相应的赔偿。

3. 承受能力

特定保险公司的理赔历史及该保险公司的声誉是企业在选择保险公司的过程中应该重点考虑的因素。对于那些拥有大量资本的大型企业而言，某些保险公司并不愿意单独承担这些资产的保险责任。在购买保险的过程中，企业必须根据自身需要投保的资产价值及需要投保的风险敞口水平等因素，充分考虑目标保险公司的承保能力。

很多保险公司都提供除了保险之外的其他增值服务，其中包括损失控制服务及业务连续性规划援助。保险公司在这些方面的突出优势同样可能影响企业所做的最终选择。

4. 保险能力

对于保险购买者而言，保险公司的财务安全、经营状况及保险能力的重要性日益突出。保险公司运作的商业模型意味着保险公司能够在保险生效初期便获得企业缴纳的保险费，但偿付企业提出的索赔则在相当长的一段时间之后。这也就导致保险公司能够获得更多的现金流，从投资中获得机会收益的可能性也就更大。

然而，保险公司业务的多样化（甚至涉及更高风险水平的金融活动）使某些保险公司面临惨重的损失，金融地位也随之出现降级。此外，利率水平的降低及期货市场的不景气都导致保险公司投资收入的进一步缩水。因此，保险购买者应当在选择保险公司时（尤其是将所有保险业务交由同一家保险公司打理的情况）特别关注保险公司的财务状况或者信用等级。

5. 保险索赔

上述过程已经将保险索赔及其重要性阐述得非常到位。除了法律法规及客户要求之外，企业购买保险的唯一目的在于支付日益增加的运作成本、覆盖损害修复所需成本，及损害发生之后将业务恢复到先前水平所需的成本等。在第三方责任险方面，保险索赔要求应当由第三方受伤人员提出。

保险索赔的处理程序较为烦琐，与法务实务密切相关。某些时候，索赔处理涉及复杂的法律程序，需要专门的技术人员及注册会计师的参与。财产损失索赔的量化较简单，但是测量与业务中断因素相关的损失极为复杂且难以达成一致意见。

如果企业拥有完善的业务连续性规划，业务中断规模将得以有效控制，而企业提出的保险索赔金额也会相应缩小。在风险管理层面，完全依赖保险来弥补所有损失的做法是不够充分的。每个企业都应当重新审视自身的业务连续性规划，确保该计划能够得以落实，将负面事件发生所带来的影响控制在最低程度。

6. 合规性

在保险措施层面，企业对合规性因素的关注逐年递增。绝大多数国家都要求企业缴纳保险费税金。对于那些在多个国家均设有分支机构的跨国公司而言，每个分支机构应当分别按照其所在国的相关标准支付税金。某些城市或地区也可能要求相关企业支付保险税金，而这些税金通常会被当地的消防部门用于日常开支。合规性问题同样可以延伸到保单生效之前的保险合同的拟定阶段。保险单的及时开具通常被称为“保险契约明确订定”。

除此之外，企业所在国家是否能够承认、赞同及接受某个保险单同样可能与合规性问题相关。某些时候，这可能会对自保保险公司的日常运作带来某些限制。某些国家拒绝接受由不具备执照的承包人背书的保单，包括自保保险公司。

（五）自保保险公司

自保保险公司指的是原本并不牵涉保险业务的公司名下的保险公司。成立自保保险公司的目的在于借助企业内部财务资源，为某些特殊类别的损失或者保险索赔提供资金，使企业具备一定的保险能力。拥有自保保险公司的企业通常被称为该自保保险公司的母公司或者直接称为“母公司”。

自保保险公司存在于那些制度环境有利、会计管辖到位并且鼓励企业创办自保保险公司的国家或者地区。自保保险公司主要存在于根西、马恩岛、直布罗陀、马耳他、卢森堡、百慕大及爱尔兰。自保保险公司的性质多种多样。从理论上说，自保保险公司可能将保险业务深入到其他各国，虽然这些保险公司应当特别关注不具备执照保单的合规性问题。

很多时候，自保保险公司都是以再保险公司的身份出现的，为企业所选定的主要保险公司提供再保险服务。这种做法为企业名下的保险公司，也就是我们通常所说的出面保险人，提供了获得特定索赔类型赔偿的可能，偿还额度以财务损失或者风险保留水平为限。

某些自保保险公司同样接受来自第三方的业务。此外，某些自保保险公司还为母公司提供保险服务。电器产品零售商所提供的延长保修保险服务是自保保险公司提供第三方保险的典型案例。此外，很多旅行社都成立了专门的自保保险公司，为客户们提供旅行取消保险。客户将购买由知名保险公司出具的保险单，但理赔金通常是由自保保险公司支付并经由出面保险人转交给客户的。自保保险公司的成立对于旅行社而言可谓好处多多。旅行社通常能够从客户身上挣得更为丰厚的收入及利润。

自保保险公司的优势主要体现在：①保险总成本能够得到有效控制，因为自保保险公司的保险费率通常较低；②可以获得进入再保险市场的资格，再保险市场的保险费率及风险承受能力通常更诱人；③需要直接支付保险索赔所需的成本，因此风险意识及损失控制意识水平较高；④所提供保险的承保范围通常比商业市场中的竞争对手的承保范围更开阔；⑤自保保险公司的开设可能获得某些税费方面的优惠。

自保保险公司的劣势主要体现在：①可能面临着某些原本可以由商业保险市场支付的保险索赔；②母公司必须分配一定的资金给自保保险公司，确保自保保险公司能够拥有充足的偿付能力；③所支付的大额损失赔偿将体现在母公司的负债平衡表中，也就是说，这些损失最终将由母公司埋单；④在其他国家的书面业务通常以不具备营业执照的形式出现，而这将导致合规性层面的难题；⑤母公司总部人事对自保保险公司的管理涉及重大的管理成本、时间及努力。

（六）保险学

保险学是一门研究保险及保险相关事物运动规律的经济学科。保险涉及的领域是多元化的，包括金融学、法学、医学、数学、经济学以及自然科学等内容。

保险学的产生与发展，是一个不断变化、不断升华的过程，从保险法学到保险数学，从综合保险学到微观保险学、总体保险学，保险学逐渐成为一门相对独立的学科，其研究对象是保险商品关系。

作为保险学研究对象的保险商品关系是指保险当事人双方之间遵循商品等价交换原则，通过签订保险合同的法律形式确立双方的权利与义务，实现保险商品的经济补偿功能。在保险商品关系中，一方当事人按照合同的规定向另一方缴纳一定数额的费用，另一方当事人按照合同的规定承担经济补偿责任，即当发生保险事故或出现约定事件时，保险人按照合同规定的责任范围，对对方的经济损失进行补偿或给付，以保障对方的生产或生活的正常运行。保险商品关系既是一种经济关系，又是一种法律关系。

二、风险管理与保险

保险是风险管理的特殊形式，主要是应付具有可保利益的纯粹风险。可保利益是指投保人或被保险人同保险标的、承保危险之间具有的经济利害关系。风险管理理论管理的范围是广泛的，不仅包括可保风险，而且还包括不可保风险；不仅包括纯粹风险，而且还包括投机风险。因此，不能将风险管理理论狭义地理解为保险购买行为，其隶属于保险学；保险只是风险管理的一种方式而已。

传统保险学研究的重点是具有可保利益的纯粹风险，保险是被作为一种风险筹资工具来加以研究的。但是，随着保险业的迅猛发展，保险已经不仅仅是风险筹资工具，而且已经扩展为风险的重要管理方式，并表现出独特的特点。例如，保险具有的补偿职能、融资储蓄职能、投资职能等，都显现出保险学的发展和创新。随着保险学的发展，保险学越来越离不开风险管理的方法和控制风险技术的支持，保险学的发展需要风险管理的技术支持，特别是风险识别和风险衡量方法的支持。由此可见，保险学不能等同于风险管理理论，风险管理理论也不能概括保险学的全貌。

另外，风险管理已然发展成为比较成熟的学科，与保险之间的联系则日渐疏散。目前，保险被视为风险管理的技术之一，但是保险的适用对象仅限于某些危险因素。与金融、商业、市场及声誉问题等因素相关的风险的重要性有目共睹，但这些并不属于传统意义上的保险范围。

20 世纪 50 年代，美国的企业风险管理成为保险购买意向的衍生物。60 年代，越来越多的企业关注企业的紧急应变计划。此外，企业对损失防范及安全管理之外的风险预算也更关注。70 年代，自办保险及风险自留的做法在企业间逐渐风靡起来。紧急应变计划逐渐发展成为业务连续性规划及灾后重建计划。

与此同时，在职业健康及安全执业人员的努力下，风险管理方法的发展极为迅速。80 年代，风险管理技术被广泛运用于项目管理的实践中，金融机构一如既往地推动风险管理工具及技能的发展，使之广泛运用于市场及信用风险当中。90 年代，金融机构进一步增加风险管理的主动性，将企业运营风险整体纳入风险管理的范畴中。

值得一提的是，80 年代，财政部门开始探索风险管理的财务评估方法。财务总监意识到保险风险管理及金融风险管理政策应当做到步调一致，相互协调。90 年代，市场上出现了多种风险金融产品，实现了保险及其衍生品的自由组合。与此同时，企业监管及企业上市所需满足的最低门槛要求鼓励企业管理层将更多的时间和精力放在企业风险管理层面，而企业也开始任命首席风险官（CRO），专门负责企业的风险管理工作。

21 世纪，金融服务公司在利益的驱使下纷纷引进内部风险管理系统及资本模型。为了实现对企业风险的有效管理，能源公司、银行及保险公司等开始大批量招收首席风险执行官。美国国会于 2002 年通过了《萨班斯—奥克斯利法案》。该法案的颁布使企业管理层意识到企业的当务之急是加强风险管理。因此，企业将大量的时间投入到风险管理中。与此同时，企业引进了更为详细的风险报告及企业管理要求。

然而，2008 年爆发的全球性金融危机对企业风险管理的有效性引发了质疑。企业风险管理是否确实能够促进企业的长治久安和保证企业的兴旺发达？很显然，风险管理占用了很多企业资源，而风险管理工具及技巧却未能阻止全球性金融危机的爆发。这一失败的原因在于企业未能正确运用风险管理过程及程序，而不能将失败归咎于风险管理方法的某种内生性缺陷。

巨灾风险管理也是困扰全球保险界的难题。据瑞士再保险公司（The Swiss Reinsurance Company）的研究结果表明，1970 年以来世界巨灾风险爆发的频率呈上升趋势。仅 1993 年一年就有 127 起巨型自然灾害和 213 起技术灾难，分别是 1970 年同类巨灾的 2 倍和 4 倍。与此同时，巨灾造成的财产损失程度也显著增加，如 2001 年的“9·11 事件”给保险业带来的损失超过 500 亿美元，而 2002 年的东欧大洪水给受灾国造成的财产损失也达到了 200 亿欧元，这些损失远远超过当年唐山大地震和东京大地震的损失额。巨灾风险所造成的巨大损失已经威胁到人类社会的可持续发展，因此，在 21 世纪，必须寻找有效的方法来解决这一问题。

传统意义上的保险经营方式难以有效地对付日益严重的巨灾风险。面对巨灾风险，保险企业处于一种两难境地：一方面，巨灾带来的财产损失和恐惧感刺激了人们对巨灾保险的需求；另一方面，与普通可保风险相比，巨灾风险不完全具备风险大量和风险同质等可保风险条件，从而使巨灾保险的经营缺乏牢固的大数法则基础，因此，仅依靠传统的保险技术是难以承保巨灾风险的。这一难题也无法单纯地依靠再保险机制和保险资金运用机制加以解决。

第二节 风险管理理论与投资管理学

一、投资管理学概况

投资管理学是一门研究投资的学科，它以人们的投资活动为研究对象，通过对投资规律的研究，为投资的实际操作提供指导，减少投资盲目性，提高投资效率。投资可以分为实物投资与金融资产投资两大类，目前，较成熟的投资管理学主要是研究金融资产投资。投资管理学的现代理论体系起源于 1952 年哈利·马科维茨的论文《投资组合选择》，论文提出了投资的目标是达到有效组合，即构建给定风险下获取最大收益的组合，形成“有效前沿”。马科维茨首次通过投资选择问题，将风险提高到与收益同样重要的位置，建立起权衡收益与风险的理论框架，形成了现代投资管理学的理论基础。此后，夏普、林特纳和莫森提出了著名的资本资产定价模型（CAPM），罗尔和罗斯提出了套利定价理论（APT），布莱克和斯科尔斯提出了著名的布莱克—斯科尔斯期权定价模型（B－S 公式），默顿提出了合理的期权定价理论等，这些理论为投资管理学搭建了丰富的理论基础，至今仍广泛地应用于投资领域。

投资管理学的研究内容是人们的投资活动以及与之密切相关的投资规律。投资活动主要包括资产配置、投资实施与管理等内容；投资规律则主要包括资产价值的形成和变动规律、投资行为与资产价值间关联的规律以及环境因素和市场规则对资产价值的影响等。通常，投资管理学所涉及的投资工具主要包括股票、债券等传统金融资产，以及以传统金融资产为基础形成的远期、期货、期权和互换等衍生金融工具等。随着金融不断创新，投资工具也在不断多样化。

二、风险管理学与投资管理学的关系

风险管理学是一门交叉学科，与投资管理学既有区别又有联系。

风险管理学与投资管理学互有交集，各有侧重。风险管理学涉及全面的风险管理，是对各类损失发生的可能性、不确定性以及和预期的偏离进行研究和管理的学科。投资管理学则是对投资的研究，重点研究风险与投资收益的关系，以寻

求在给定风险条件下的最佳投资组合。风险管理学与投资管理学在投资领域有着诸多共同点，如风险管理学与投资管理学有着共同的研究对象，包括投资环境、投资市场、投资品种等；风险管理学与投资管理学的管理目的相对一致，都是以寻求风险与收益的平衡为根本目的。二者虽有诸多共同点，但侧重不同，投资管理学更侧重投资产品的估值以及投资组合的确定等，风险管理学则侧重对投资产品或投资组合的风险的识别与计量等。

在管理实务中，风险管理学与投资管理学互为支撑。

从投资管理角度来看，投资要以风险研究为基础。近年来多起金融灾难都反映出风险管理在投资中的重要性，因此，风险管理理论及技术工具可以对投资管理提供有力支持。例如，风险偏好对投资管理过程的支持。风险偏好是风险管理的重要组成部分，它明确了投资主体对投资损失的风险容忍度。明确投资风险容忍度对投资管理至关重要，它是确定投资管理决策的重要依据之一。再如，风险量化工具对投资管理的支持。在投资管理过程中，对风险的评价、分析与风险管理相关工具密不可分，如投资常用风险指标有方差、VaR 值、极值理论、压力测试等，都是风险管理常用的风险量化工具。

从风险管理角度来看，随着现代社会的发展，投资的内涵越来越丰富，投资的主体、对象、工具、方式等都产生了诸多变化，投资风险与日俱增，投资风险管理已成为风险管理领域中重要的一环，因此，投资管理学对风险管理的支持也与日俱增。不仅如此，随着投资工具的不断丰富，部分投资工具如衍生金融产品等，还是非常有效的风险对冲或套期保值工具，也是风险管理的重要工具。

三、风险管理中常用的投资学工具——衍生工具

衍生工具是指由另一种证券或商品构成或衍生而来，其价格来源于标的资产（如货币、汇率、证券等）价格的工具。采用衍生工具开展套期保值是衍生工具的一大应用，这也是衍生工具产生的原动力。最早出现的衍生工具是农产品远期合约，就是为适应农产品的交易双方出于规避未来价格波动风险的需要而创设的。目前，常见的基本衍生工具包括远期、期货、期权、互换四类。对这些常用衍生工具在风险管理方面的应用简要介绍如下：

（一）远期

风险管理中常用的远期合约主要是远期利率合约，用于锁定在未来某一时间借入或借出一定数量资金时的利率。在实际应用中，公司可以通过远期利率合约，对冲利率曲线变动对特定浮动利率贷款或浮动利率资产的不利影响，降低经营波动性。

（二）期货

常见的期货合约主要包括外汇期货、股指期货以及利率期货等。外汇期货用

于规避公司外币业务所面临的汇率风险，如通过外汇期货合约，可以锁定未来某一时间的外汇交易价格，当外币贬值时，通过期货合约就可以抵消外币业务带来汇兑的损失。股指期货用于对冲暴露的股票价格风险，如当预期长期牛市中可能出现短暂急剧下挫时，由于股票交易成本较高，可以通过成本低、流动快、交易便捷的股指期货进行短期对冲，以极低的交易成本对冲短暂的市场下跌风险。利率期货则主要是对冲利率风险，如公司在发行债券期间，可以通过利率期货锁定发行成本等。

（三）期权

期权又称选择权，类似期货合约，但期权合约不需强行交割。期权可分为看涨期权和看跌期权，即以约定价格买入或卖出；期权还可以分为美式期权和欧式期权，即在未来一段时间内锁定价格或在未来某一特定时间锁定价格。风险管理常用的期权合约包括外汇期权、股指期权、利率期权等。还包括股票期权、金融期货期权等。通过多种多样、低成本、便捷交易的期权产品，如制定期权与标的资产的组合以及同一标的资产上多个期权组合等多种交易策略，可以更好地平抑资产组合波动性，增加投资收益确定性，以降低投资风险。

（四）互换

互换是远期合约的多期扩展。不同于远期合约的仅在某一日进行特定交换，互换合约可以在若干未来时日内进行约定交换。例如，外汇互换约定在未来若干年每年按约定汇率及额度进行汇兑；利率互换约定在未来若干年按约定用浮动利率现金流换取固定利率现金流等。类似远期合约，风险管理也常使用外汇互换、利率互换来平抑日常经营中的汇兑风险和利率风险。此外，随着市场的发展，也出现了很多信用衍生工具，如信用违约互换等，可以用于降低交易对手违约风险。

第三节　风险管理理论与数学

一、　数学概况

数学是以形式化、严密化的逻辑推理方式，研究数量、结构、变化、空间以及信息等概念的一门学科，是社会科学和自然科学的基础，在人类历史发展和社会生活中发挥着不可替代的作用，也是很多学科必不可少的基本工具。

数学起源于人类远古时期生产、获取、分配、交易等活动中的计数、观测、丈量等需求，并很早就成为研究天文、航海、力学的有力工具。17 世纪以来，物理学、力学等学科的发展和工业技术的崛起，与数学的迅速发展形成了强有力的相互推动。到 19 世纪，已形成了分析、几何、数论和代数等分支，概率成为数学的研究对象，形式逻辑也逐步数学化。20 世纪，数学科学的迅猛发展进一步确立了它在整个科学技术领域中的基础和主导地位。第二次世界大战期间，数学在高速飞行、核武器设计、火炮控制、物资调运、密码破译和军事运筹等方面发挥了重大作用，并涌现出了一批新的应用数学学科。其后，随着计算机的迅速发展和普及，特别是数字化的发展，使数学的应用范围更为广阔，在几乎所有的学科和部门中得到了应用。另外，数学在向外渗透的过程中，与其他学科交叉，形成了计算机科学、系统科学、模糊数学、智能计算、智能信息处理、金融数学、生物数学、经济数学、数学生态学等一批新的交叉学科。21 世纪，随着实验、观测、计算和模拟技术与手段的不断进步，数学作为定量研究的关键基础和有力工具，在自然科学、工程技术和社会经济等领域的发展研究发挥着日益重要的作用。

数学按照研究领域可划分为基础数学、应用数学、计算数学等。基础数学也叫纯粹数学，专门研究数学本身的内部规律，又细分为数论、代数、几何、微积分、概率论、函数论、泛函分析、组合数学等多个分支。应用数学偏重解决自然现象与社会发展提出的数学问题，可细分为数理统计、运筹学、控制论等分支，还有若干交叉学科，如生物数学、金融数学、工程数学等。计算数学偏重数值计算方法或数值分析，细分为代数方程、偏微分方程数值计算、函数逼近、矩阵特征值求法等分支。

二、风险管理学与数学关系

风险管理是一门交叉学科，是揭示风险存在的状态、因素和可能造成损失的管理科学，与数学有较大区别，但也有一定联系。

（一）风险管理和数学在基础理论方面有本质区别

风险管理理论中没有普遍适用的规律，只有一些一般性的风险管理办法，而数学则是运用一系列前提假设，逻辑推出普遍原理的过程，这是两者的主要区别。大量的风险管理实务也表明，风险管理是运用各种操作规范和规程进行管理的，数学的原理对于风险管理学科来说，是不适用的。

（二）数学是评估和预测风险的重要工具

在风险管理理论中，风险发生概率和损失程度的评估和预测等，均需要运用数学的理论和方法。概率论和数理统计的运用，使人们对风险事件造成损失的评估和预测更加准确、科学，也使人们对风险的评估、分析等发生了质的变化。可以说，自从数学被引入风险评估以来，风险管理才成为一门科学。

三、风险管理中常用的数学方法

随着风险管理研究的逐渐深入，在风险管理中，运用大量的数学方法来进行风险评估和预测，下面简单介绍数学理论和方法在风险管理中的应用。

（一）概率论

风险即未来的不确定性。在风险管理中我们经常会遇到类似问题：如何确定第 T 天投资损失超过……的可能性有多大？未来 T 日内，发生某重大风险事件的可能性多大？概率论是数学中研究随机事件发生可能性的学术分支，它能够为我们提供风险描述和分析的科学方法，通过概率论的方法，可以解决上述问题。

在风险管理中，我们通常会用到的概率论理论和工具主要包括：单变量理论，相关概念如期望、方差等，可以用于计算单个损失事件或单次损失发生的可能性；多变量理论，相关概念如联合分布函数、联合概率密度、条件概率、协方差与相关性、均值向量与协方差矩阵等，可以用于计算多个损失事件或多次损失发生的可能性。由上述理论和工具衍生出的风险管理方法包括 VaR、事件树分析、故障树分析、风险决策等。在风险管理中，概率论的方法通常和统计学方法结合使用。

（二）统计学

统计学是通过收集、整理、分析数据等手段，以达到推断所测对象的本质，甚至预测对象未来的一门综合性学科。统计方法在风险管理和金融预测中的应用日益广泛，先进的统计方法能够提高风险管理效率和预测精度。相关统计方法简单介绍如下：

1. 方差分析

方差分析，如单因子方差分析、多因子方差分析。方差分析方法通过数据分析，找出对某事项有显著影响的风险因素、各因素之间的交互作用等。

2. 回归分析

回归分析是确定两种或两种以上变量间相互依赖的定量关系的一种统计分析方法，运用广泛。回归分析按照涉及变量的多少，分为一元回归（1 个自变量）和多元回归分析（多项自变量）；按照自变量和因变量之间的关系类型，可分为线性回归分析和非线性回归分析。在风险管理中，回归分析可用于确定风险因子和风险事件的关系，开展风险预测。如在信用风险量化分析中广泛应用的逻辑回归（Logistic Regression），该方法作为非线性回归分析的一种典型方法，可通过一系列财务比率变量来预测公司破产或违约的概率，然后根据投资者的风险偏好程度设定风险警戒线，进行风险分析和决策。

3. 聚类分析

聚类分析又称群分析，是对各项因子进行分类的一种多元统计方法。在信用风险、市场风险、操作风险等方面均有应用，如根据银行网点的储蓄量、人力资源状况、营业面积、特色功能、网点级别、所处功能区域等因素情况，将网点分为几个等级。

4. 判别分析

判别分析又称分辨法，是在分类确定条件下，根据研究对象的各种特征值判别其类型归属问题的一种多变量统计分析方法。有 Fisher 判别、Bayes 判别和逐步判别等类型。与聚类分析的主要区别是分类条件是否确定。判别分析在信用风险、财务风险中应用广泛。

5. 相关性分析

相关性分析是指对两个或多个具备相关性的变量元素进行分析，从而衡量两个变量因素的相关密切程度。可用于分析风险或风险因子之间的关系，如资本市场之间的动态相关性分析、信用风险与利率风险的相关性分析。

6. 时间序列分析

时间序列是按时间顺序的一组数字序列，时间序列分析是利用这组数列，应用数理统计方法加以处理，以预测未来事物发展的分析方法。时间序列分析在利率风险、股票价格风险、汇率风险等市场风险的分析和预测中应用广泛，且模型很多，如自回归模型（Auto Regressive，AR）、移动平均模型（Moving Average，MA）、自回归移动平均模型（ARMA）。

（三）线性代数

风险管理的问题会涉及大量的基础变量，因此很多问题都是多维的。例如，在金融资产组合的风险管理中，一个资产组合是由许多金融资产组成，且组合价值是由每个资产的货币投资量所决定的，因此相关问题是多维的。线性代数是为建立和解决这些问题搭建理论框架的一个数学分支，可为上述类似问题解决提供基本工具。

（四）最优化理论

最优化理论是应用数学的一个分支，指在一定条件限制下，选取某种方案使目标达到最优的一种方法。风险管理在日常生活中经常遇到最优化问题，如计算金融资产组合的最小风险，或者是确定解释金融数据的最好方式等，这就需要用到最优化的理论工具。目前，在风险管理特别是市场风险管理中使用较多的最优化模型有债券组合免疫模型、因素免疫模型、债券贡献模型、敏感性分析、效用模型等。

第四节 风险管理理论与财务管理学

风险管理理论与财务管理学既有区别又有联系，风险管理的成本—收益的预测和分析、风险管理目标的实现、风险融资等，都离不开财务管理学的支持。

一、财务管理学概况

财务管理一直被认为是微观经济理论的应用学科，是经济学的一个分支。从20世纪20年代开始，随着经济和科学技术的发展，新行业的不断涌现，企业需要筹集更多的资金来扩大其生产规模。正是在这样的时代召唤下，财务管理开始在经济领域里扮演越来越重要的角色。

财务管理工作是近代社会化大生产的产物。在作坊、工场手工业生产方式下，财务活动较简单，财务管理工作与会计工作是结合在一起进行的。产业革命后，特别是19世纪末托拉斯出现以后，企业的财务活动随之复杂化，制定投资方案、筹集经营资金、对外提供财务信息，并对利润进行分配，这就构成企业经营管理中一项独立的职能：筹措、使用和分配资金。单独履行这一职能的工作即为财务管理工作。

早期的财务管理以集资为主要内容。经过20世纪30年代资本主义经济大危机，西方企业经营者看到了只重视筹措资金管理的严重缺陷，在财务管理中采取了许多对资金使用加强日常监督和日常控制的措施，财务管理发展到以监督为核心。第二次世界大战以后，随着市场经济的发展和竞争的加剧，资本主义企业的财务管理工作又逐步转向以事前控制为主，在企业管理中形成较完整的财务控制系统。与上述发展过程相适应，财务管理学也经历了以集资、财务监督和全面财务控制为主要研究内容的三个不同的发展阶段。

西方财务管理学主要研究企业资本需要量的确定及其筹集、投放、回收、运用等问题，内容有时间价值和风险价值概念的确定与计算、筹措资本的决策、投资方向的决策、股息决策、资本收益分配的决策、运营资本的日常管理。资本主义企业为了保证盈利的实现和不断增长，必须在把握资本与利润相互关系的基础上，制订出自己的长期发展计划以及相应的中、短期计划，并组织其实现。现代西方企业财务管理学就是根据资本与利润之间的关系，研究如何进行投资决策、组织实施、加强管理，以不断提高资本的利用效果，保证企业经营者在激烈的竞争中处于优势地位，能够获得稳定的不断增长的利润。70年代以来，西方企业财务管理学在有关参与经营决策、实行预算控制和开展事前分析等问题的论述中，使用了大量的数学模型。

二、风险管理理论与财务管理学的关系

财务管理学研究的是经济活动单位各项收支和经营成果的综合表现，财务管理以价值的形式反映风险管理单位业务经营过程中的资金运行、劳动耗费、财务成果及其收入分配等活动，是风险管理单位规范化管理资金的反映。运用财务管理方法有助于防范和化解风险管理单位面临的各种财务风险，是风险管理的重要方法之一。但是，财务管理学不能等同于风险管理理论，财务管理理论只能识别、衡量资金的损失风险，不能识别、衡量大量实物资产的损失风险，也不能对已经发现的风险采取相应的措施，因此财务管理学不能等同于风险管理理论。

第五节　风险管理理论与审计学

一、审计学概况

由于早期财务审计是以审查会计账目、报表为对象，故名之曰“听其会计”、“逆其会计”或“查账”。有人把审计纳入广义会计学的一个分支，即会计核算、会计分析和会计检查。因而认为审计对象就是会计，没有会计就没有审计，审计与会计是孪生兄弟。

审计学是在总结审计实践经验的基础上产生，并随着审计实践的发展而发展起来的。

在奴隶社会和封建社会就有了审计理论的萌芽，由于生产力发展缓慢和审计实践的单一，那时的审计理论也不过是一些零星的、不系统的审计思想。随着商品经济的高速发展和审计实践经验的日益丰富，到了资本主义发达时期，财务审计理论得到不断完善。

19 世纪后期，英国出现了审计理论专著；20 世纪初，美国出现了资产负债表审计理论；到了 20 世纪 30 年代，又出现了财务报表审计理论。尽管这些都属于描述性的审计理论，但已具有系统、全面及深刻的特征，对审计实践有针对性的指导作用。在第二次世界大战后，随着科学技术的迅速发展，产生了现代审计理论并得到迅速发展。如出现了抽样审计、内部控制审计、电算系统审计、经营审计、管理审计、绩效审计等理论；特别突出的是出现了一批规范式的审计理论

名著，如《审计理论结论》《基本审计概念说明》和《审计理论》等。描述式审计理论扩大、规范式审计理论诞生以及边缘审计学萌芽，是现代审计理论阶段的显著特点。

审计学发展至今已成为一门综合性的应用科学，它不仅具有很强的理论性，而且还具有实践性和技术性。其理论性主要表现为审计学探讨和研究了审计活动规律及其应用，对审计实践进行了高度概括和科学总结，其实践性主要表现为审计学可以应用于审计实践之中，指导审计工作，并有明显的经济和社会效果；其技术性主要表现为审计学吸纳了各种科学成果，为审计活动提供了各种科学技术方法和手段。

现代审计学科体系一般由理论审计学、应用审计学、审计技术学、历史审计学四个分学科组成。①理论审计学，主要研究审计基本概念、原理和规律以及对不同类项、不同国家的审计进行比较研究等。它包括审计学基础理论和比较审计等。审计学原理属于理论审计学的范畴，对于整个审计学科研究具有指导意义。②应用审计学，主要研究各类不同目标的审计和各个不同行业的审计以及审计法学。③审计技术学，主要研究各种审计方式、技术、方法和手段及其应用。④历史审计学，主要研究审计的产生、发展和兴衰存亡的规律性。审计学科体系结构除上述四类分学科外，有人认为还应包括边缘审计学，也即审计学和其他社会科学或自然科学交叉与融合的学科。审计学的研究方法很多，但主要应掌握和应用理论联系实际的方法、唯物辩证法、系统科学的方法、比较研究的方法以及定性定量研究的方法。

在我国，审计分为国家审计、注册会计师审计和内部审计。

国家审计的目的是通过审计财政、财务收支真实、合法和效益，最终达到维护国家财政经济秩序，促进廉政建设、保障国民经济的健康发展。真实是指财政收支、财务收支及其有关的经济活动是否发生，有关资料是否如实反映；合法是指财政收支、财务收支及其有关的经济活动是否遵循国家规定；效益是指财政收支、财务收支及其有关的经济活动的经济效率和效果。审计目标是审查和评价被审计单位财政、财务收支的真实性、合法性和效益性。

注册会计师审计的目的是对被审计单位按照特殊目的编制、基础目的编制的会计报表或其他会计信息进行审计，并发表审计意见。特殊目的的审计业务包括：对按照特殊编制基础编制的会计报表进行审计；对会计报表的组成部分进行审计，包括对会计报表的特定项目、特定账户或特定账户的特定内容进行审计；对法规、合同所涉及的财务会计规定的遵循情况进行审计；对简要报表的审计等。审计目标是审查和评价被审计单位会计报表及其所反映的经济活动的合法性、公允性和会计处理方法的一致性。

内部审计的目的是通过对组织内部控制活动及内部控制的真实性、合法性和有效性的内部审查和评价来促进组织目标的实现。审计目标是审查和评价本部门、本单位的财务收支及其有关经济活动的真实性、合法性和有效性。

二、风险管理理论与审计学的关系

内部审计从产生到现在已经历了几个世纪，每个时期内部审计的概念都有不同的内涵和外延。国际上，内部审计已有七次定义，至今仍在不断变化，内部审计定义的发展在内部审计史上具有重要意义。

内部审计是一项独立、客观的咨询活动，用于改善企业的运作并增加其价值。通过引入一种系统的、有条理的方法去评价和改善风险管理、控制和公司治理流程的有效性，内部审计可以帮助一个机构实现其目标。内部审计就是识别、分析存在的各种风险因素，检查、评估内部控制、风险管控的有效性，定期检查风险情况、管控措施的有效性及剩余风险等，以此来改进、完善风险管控水平和能力，以便目标更好地实现。

风险管理改变着内部审计的定义，也就同时改变了内部审计的职能和在企业中的价值。IIA 在 1993 年版《内部审计实务标准》的序言中对内部审计的表述是：在一个企业内部建立的独立的评价活动，并作为对该企业的控制及经营活动进行审查和评价的一种服务。而 2001 年版对内部审计的表述如下：内部审计是采用一种系统化、规范化的方法来对机构的风险管理、控制及监督过程进行评价进而提高它们的效率，帮助机构实现目标。这个定义与 1993 年的定义比较最明显的变化在于将内部审计的范围延伸到风险管理，比旧定义中提及的控制及经营活动要更广泛和深入。只有在风险管理框架中实施的内部审计才能称为风险管理审计。显然，将“评价和改善风险管理”作为内部审计的重要工作领域，是内部审计的新发展，扩大了内部审计的领域，拓展了内部审计的广度和深度，对内部审计的重新定位、修订内部审计准则、重整内部审计流程、提高审计服务质量等提出了较高的要求。

为了在企业中扮演更重要的角色和发挥更重要的作用，内部审计总是在不断寻找新的对企业重要的领域。风险的广泛存在，使企业经理人员对风险空前重视，为内部审计发展提供了一个绝好的机会。内部审计对风险管理的介入将会使内部审计在企业中成为一个极其重要的角色，并将其在企业中的作用推向一个新高度。正因为如此，内部审计师的职业组织——国际内部审计师协会才不遗余力地倡导内部审计师进军这一领域，并把风险管理作为内部审计的重要领域直接写入了内部审计的定义。

风险管理的定义指出：“企业风险管理是一个由企业的董事会、管理层和其他员工共同参与的，应用于企业战略制定和企业内部各个层次和部门的，用于识别可能对企业造成潜在影响的事项并在其风险偏好范围内管理风险的，为企业目标的实现提供合理保证的过程。”风险管理就是通过对面临的各种风险的认识、估测、评价，准确把握各种不确定性，采取恰当的内部方法，以便用最低的成本获得最高的安全保障，将损失降至最低水平。风险管理通过测试、评价和控制风险因素来降低风险事件发生的概率和造成的损失，直接服务于实现企业目标。

而在内部审计新定义中，已明确指出内部审计的目的是为机构增加价值并提高机构的运营效率。IIA 在 2001 年修订的《内部审计实务标准》中，对“增加价值”一词做了如下解释：“机构的设立，是为了其所有者、其他利益方、顾客和客户创造价值和谋取利益……内部审计是在收集资料、认识并评价风险的过程中，对经营与改良时机产生了深刻的见解，这些见解可能会对机构带来诸多利益。这些有价值的信息可以咨询、建议、书面报告或通过其他产品的形式呈现出来，所有这些得传达给相应的经营管理人员。”根据这一解释，增加价值的目标应由企业的各个职能部门来共同完成，而内部审计部门作为企业的职能部门之一，也应该努力增加企业的价值；同时，内部审计部门经过收集资料、识别并评价风险的过程之后，对企业管理层及其他职能部门的见解更深刻。这些见解是富有价值的，而企业管理者采纳、利用这些有价值的信息后，一方面可以借此消除各种减值因素，包括风险因素、控制漏洞、治理缺陷等；另一方面可以将这些有价值的信息应用于经营管理活动，从而达到使企业增值的目的。从这个意义上说，风险管理与内部审计在其目标上是一致的。

上述种种使企业风险管理与内部审计逐渐形成了“你中有我、我中有你、相互依存、联动发展”的紧密关系。众多企业在制定本企业风险管理方案时，将内部审计列为风险管理的一道重要防线，由内部审计对整个风险管理流程进行评估和监控；有的企业还特意安排内部审计直接参与风险管理方案的制定和执行全过程，以发挥内部审计在风险管理中的突出作用。与此同时，内部审计也将风险管理作为“为组织增加价值”的重要手段。

IIA2001 年颁布的内部审计实务准则，其实务公告——“内部审计在风险管理中的作用”指出，风险管理是管理人员的关键职责，内部审计人员应通过检查、评价、报告风险管理过程的充分性和有效性并提出改进建议来协助管理人员和审计委员会的工作。管理层和委员会负责机构的风险管理和控制过程，以咨询顾问身份开展工作的内部审计人员可以协助机构确定、评价并实施针对风险的管理方法和控制措施。

在充分考虑内部审计的独立性与客观性的基础上，结合相关法规、报告的观点可以看出：对整个组织的可持续发展能力，对所有者、利益相关人、监管机构和普通公众负责的是企业管理层，内部审计人员应立足于协助、帮助管理层和审计委员会履行风险管理的职责，主要职责是对整个风险管理过程进行评价，认定并评价管理的充分性与有效性，向管理层和审计委员会报告情况并提出改进管理的建议，以此保证风险管理的有效性。因此，内部审计在企业风险管理框架中首要的角色是监督者，包括对风险管理流程的评估和保证服务、对风险评估准确性的保证服务、对关键风险报告的评估和对关键风险管理的评估。按 IIA 的标准，内部审计的服务种类可以划分为保证服务和咨询服务，前者是一种独立评价的活动，后者是提供建议及咨询的活动。在企业风险管理中，内部审计的本质特征并未发生改变，因而它可以担任的角色也是基于这两种服务衍生而来的。除了作为监督者所提供的保证服务外，内部审计还可提供咨询服务，包括促进对风险的识别和评估、指导和协调风险管理活动、加强对风险的报告、保持和发展风险管理框架、支持建立风险管理、参与制定风险管理战略等。与此相适应，内部审计扮演了咨询者、协调者、建议者的角色。但内部审计师对组织的风险管理的评估不同于利用风险分析来制定审计业务计划。内部审计师应采用适当的审计程序收集足够的证据，从总体上对风险管理过程的充分性以及所选择风险管理方式的适当性发表意见。

企业在生产经营过程中，风险管理和内部审计也是相互联系，密不可分的。面对各种内外部风险，企业通过有效的风险管理，辨识、分析、评价存在的各种风险，并采取措施，规避、降低风险，将风险控制在可承受的范围之内，保证企业经营目标的实现。而内部审计，则独立地对风险管理的过程进行审查，通过对风险管理有效性和剩余风险的检查、评价，不断改进、完善风险管理，提升风险管理的效率和效果，保证企业经营目标的实现。因此，内部审计是风险管理系统的重要组成部分，同时又具有独立地位，是对风险管理的监控。

第四章 风险管理的概念

第一节 风险管理的定义

一、认识“风险管理”

风险无时不在、无处不在。人类社会的历史，就是一部不断地同各种风险抗争的历史，国家、企业、社会组织、家庭和个人都需要管理各种风险。风险管理是社会政治、经济领域的重要课题，是复杂、普遍的系统工程，是组织通过风险识别、风险衡量、风险评估、风险决策管理等方式，对各种风险事件进行预警、规避，对风险实施有效控制，对已经发生的损失进行妥善处理的过程。控制和减少风险事件的发生，提高风险管理的水平，可以有效地利用社会资源，实现资源的优化配置；反之，就会造成社会资源配置的浪费和不必要的经济损失。

风险管理的研究对象是导致损失的风险因素、风险源和风险事件，这既有人们可预测的范围，也有人们无法预期的领域，因此，风险管理的真正难点在于对主观态度和认知的把握与控制，而不是管理风险的客观方面。

对于风险管理的概念可以从以下几个方面进行理解：

（一）风险管理的主体是风险管理单位

风险管理的主体是风险管理单位，涵盖个人、家庭和企业、政府、事业单位和社会团体以及跨国集团和国际联合组织等。不管风险管理单位的所有制性质、组织结构有何不同，风险管理所依据的管理理念、管理技术和管理方法等却是相同的，都是寻求以最低的管理成本获得最佳的处理风险事件的方案。

当然，风险管理的主体不同，风险管理的侧重点也会有所不同。个人、家庭的风险管理是对人身风险、家庭财产风险和责任风险的管理；企业的风险管理是对企业生产、销售、财务、技术、信用和人事等风险的管理，企业的风险管理不同于企业的经营管理；政府的风险管理是以维护政府机构业务活动和人民生活安定为出发点的，是对整个社会生命、财产和责任风险的管理。

（二）风险管理的核心是降低损失

风险管理的核心是降低损失，即在风险事件发生前防患于未然，预见将来可能发生的损失或者在风险事件发生后，采取一系列消除事故隐患和减少损失的办法。从风险管理的流程看，风险管理的每个环节都是为了减少损失。识别风险是为了减少风险事件的发生；衡量风险是为了预测风险事件可能造成的损失，预先做好减少损失的安排；控制风险是为了降低已经发生的风险事件所造成的损失。

（三）风险管理的对象是纯粹风险，或是投机风险

纯粹风险是指具有损失机会而不可能获得利益的风险。投机风险是指既有可能获利，也有可能损失的风险。金融风险属于投资风险的范畴，主要存在于银行、保险和证券投资等领域，金融风险管理以系统方法来处理特定的金融风险，如信用风险、货币兑换风险、交易风险和证券投资风险等，并积累了丰富的经验。

传统的风险管理理论认为风险管理的对象是纯粹风险，不包括投机风险。纯粹风险和投机风险具有不同的特征，但是缺乏适当的标准将二者严格区分开来。而且随着国际金融的发展和金融投资风险的增加，不仅是金融企业，其他组织也已经将金融风险视为企业风险管理的重要内容之一。总之，不管引发损失事件的原因如何，风险管理已经越来越重视对投机风险的管理，风险管理的对象已经扩展到了投机风险方面。

（四）风险管理的过程是决策的过程

风险识别、风险衡量和风险评价是为了认识、评价组织的风险状况，确定风险管理的目标，解决风险管理中遇到的各种问题，制定管理风险的决策方案。因此，风险管理过程实际上是一个管理决策的过程。

风险管理的对象是突发事件、意外事故等可能造成损失的风险因素、风险源和损失。风险管理的对象具有特殊性，是专门针对某一风险单位的决策管理。

风险管理是一项全面性的管理。风险管理的具体内容反映了组织对风险因素、风险源和损失不确定性的识别、衡量和管理决策。如果组织对风险的认识、处理缺乏全面性，只处理某一方面的风险隐患，而不考虑其他方面的风险隐患，其风险管理的决策就有可能失败。

不同企业甚至同一企业内部各个部门之间，看待风险的态度存在较为明显的差异。企业所处的某个发展阶段的特性、所处的市场性质及其成熟程度、内设委员会成员的个人态度等都能从某种程度上对企业对待风险的态度造成影响。因

此，在对风险进行分析时，不能将风险与其萌生的背景环境相剥离，成功的风险管理所能带来的最大益处，莫过于能够确保看似风险水平较高的战略性决策的作出，实际是基于多方因素的全面考虑。确保决策过程的稳健程度是风险管理所能带来的最关键的好处之一。

二、风险管理的定义

（一）ISO 的风险管理术语定义

风险管理就是针对风险所采取的指挥和控制组织的协调活动。

风险管理的对象是“风险”，协调的内容是指挥和控制。指挥意味着领导角色和承担的责任；控制则是指改变风险的措施。

（二）COSO 的企业风险管理定义

企业风险管理是一个过程，它由一个主体的董事会、管理当局和其他人员实施，应用于战略制定并贯穿企业之中，旨在识别可能会影响主体的潜在事项，管理风险以使其在该主体的风险容量之内，并为主体目标的实现提供合理保证。

1. 定义涵盖的内容

COSO 的定义比较宽泛，但抓住了各类组织如何管理风险的几个至关重要的关键概念，为其广泛应用提供了基础。它直接关注特定主体既定目标的实现，并为界定企业风险管理的有效性提供了依据。它反映了企业风险管理是：①一个过程，它持续地流动于主体之内；②由组织中各个层级的人员实施；③应用于战略制定；④贯穿于企业，在各个层级和单元应用，还包括采取主体层级的风险组合观；⑤旨在识别一旦发生将会影响主体的潜在事项，并把风险控制在风险容量以内；⑥能够向一个主体的管理当局和董事会提供合理保证；⑦力求实现一个或多个不同类型但相互交叉的目标——它只是实现结果的一种手段，并不是结果本身。企业风险管理处理风险和机会，以便创造或保持价值。

（1）一个过程。企业风险管理并不是静止的，而是渗透于一个主体的各种活动的持续的或反复的相互影响。这些活动渗透和潜藏于管理当局经营企业的方式之中。

企业风险管理并不是加在主体活动之上的。这并不是说有效的企业风险管理不要求进一步的努力，例如，在考虑信用和货币风险时，可能需要进一步努力去开发所需的模型和进行必要的分析和计算。但是，这些企业风险管理机制与主体的经营活动交织在一起，为了基本的经营理由而存在。当这些机制被构建到主体的基础结构之中，并成为企业核心要件的一部分时，企业风险管理就会更加有效。通过建立企业风险管理，一个主体能够直接影响其执行战略和实现使命的能力。

建立企业风险管理对于抑制成本具有重要意义，尤其是在许多公司所面临的高度竞争的市场中更是如此。在现有程序之外增加新的程序会增加成本。通过关注现有的经营业务以及它们对有效的企业风险管理的贡献，并将风险管理整合到基本的经营活动之中，企业就能避免不必要的程序和成本。而且，把企业风险管理建立在经营业务的基本框架之中的做法，可以帮助管理当局识别新的机会，以便抓住这些机会实现业务增长。

（2）由人员来实施。企业风险管理由一个主体的董事会、管理当局和其他人员实施。它是通过一个组织中的人、通过他们的言行来完成的。人制定主体的使命、战略和目标，并使企业风险管理机制得以落实。

同样，企业风险管理也会影响人的行动。企业风险管理认识到人们并不总是始终如一地理解、沟通和行动。每个人都会给工作场所带来一个独特的背景和技术能力，他们有着不同的需要和偏好。

这些现实影响企业风险管理，同时也受到企业风险管理的影响。每个人都有一个独特的参照点，它影响他或她怎样去识别、评估和应对风险。企业风险管理提供所需的机制，帮助人们在主体目标的背景下去理解风险。人们必须知道他们的责任和权力的局限。因此，在人们的职责和履行职责的方式以及主体的战略和目标之间，需要有一个清晰而又密切的联系。

一个组织中的人包括董事会、管理当局和其他人员。尽管董事主要是提供监督，但他们也提供指导、审批战略和特定的交易与政策。因此，董事会是企业风险管理的一个重要的要素。

（3）应用于战略制定。一个主体设定其使命或愿景，并制定战略目标，这是协调和支撑其使命或愿景的高层次的目的。主体为了实现其战略目标而制定战略，并设定所希望实现的相关目标，上至战略，下至主体的业务单元、分部和流程。

企业风险管理应用于战略制定之中，此时管理当局考虑与备选战略相关的风险。举例来说，一个可能是收购其他公司以扩大市场份额，另一个选择可能是削减采购成本以实现更高的毛利率。这些战略选择中的每一个都会带来许多风险。如果管理当局选择第一个战略，就可能必须向新的和不熟悉的市场拓展，竞争者就可能会占领公司目前的市场份额，或者公司可能没有能力去有效地实施这一战略。对于第二个而言，风险包括必须利用新的技术或供应商，或者建立新的联盟。企业风险管理技术被应用在这个层次上，以帮助管理当局评价和选择该主体的战略和相关的目标。

（4）应用贯穿于企业。在应用企业风险管理时，主体应该考虑其全部活动。企业风险管理考虑组织的各个层级的活动，从诸如战略规划和资源配置等企业层次的活动，到诸如市场营销和人力资源等业务单元的活动，再到诸如生产和新客户信用评价等经营流程。企业风险管理还应用于特殊项目和目前在主体的层级和组织结构图中还没有明确位置的新的活动。

企业风险管理要求主体对风险采取组合的观念。这可能要求负责一个业务单元、职能机构、流程或其他活动的每一名管理人员对各自的活动形成一个风险评估。这种评估可能是定量的，也可能是定性的。高层管理当局采用复合的观念看待组织中的所有层级，以便确定该主体的整体风险组合是否与它的风险容量相称。

管理当局从主体层次组合的角度考虑相互关联的风险。主体中单个单元的风险可能在该单元的风险容限范围之内，但是凑到一起可能会超出该主体作为一个整体的风险容量。或者刚好相反，潜在事项在一个业务单元中可能意味着不可接受的风险，但是在其他业务单元中存在抵消效应。相互关联的风险需要识别和发挥作用，以便使整体风险符合主体的风险容量。

（5）风险容量。风险容量是一个主体在追求价值的过程中所愿意承受的广泛意义的风险数量。它反映了主体的风险管理理念，进而影响主体的文化和经营风格。许多主体采用诸如高、适中或低之类的分类来定性地考虑风险容量，而其他主体则采用定量的方法，反映和平衡增长、报酬和风险目标。具有较高风险容量的公司可能愿意把它的大部分资本配置到诸如新兴市场等高风险领域；反过来，具有低风险容量的公司可能会仅仅投资于成熟的、稳定的市场，以便限制其短期的巨额资本损失风险。

风险容量与一个主体的战略直接相关，它在战略制定过程中予以考虑，因为不同的战略会使主体面临不同的风险。企业风险管理可以帮助管理当局选择一个将期望的价值创造与主体的风险容量相协调的战略。

风险容量指导资源配置。管理当局通过考虑主体的风险容量和业务单元为实现投入资源的期望报酬而制订的计划，把资源配置到业务单元和活动之中。管理当局考虑风险容量，使其与组织、人员和流程相适应，并设计必要的基础结构以便有效地应对和监控风险。

风险容限与主体的目标相关。风险容限是相对于实现一项具体目标而言的可以接受的偏离程度，它通常最好采用那些与度量相关目标相同的单位进行度量。

在设定风险容限的过程中，管理当局要考虑相关目标的相对重要性，并使风险容限与风险容量相协调。在风险容限范围内经营有助于确保该主体能保持在它的风险容量之内，进而确保该主体将会实现其目标。

（6）提供合理保证。设计和运行良好的企业风险管理能够为管理当局和董事会提供基于主体目标实现的合理保证。合理保证意味着与未来相关的不确定性和风险，因为没有人能够准确地预知未来。

合理保证并不意味着企业风险管理经常失败。许多因素独自或一起加强了合理保证的概念。满足多重目标的风险应对的累积影响，以及内部控制多重目的的性质，降低了主体可能不能实现其目标的风险。而且，正常的日常经营活动和组织中各个层级人员职责的发挥，都是以实现主体的目标为目的的。事实上，在一些控制良好主体的典型样本中，几乎绝大多数都会经常性地被告知朝着它们的战略和经营目标迈进，正常地实现合规目标，并且一贯地编制“期复一期、年复一年”可靠的报告。但是，不可控的事项、差错或者不当的报告偶尔也会发生。换句话说，即使是有效的企业风险管理也会遭遇失败。合理保证并不是绝对保证。

（7）目标的实现。在既定使命背景下，管理当局制定战略目标，选择战略，并制定贯穿企业之中的、与战略相协调和相关联的其他目标。尽管许多目标是具体针对特定主体的，但有一些是广泛共通的。例如，在商务和消费者圈子里树立和保持正面的声誉、向利益相关者提供可靠的报告，以及遵循法律和法规开展经营，是几乎所有主体共同的目标。

2. 主体目标

COSO ERM 框架将主体的目标分成四类：①战略，与高层次的目的相关，协调并支撑主体的目标；②经营，与利用主体资源的有效性和效率相关；③报告，与主体报告的可靠性相关；④合规，与主体符合适用的法律和法规相关。

对主体目标的这种分类使我们可以关注企业风险管理的不同侧面。这些各不相同却又相互交叉的类别——一个特定的目标可以归入多个类别，反映不同的主体需要，并且可能成为不同管理者的直接责任。

一些主体采用另一类目标——保护资源（Safeguarding of Resources），有时也称为保护资产（Safeguarding of Assets）。广义地看，它们是在防止主体的资产或资源的损失，这些损失可能是由于盗窃、浪费、低效率造成的，也可能就是由于糟糕的经营决策所造成的——如以过低的价格销售产品，未能留住关键的员工或防止侵犯专利权，或者发生未曾预见的债务。这些主要是经营目标，尽管保护的某些方面可以归入其他的类别。如果适用于法律或监管要求，就会变成合规问题。当与公开的报告联系起来考虑时，通常用的是保护资产狭义的定义，防止或及时侦查未经授权的购买、使用或处置一个主体的资产，该资产可能对财务报表有重大影响。

企业风险管理可望为实现与报告的可靠性、符合法律和法规相关的目标提供合理保证。这些类型的目标的实现处于主体的控制范围之内，并且取决于主体的相关活动完成得好坏。

但是，战略目标（如取得预定的市场份额）与经营目标（如成功地引入一条新的产品线）的实现并不总是处在主体的控制范围之内。企业风险管理不能防止糟糕的判断或决策，或可能导致一项经营业务不能达成经营目标的外部事项。但是，它的确能够增大管理当局作出更好决策的可能性。针对这些目标，企业风险管理能够合理地保证管理当局和起监督作用的董事会及时地了解主体朝着实现目标前进的程度。

（三）其他风险管理定义

不同的组织或机构在开展风险管理工作时，也会给风险管理下定义，例如，国资委对“企业全面风险管理”的定义：是指企业围绕总体经营目标，通过在企业管理的各个环节和经营过程中执行风险管理的基本流程，培育良好的风险管理文化，建立健全全面风险管理体系，包括风险管理策略、风险理财措施、风险管理的组织职能体系、风险管理信息系统和内部控制系统，从而为实现风险管理的总体目标提供合理保证的过程和方法。

该定义认为风险管理是一种过程和方法。围绕企业总体目标，做好三件事：一是在企业所有活动过程中执行风险管理的基本流程；二是培育良好的风险管理文化；三是建立健全风险管理体系。同时，该定义指出了风险管理体系包括风险管理策略、风险理财措施、风险管理的组织职能体系、风险管理信息系统和内部控制系统五个部分。

第二节　风险管理的特点

基于 ISO31000 关于“风险”术语的最新定义，风险管理主要体现出未来性、增值性、目标性、嵌入性和信息性等特征。

（一）未来性

一切风险都是未来的，风险管理是对未来风险的管理。风险影响着未来，管理风险就是管理未来，一个“对未来负责”的个人或组织必定是一个积极管理风险的个人或组织。

1. 现在实施风险管理

组织在现在对未来的某一时刻建立了目标。在现在至该目标时刻的这段时间里（对处于现在的组织而言，这是未来的时间），存在不确定性，可能在中间的某一时点发生风险事件，该事件的发生可能对未来目标时刻的目标产生影响。这就需要组织从现在开始实施风险管理，以改变可能发生的某时点事件对某时刻目标的影响——增大机会、减少威胁。

风险管理的时间范围是未来某时刻与现在的这段未来的时间区域，并且是从现在开始，指向事件发生的时点。因此，严格来讲，风险管理的时间并不等于未来某时刻，因为，其时，风险事件已经对目标产生了确定的影响，这已经不属于风险管理的范围了（属于应急）。

2. 风险管理之后的应急

应急没有预防的意境，是在目标时刻事件发生以后，其后果对目标产生了确定的现实的影响，从而需要立即采取怎样的措施。既然已是确定的影响，故不属于风险管理的范围。风险管理中的控制、应对并不是事后的应急，而是聚焦于管理不确定性，改变其对目标的影响，属于目标时刻以内的时间范围。传统上，"应急"概念主要用于负面事件及其负面影响，其实它应该是一个中性词汇，也包括对正面事件及其正面影响的应急，与机会管理相承。

正是因为风险管理具有未来性，这几乎区别于任何其他领域的管理，从而使风险管理与其他管理有着极大的不同，管理的难度也非其他管理可比。最主要的原因是人们对不确定性的认识和管理处于相对初级的阶段，还远远达不到人们所希望的程度。

（二）增值性

风险的两重性是风险管理具有增值性的基础。管理具有负面影响的风险，属于降低和避免损失；管理具有正面影响的风险，就是增值和创造价值。显然，风险管理由被动向主动转化，激发了组织实施风险管理的积极性；组织通过机会管理可以实现超常的收益，创造更大的价值，且一般都伴随有组织的跨越式发展，风险管理的有效性愈加显现。识别、捕捉机会的触发点对组织的机会管理至关重要。

当前形势下，严格的外部监管更加鼓励组织从被动走向主动，通过主动管理获得对外部监管的自然满足，同时，在特定的环境下实现自己的战略目标。

（三）目标性

风险管理是明确管理主体、明确业务过程或活动目标的管理。风险管理的目标性对于组织划分风险管理的范围、识别、确定过程，并实现风险管理的嵌入性意义重大。

目标是组织的目标，是组织在走向未来的道路上开展某一过程的目标。组织实施风险管理，就是改变这一过程中的不确定性对这一过程目标的影响，目的就是要实现这一过程目标。对组织实施的风险管理是否有效的评价，就是对是否实现这一过程目标的评价。

不确定性是风险管理本身具有的内在特征，也是实施风险管理的困难所在。几乎所有组织都知道管理风险的重要性，但启动风险管理时却感到漫无边际、无从下手。而且，组织现有的一切资源几乎不可能满足广泛的风险管理的需要，这也使风险管理的有效性大打折扣。将不确定性直接与目标相联系，强调不确定性对目标的影响，明确了风险管理的主体，也界定了不确定性的范围和风险管理的范围。

在组织建立目标以后（这意味着管理的主体及相关的业务过程已确立），通过分析影响不确定性的各种因素，组织可以判定不确定性的性质，即得出不确定性对目标影响的正面性或负面性的结论。在此基础上，实现在正确的管理方向上对不确定性的管理，如图4－1所示。

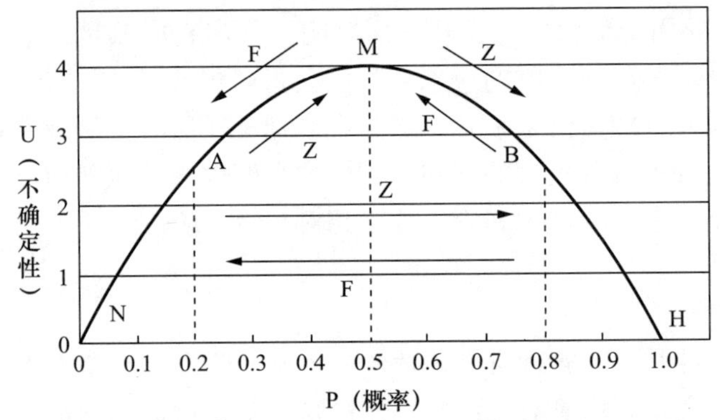

图4－1 不确定性与概率的关系曲线及管理方向

当不确定性的性质是正面时，在管理上应加大其发生的概率，以进一步提高不确定性对目标影响的可能性，并尽量促使其发生，变正面影响的可能性为现实性。所以，对不确定性的管理应沿着发生概率越来越大的方向，如图4－1中的箭头Z方向。

假设组织在识别并确认时，不确定性的程度处于图4－1中的A点，此时不发生占有优势（发生的概率只有20%），不确定性对目标产生影响的正面效应的概率较小，应通过实施对不确定性的管理提高发生的概率（从纵轴看是提高不确定性）。当到达M点时，发生和不发生的概率均为0.5，不发生已不占有优势（不确定性程度最高）。在越过M点以后，不发生的优势已被发生的优势所取代，这意味着不确定性对目标产生影响的正面效应已成为潜在的可能。在到达B点时，这种对目标有正面影响的不确定性已有80%的发生概率。因为组织实施了对不确定性的正确管理（Z方向的管理），使一个可能对目标产生正面影响，但发生可能性很低（图4－1中A点）的不确定性变化成为了发生可能性很高的不确定性（图4－1中B点），这凸显了对不确定性管理的价值所在，也揭示了对风险实施管理的具体含义。当然，如果能继续加大沿着 Z 方向的管理力度，从 B 点到达 H 点，便实现了将可能性变为现实性的最终目的，使对组织有正面影响的不确定性真实发生（100% 的发生概率），这在真正意义上实现了管理风险，这是管理未来的最高期望。

当不确定性的性质是负面时，类似以上的讨论，在管理的方向上应沿着减小发生概率的方向，如图 4－1 中的 F 箭头方向。既然不确定性的性质已判定为是负面的，从管理上来讲，当然应尽量使其不发生，以降低不确定性对组织目标产生负面影响的可能性。

另外，从 H 点到 M 点，是不确定性程度提高的过程；从 M 点到 N 点，是不确定性程度降低的过程。对不确定性程度的管理问题可分为降低不确定性程度和提高不确定性程度两种情况：

（1）降低不确定性程度。假设所识别并确认的不确定性具有最高等级的不确定性（M 点）。此时在管理上面临降低不确定性程度的问题。但究竟是沿 M 向 A 方向降低程度还是沿 M 向 B 方向降低程度，选择的依据依然是判定不确定性的性质。

如果不确定性的性质是负面的，应尽量避免其发生，即使其发生的概率减小，故应选择沿 M 向 A 方向，降低不确定性的程度。

如果不确定性的性质是正面的，应尽量促使其发生，即使其发生的概率增大，故应选择沿 M 向 B 方向，降低不确定性的程度。

（2）提高不确定性程度。假设所识别并确认的不确定性位于 A 点或 B 点。此时在管理上面临提高不确定性程度的问题。如上所述，以哪个方向提高，依据依然是判定不确定性的性质。

如果不确定性的性质是正面的，应尽量促使其发生，即使其发生的概率升高，故应选择沿 A 向 M 方向，提高不确定性的程度。

如果不确定性的性质是负面的，应尽量避免其发生，即使其发生的概率减小，故应选择沿 B 向 M 方向，提高不确定性的程度。

（四）嵌入性

风险没有自身的生产过程，而是产生于组织特定的业务过程中，因此，风险管理一定是嵌入式的管理，为实现特定业务过程的目标提供保证。自然，这也成为提高风险管理有效性的唯一途径。

风险管理应以关联的、有效力和有效率的方式嵌入组织的所有实践活动和业务过程。风险管理过程应该是这些过程的一部分而不是独立于这些过程，尤其是应该嵌入组织政策的制定、业务与战略的策划及评审以及变更管理过程，这些也正是组织风险管理的重点领域。

整体性是风险管理与组织的其他管理最明显的区别。虽然风险管理有它相对独立的理论、流程、技术和方法，但它并不具有独立的管理对象，它是构成组织所有过程整体所必需的一部分，无法分离，否则组织一定是不完整的。

将风险管理的理论、流程、技术和方法等应用于组织的业务过程或活动，在执行和实现其过程与活动的业务功能的同时，对全过程实施风险管理，突出重点，追求成本与收益的平衡。如果不确定性对目标的影响是负面的，通过风险管理使影响最小化、组织的损失最小化；如不确定性对目标的影响是正面的，通过风险管理使影响最大化（通常是修订目标、重新配置资源），最终实现或超过目标。风险管理必须通过对组织过程的嵌入而实现其功能，为组织创造和保护价值做出贡献，为组织在各个过程的持续改进做出贡献。

（五）信息性

风险管理的有效性在很大的程度上取决于组织对信息的管理，对不确定性的管理。改变不确定性对目标的影响就实现了对风险的管理。近年来，随着全球经济一体化、风险管理理论与实践的迅猛发展、信息技术与互联网的广泛使用和普及，再加上新闻媒介作用日益凸显，风险管理与信息及信息管理的关系日趋紧密。一方面是在风险管理的理念上建立和强化了对信息管理的依赖；另一方面是在风险管理的实效上显示出信息管理的强大功效。国内外涉及风险管理的法规、标准等文件均将管理信息作为重要内容，包括信息系统，体现了在当今的风险管理中信息及信息管理的重要地位。组织在承受信息压力的同时，也必须着眼于未来，提炼出有利、有用、有价值的信息，以实现对风险（未来）的管理。

第三节　风险管理的目标

组织只有确立明确的风险管理目标，才能主动、积极地管理风险，才能对风险管理的绩效做出客观的评价。风险管理目标是组织在不同的风险管理方式之间进行成本—收益分析的结果。

风险管理需要付出一定的成本。如果缺乏成本—收益分析，由此确定的风险管理目标就是盲目的、缺乏科学性的管理目标。当然，在不同的经济和社会环境、不同的经营理念和思想观念指导下，组织确定的风险管理目标也是不同的。

一、确定风险管理目标的原则

在组织确定风险管理目标时需要遵循一定的原则，这些原则是确定风险管理目标的指导思想，主要包括现实性、明确性、层次性和定量性等方面。

（一）现实性

组织确定的风险管理目标，应该适合政府、企业以及个人生产和生活实际的需要，能够解决现实社会存在的危及政府、社会、企业和个人安全的问题。确定风险管理目标的首要原则是现实性，着力于处理亟待解决的现实问题。

（二）明确性

组织确定的风险管理目标必须明确、具体，不能模糊不清。例如，明确规定实施风险管理的时间、地点，规定严格的操作程序、明确的规章制度，明确未来需要达到的目标，这样可以规范工作程序，约束人的不安全行为，防止道德风险的发生。

（三）层次性

组织应该依据工作流程或者根据风险管理目标的重要程度，将其划分为不同层次的管理目标，这不仅有利于风险管理目标的实施，而且可以根据不同工作环节的风险实施有针对性的管理措施。

（四）定量性

组织确定的风险管理目标可以是明确、具体的数量指标。采用定量的方式确定风险管理目标，需要根据以往的数据和经验等，深入了解相关的情况，在此基础上确定科学的量化指标，也便于监管单位的管理更明确、更具可操作性。

二、风险管理的成本和收益

（一）风险管理成本

风险管理成本是指政府、企业或个人为规避各类风险进行投资、融资的货币成本总和，主要包括预防风险成本、保险金成本、保险以外防止损失扩大的成本、财务危机成本、担心不会产生预期效果的心理成本等方面。

预防风险成本是指组织采取非保险方式预防风险，需要在预防、防范风险方面支付的资金。

保险金成本是指组织采取保险方式转移风险，需要支付给保险公司保险费。

保险以外防止损失扩大的成本是指组织未保险的财产、人员等，在遭受损失时，需要支付的减少损失进一步扩大的费用。因为，在风险管理实务中大量损失的风险是保险公司不予承保的。此外，因损失造成的相关服务成本、风险控制成本以及其他项目管理的成本等，也属于保险以外防止损失的成本。

财务危机成本是指组织由于遭遇风险事件造成资金紧张、难以继续发展，为应对风险事件、减少损失必须支付的管理成本。

担心投入风险管理费用而不会产生预期效果的心理成本是复杂的，也是难以衡量的。一般来说，组织在计算风险管理成本时，暂时不考虑风险管理措施不会产生预期效果方面的心理成本。

风险管理成本预测就是在综合分析风险管理技术、方式、设备等因素的基础上，利用历史和现有的资料对未来的成本水平进行核算。

（二）风险管理收益

风险管理收益是指组织因采取风险管理措施而减少的损失。通常，风险管理收益用货币衡量：风险管理收益 = 风险管理不存在的损失 - 风险管理存在的损失 - 风险管理成本。如果风险管理收益大于零，则风险管理方案是可行的，可以确定为风险管理目标；如果风险管理收益小于零，则风险管理方案是不符合实际的，不能确定为风险管理目标；如果风险管理收益等于零，则可以采取该风险管理措施，也可以不采取该风险管理措施。

一般来说，风险管理的收益在短期内往往是难以体现的，这就需要风险管理人员具有科学的态度和长远发展的战略眼光，运用正确的方法，能够大致地估算出风险管理的收益。

（三）风险管理成本—收益分析

风险管理成本—收益分析是组织确定风险管理目标的基础。组织在进行风险管理成本—收益分析时，需要综合考虑影响风险管理的各方面因素，越细致、越详尽地描述影响风险管理的因素，确定的风险管理目标就越接近现实，也就越能够反映风险管理目标的全貌。以下通过保险的案例来说明成本—收益分析。

【某大型造纸厂为了防范火灾风险进行风险管理，投保了一份免赔额为 50 万元，保险金额为 500 万元的保险合同，年保费支出为 20 万元。假设投保当年该厂就发生了火灾，实际损失为 500 万元。那么，该企业的风险管理收益为：500 - 50 - 20 = 430（万元）。这是一个比较典型的案例，保险公司的保险金额为 500 万元，造纸厂发生的损失也是 500 万元，而且投保当年就发生了保险责任范围内的风险事件，其风险管理收益为 430 万元。尽管如此，这并不妨碍我们对于风险管理成本—收益分析的理解。假设企业在缴纳保险费 10 年以后发生了火灾，造成损失为 500 万元，则企业仍然可以获得风险管理的收益。该企业的风险管理收益为：500 - 50 - 10 × 20 = 250（万元）。】

上例说明，企业采用以保险方式转移风险的管理目标是切合实际的，企业确定风险管理目标的科学基础是进行成本—收益分析。组织只有以成本—收益分析为依据，才能确定适合组织实际情况的风险管理目标。

三、不同分类下的风险管理目标

在风险管理实务中，风险管理的风格、方法、工具与技巧被广泛运用于企业的日常运营活动中，组织应当依据自身的实际情况制定具体的风险管理目标。依据发生时间的不同，风险管理目标可以分为损失前风险管理目标、损失后风险管理目标、危险因素风险管理目标、控制性风险管理目标和机会风险管理目标。

（一）损失前风险管理目标

风险事件造成损失前的管理目标是选择最经济、最合理的方法减少或者避免风险事件的发生，使风险事件发生的可能性和严重性降低到最低的程度，并尽可能地降低风险事件对经济和社会的消极影响。具体来说，主要包括经济合理目标、安全系数目标和社会责任目标。

1. 经济合理目标

政府、企业或者个人等在确定风险管理目标时，所遵循的原则是风险管理成本的最小化和安全保障收益的最大化。为此，组织需要在各种风险管理方式的成本之间进行选择，确定最经济、最合理的风险管理方案。内部控制和购买保险合同是重要的两种风险管理方式，它们的共同之处就是能够减少企业的实际损失，从而增加企业的价值。

但是，内部控制面临的最大问题是，最佳的内部控制方案也只能最大限度地减少不确定性因素，不可能完全消除不确定性因素，除非不生产，但这在现实生活中是不可能的。风险管理成本最小化原则要求企业在损失控制上投入足够的资金，直到损失控制的边际收益与损失控制的边际成本相等为止。超过这一点的额外损失控制费用，就会增加企业的风险管理成本；所以，消除损失的风险管理成本无法达到最小化。

两种风险管理方式之间往往具有替代关系。例如，风险内部控制与保险之间、风险自留与风险转移之间，替代的原则是风险管理成本最小化、收益最大化。

2. 安全系数目标

安全系数目标就是将风险控制在组织可以承受的范围内。风险不仅会造成财产的损失、人员的伤亡，而且还会影响社会心理和劳动者工作的积极性，对此，各组织都制定了适合本行业发展的安全系数指标。例如，保险公司最低偿付能力就是重要的财务安全系数指标，具有明确的安全系数目标是一种事前的风险管理。

3. 社会责任目标

组织遭受风险事件损失，不仅会影响自身的稳定经营，而且还有可能使社会遭受较大的损失。这是因为，社会化大生产使单个企业与外界各种经济组织、个人之间建立了广泛的联系，一个企业遭受损失，受损的不仅仅是企业自身，还会影响其他企业或者个人，甚至使国家和社会遭受一定的损失。因此，一个风险管理计划不仅要转嫁企业自身面临的风险，还要降低风险给社会带来的损失，应该具有社会责任目标。为了避免风险事件带来的重大损失，国家法律、法规可以要求企业安装安全设备，以避免发生风险事件。

（二）损失后风险管理目标

风险管理不可能消灭风险，也不可能完全避免损失。风险事件发生以后，风险管理的目标是消除、改变引发事故的风险因素，减少风险事件造成的经济损失。具体来说，主要包括维持生存、保持经营连续性、稳定收益、履行社会责任等目标。

1. 维持生存目标

风险事件对于组织来说，可能会威胁企业的生存和发展。企业风险管理计划应该充分考虑风险事件对企业生存基本要素的影响程度，如生产、市场、资金和管理等，确保风险事件发生后，企业能够继续生存。

2. 保持经营连续性目标

风险事件发生以后，企业要在尽可能短的时间内恢复生产或经营，这对于需要提供不间断服务的企业来说尤为重要。维持企业经营的稳定性和连续性可以占据原有的市场份额，不会因风险事件的发生而失去市场竞争优势，有利于提高企业的信誉。如果企业因为风险事件而失去市场，等企业恢复生产后，生产出来的产品就有可能积压卖不出去，这种状况进一步发展下去，就会影响企业资金的周转，进而影响企业的生存和发展。例如，企业设备因遭受暴风雨侵袭停产后，企业为恢复生产而采取的维修设备、厂房等方面的措施，都是企业保持经营连续性的重要措施，保持经营连续性是损失后风险管理的重要目标之一。

3. 稳定收益目标

稳定收益目标是企业保持连续经营、稳定发展的条件。完善的风险管理机制、稳定的投资收益有助于增强投资者的信心，使企业保持生产经营的稳步增长。

4. 履行社会责任目标

社会化生产已将企业与社会置于紧密的联系之中，企业遭受一次严重的意外事故损失，不仅会影响员工的人身安全和经济利益，而且还会影响顾客、供货商、债权人的经济利益，甚至给税务部门、政府以至整个社会带来不利的影响。尽量减少风险事件给个人、企业乃至整个社会造成的不利影响，是组织必须履行的社会责任目标。

根据风险因素的不同，风险管理目标可以分为危险因素风险管理目标、控制性风险管理目标和机会风险管理目标。

（三）危险因素风险管理目标

危险因素的管理是风险管理当中历史最悠久的学科和分支，与可保风险的管理休戚相关。危险因素包括所有可能导致企业非正常运营、企业运营成本大幅增加及企业声誉逐步恶化等可能危及企业命运的事项，如偷窃、诈骗、安全、职业健康、火灾预防、财产损失、不合格产品、与业务依赖性密切相关的支持性服务（如网络建设等）等。

1. 基本原则与目标

危险因素管理的基本原则是危险因素较小发生的可能性，以及控制危险因素可能带来的负面影响。所以，其目标就在于对危险因素实施监管，将任何危险事项的危害性弱化，降低所带来的消极后果的危害性，并确保企业正常高效运作的可持续性。

理想状态下，无论基于何种原因都不存在任何非计划内的无序行为或者效率低下的状况，即使是计划内的维护活动或者是针对应急机制开展的临时检测等。不论是人员、资产、供应商，还是信息及通信技术，企业都应当全面地分析和评估这些危险因素可能引发的风险事件的类型、来源，及可能对企业的高效运作产生的影响，进而采取必要的行动来阻止损失的形成，控制相关风险事件可能引发的损害程度，承担恢复原貌所需的成本。

2. 与保险的结合

风险控制及损失管理技能能够降低预期的损失水平，确保将所有的成本均考虑在内。而保险与风险控制、损失管理的结合能够有效降低危险因素所导致的实际支出，降低企业对危险因素的容忍程度。因为，通过保险，可以更加直观地看到如何将损失所带来的经济成本最小化。例如，当企业开始考虑对某项事物投保时，企业便有全面分析其所面临的危险因素的必要。企业可能乐于接受偶发性的交通事故所带来的损失，因为这些损失可以从企业日常经营损益当中获得补偿。但是，企业对这类事故有一定的容忍限度，而企业也应当明确该限度的具体内容。因此，保险的购买就是以覆盖超过该容忍限度的损失为准。

（四）控制性风险管理目标

控制性风险可能带来结果的多样性及可变性，意味着与所要求的或者所预期的结果存在一定的距离。所以，控制性风险管理的目标就是：对控制性风险实施监管，降低不确定性，在控制可能出现结果的变数的同时，缩小可能出现的后果所波及的范围，将监管措施不利所带来的损失减少到最低程度。

控制性风险难以识别和定义，但时常与项目紧密相连。项目风险管理或者控制风险管理，已经发展成为风险管理的独立学科。项目管理的主要目标在于及时达成既定目标，保质保量地完成指定任务，将所有开销均控制在财务预算范围之内。

在项目的开展及执行过程中，变化必然存在。不确定性或者控制性风险是项目实施过程中不可或缺的组成部分。在制定财政预算的时候，企业应当储备一定数额的应急资金来应对可能发生的意外事件。与此同时，企业还应当在项目进程表中预留出一部分应急处理时间。企业制定控制性风险的应对方案时，应当充分利用现有资源，挖掘潜在资源，找出最稳妥的控制手段，积极主动地施行该控制手段，以应对所有发生了的控制性风险所带来的不良后果。此外，强化项目应当带来预期的效果，与预期效果之间的偏差意味着不确定性的可接受范围应当保持在某个特定范围。

控制管理是基于内部财务控制的特定技巧得以实施的，是内部审计师及会计开展风险管理的基础所在。因此，企业应当把握好尺度，不能过于纠结于控制性风险管理，因为实践表明过分专注于内部控制及控制管理，可能导致某些危险因素对企业的发展起到抑制作用。

（五）机会风险管理目标

绝大多数的风险管理标准都倾向于讨论如何充分利用机会风险，并尽量确保风险管理成功的积极方面。当然，企业应对风险的能力与机会风险的可得性是正相关的。机会风险管理的目标在于推进积极成果的发生并将积极成果最大化。

风险及风险管理的特质之一就在于企业通常会冒着极大风险争取获得丰厚的回报。图 4-2 所展示的是风险水平及预期回报的丰厚程度之间的关系。并非所有企业经营活动均能够获得同等程度的收益。启动操作通常带有极高的风险性，且最初的预期回报却相对较低。随着商业活动的逐步展开，即使处于同等的风险水平，企业能够获得的回报率水平将缓慢上升。这个阶段可以被视为企业或者产品的上升期。随着投资的进一步成熟，回报率依然能够保持在较高水平，但企业所面临的风险却逐渐回落。最终，企业的发展将越发成熟，踏入低风险但回报率也相对较低的象限。在成熟的市场当中，一般情况下，企业或者产品都将出现下降。

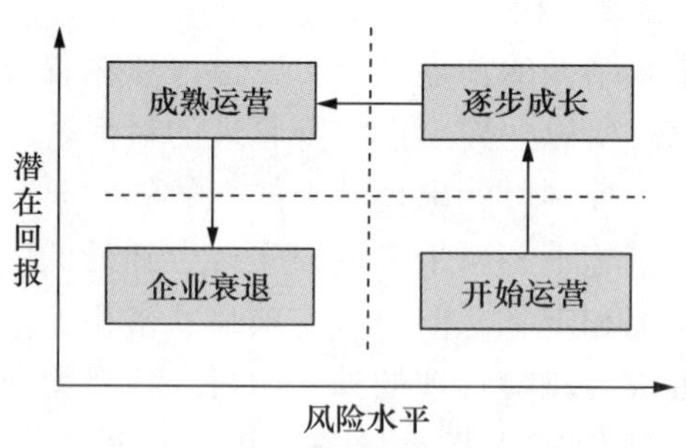

图 4-2 风险与回报的关系

对于机会风险而言，风险—回报分析能够降低新产品的推广失利的可能性，增加企业的实际利润收入，或者（至少）能够降低企业新开展的活动或者新产品的推广可能带来的损失。

为了实现其发展目标，企业通常会选择某些风险进行投资。这些风险通常是市场或者商业类型的，可以被称为商业、投机风险或者经营风险，而企业为了获得正向的收益主动选择这些风险。一般而言，机会风险可能具备对企业目标的实现起到正向促进作用（虽然有时候也会起到抑制作用）的潜力。这些风险通常与充分利用难得的商业发展机会相互关联。

企业总是希望能够实现高效的运营、信息处理及策略施行，希望能够将商业机会投资带来的积极正面成果的可能性最大化。机会风险管理与战略性规划之间存在着直接联系，通常与新战略或者修订过后的战略执行相挂钩；虽然企业运营效率的强化及变革举措的施行也可能引发机会风险。

所有企业都应当充分了解本企业对于新机会及难得的投资水平的诉求。当然，最终将由企业的管理层决定企业是否应当抓住眼前的发展机会。企业希望将该发展机会消化吸收也未必等同于企业应当抓住该发展机遇。因此，企业的管理层必须清楚这个事实：虽然他们的确希望企业能够抓住该发展机会，但企业的风险管理机制可能存在缺口，而该机会可能带来的风险恰巧超过了企业的风险管理能力。对商业风险是否处于企业的风险管理能力范围之内的判断对于成功的商业风险管理尤为重要。

第四节　风险管理的作用

一、风险管理的重要性

近年来，全球性金融危机的爆发以及跨国公司的运营失败，使企业将更多的目光聚焦在风险及风险管理层面上。企业主们逐渐明白，风险管理能够为企业带来诸多益处；而且，利益相关方的期望值大幅上升、日益便利的通信设施等，都导致风险管理的重要性日益凸显。

在对企业风险管理的重要性进行考量的时候，风险管理行为的规划及风险管理框架必须体现企业开展风险管理的初衷，即 CADE3，如表 4 – 1 所示。驱动因素的选择应充分考虑 CADE3 范畴内的特殊要求，如企业的运营效率。某些企业指定专人，以风险控制经理人的身份，担负降低意外事故发生的可能性或事故所引发的开支成本的责任。这些意外的侵害对象主要包括企业的员工、厂房及设备等。某些时候，企业开展风险管理活动的初衷可能在于通过确保企业行为的合理合法及遵守职业道德规范（包括供应链当中），改善企业的声誉。

表 4－1 风险管理目标

目标	描述
守法性（Compliance）	所有的风险管理行为的首要目标都在于确保行为符合规章制度的相关规定
确信（Assure）	企业董事会以及审计委员会要求风险管理以及内部管理行为一定能够遵循 PACED 的相关规定
决策制定（Decision Making）	风险管理活动应当确保风险相关信息的可获得性，为决策的制定奠定基础
高效运营（Efficient Operation） 高效流程（Efficient Process） 英明决策（Effective Decision Making）	风险管理活动应当以推进企业的运营效率，促进公司的决策制定，降低结果的不确定性，从而实现最佳管理效果

一般而言，成功的风险管理行为应当满足的条件或要求，即 PACED。其中，适应性（Proportionate）是指风险管理行为必须与企业的风险水平相适应；相关性（Aligned）是指风险管理行为与企业的其他经营活动融合；综合性（Comprehensive）是指风险管理行为应当采用综合性的管理手段，以实现风险管理的高效性；融合性（Embedded）是指风险管理行为应当渗透到企业的日常运营中；动态性（Dynamic）是指风险管理行为应当是动态的，能够应付风险的突发以及变化。PACED 所体现的是任何企业必须遵循的风险管理基本原则，是成功的风险管理的基础和前提。借助这些基本原则，我们能够明白采取哪种风险管理措施是最恰当的。

如果企业能够积极主动地防范风险，做好风险管理工作，企业将能够在以下四个层面获益。

（一）提升企业的运作效率

企业将提前识别诸多扰乱企业运营秩序的因素，及时采取有效措施，遏制那些可能会对企业的正常运营产生负面影响的事件发生，将这些事件给企业带来的损害降到最低程度。

1. 预防风险事件的发生

风险管理可以将许多风险隐患、危害消灭在萌芽状态，预防风险事件的发生，保护企业的财产安全和人身安全。

2. 减少风险事件造成的损失

风险管理可以使企业充分认识到自身所面临风险的性质和严重程度，并采取相关的风险管理技术，以减少风险事件造成的损失。

3. 转嫁风险事件造成的损失

企业通过缴纳一定的费用，有计划地将重大风险事件造成的损失转移给保险公司或者其他管理单位，从而转移风险事件造成的损失。一旦企业发生重大风险事件，转嫁风险的机制可以使企业获得及时、有效的经济补偿。现代风险管理克服了传统的以保险为单一转嫁风险机制的局限性，综合利用各种控制、转嫁风险的措施，使企业处理风险的方式日趋完善。

4. 保证企业的财务稳定

风险管理有助于防止企业由于资金紧张而陷入困境，保证了企业的财务稳定，有利于企业长期、稳定地发展，降低企业的管理成本，提高风险管理的经济效益。

5. 营造安全的社会环境

风险管理通过自身的运营机制，防范了许多重大风险事件的发生，有利于营造安全稳定的生产、生活和工作环境；有利于企业提高经济效益，激发员工工作积极性；有利于家庭成员解除后顾之忧，安心工作；有利于社会的稳定，优化社会资源的配置。

（二）企业的决策更为高效

深入剖析与各种策略选择相关的风险，作出明智且富有战略性的、高效的决策，该决策所能带来的结果能够满足相关人员的期望及要求。

战略性决策的制定是企业最重要的任务之一。风险管理能够给企业更全面可靠的信息，增加企业决策者制定战略性决策的信心。企业所选择的策略必然能够带来所要求的结果。这样的决策可以被描述为“能起作用的”。在日常实践过程中，企业的战略选择出现失误或者所选战略决策的执行不力等情况均屡见不鲜。其中，很多企业都承受了重大的损失。

当出现技术革新或者客户期望值变动的时候，战略决策的制定显得尤为困难。战略性决策应以充分利用机会为首要原则。企业的日常运营效率非常高且有利可图，但是总体战略的错误必然会导致走向穷途末路。无论风险管理过程在操作及项目层面多么完美，都会出现类似的问题。企业战略决策的错误导致企业破产的可能性大于企业的日常运营效率的低下等因素。

（三）满足企业内外部的期望

企业必须将相关信息准确地报送给相关部门，包括与风险有关的信息。利益相关方希望充分了解企业的运营情况，包括员工的风险意识。美国政府于 2002

年颁布的《萨班斯—奥克斯利法案》，将财务报告的准确性视为第一要务，要求企业完整和准确地披露所有信息。尽管该法案仅适用于特定环境中的某些立法，但其所传递的精神及其体现的基本原则对所有的风险管理执业人员都尤为重要。

企业不能容忍自身因为某些偶然因素而身处水深火热当中，如财务出现问题、日常运作出现问题、企业声誉严重受损、市场份额的进一步缩水等。企业的利益相关方也希望企业能够从容应对所有风险和问题，将所有可能导致企业非正常运营、项目不能得以保质保量完成、决策不能得以贯彻执行的风险都拒之门外。风险管理增加了利益相关方对企业的信心，即企业的管理人员确认风险已被准确识别；企业已采取合理程序应对风险，并将该风险控制在可接受范围之内。

（四）找出影响企业前途的关键因素

风险的绝大多数标准化定义均认为风险与企业目标相关。以目标为导向的风险管理方式，不仅便于分析和掌握风险因素可能涉及的积极方面和消极方面，也有助于对未知内容的分析。但是，这种方式也可能将风险与风险萌发的背景环境相互剥离，特别是在对风险进行分析的时候，如果未能将风险及其产生的背景因素结合在一起，分析得到的结论必然公信力不足，从而导致评估结果不够准确可靠，这是其明显的劣势。

很显然，以依赖关系为导向的风险管理方式能够带来更可靠的结论。图4－3展示了所有能够对决定企业发展运营核心过程的关键因素造成影响的风险。首先，企业的发展目标及企业利益相关方对公司发展的预期等因素均在一定程度上影响着企业核心决策过程和方式。其次，这些核心决策过程和方式正是企业盈利模式的关键所在，与企业的日常运营、项目的开展及发展战略的制定等内容休戚相关。最后，除了企业的发展目标之外，关键性风险还可能与企业的特征紧密相连。因此，在深入剖析企业核心运营过程的前提下，考察企业战略、企业发展目标的达成及利益相关方的期望满足等因素，就能找出影响企业前途的关键的因素。

专注于高风险，而且将风险与不断发生变化的目标联系在一起，同时也不忽视风险与其特征的联系，这种风险管理方式不仅是可行的，而且也是在面对诸如2008年金融危机等极端情况时比较合理的选择。但是，在绝大多数情况下，企业的发展目标对于风险的关系架构而言都太过抽象，对各个目标的分析并不能帮助我们认清企业所面临的所有风险。

为了能够促进企业的发展，一般从短期、中期和长期三个方面来阐述组织目标。此外，每个阶段的内容也不局限于内部发展目标、年度发展目标及变化当中的目标等，因为这些内容并不能全面地体现企业的运营（或者效率）、变化（或者竞争力）及战略性（或者领导者角色）发展要求。同时，这些目标必须是经过深思熟虑得到的，要确保目标的完整性和丰盈度，且这些目标的前提假设同样也需要仔细推敲和考虑。

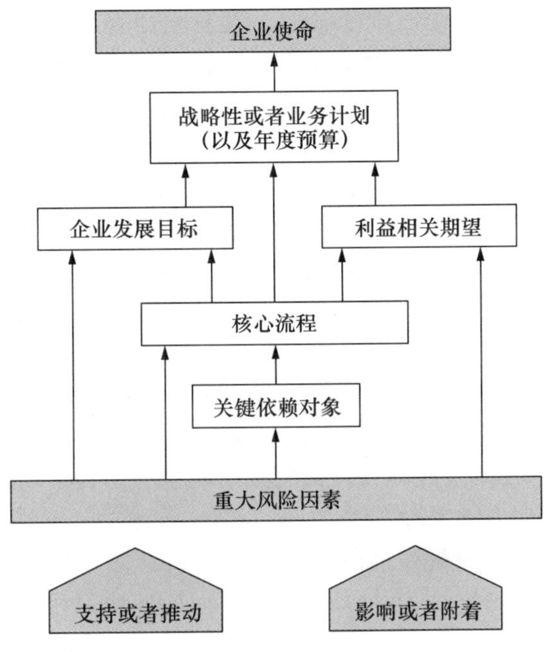

图4-3 风险的关系网络

二、ISO 风险管理的十七项帮助

在 ISO31000：2009《风险管理——原则与指南》中提出，实施并保持与本标准相一致的风险管理，能够给组织带来十七项帮助。

(一) 提高组织实现其目标的可能性

组织所面对的风险是客观存在的，组织必须通过管理风险来实现其目标。这是 ISO31000 标准制定的最大动力和最终目标。风险的不确定性表明任何管理方法都不可能使不确定性完全确定。存在不确定性就一定会给目标的实现带来影响，所以实施 ISO31000 标准只能是“提高实现目标的可能性”。对于实现既定目标而言，可能性既是差距，也是超越，提高可能性意味着组织应提高把握机会与威胁的能力。

(二) 鼓励主动管理

应付外部监管，只能是被动管理，且风险事件的发展使外部监管更加严厉。但 ISO31000 标准推荐源于组织自身的管理方式，即主动管理；二者共同构成实施风险管理的方式方法。

（三）提高全组织内识别、应对风险的意识

ISO31000标准内容可以概括为两大部分，第一部分是关于风险、风险管理的理论或理念、术语和11项原则的叙述，以及主动管理等；篇幅较大，组织可以通过主动学习、认识、理解相关内容来建立和增强意识。第二部分是对组织实施风险管理应做什么提出具体指南，如建立风险管理方针、风险准则等。在组织的全过程、全员中通过主动实施该标准可以提高识别、应对风险的意识。

（四）改进对机会和威胁的识别

风险具有两重性：对目标影响可能是正面的或负面的。组织主动依照ISO31000标准实施风险管理，扭转只识别威胁、不识别机会的传统陈旧的观念，在识别机会和识别威胁两个方面都得到改进。

（五）符合相关的法律法规和国际规范

不断加强的外部监管提高了组织的合规意识，而众多与风险管理相关的法规、标准等亦将合规性置于重要位置。ISO31000标准在众多概念和环节上都对合规性提出了要求，如风险准则直接或间接反映了法律、法规的要求。

（六）改进强制性和自愿性报告

"改进报告"是风险管理发展的一条主线。不论是COSO IC：1992中的反虚假、反舞弊的财务报告目标，还是COSO ERM：2004中对组织各项活动的报告控制目标。

对不同性质的组织，不论是满足外部监管（上市）或某种需要（特殊澄清）的强制性报告，还是根据组织发展的阶段或某种意愿（社会责任）而做出的自愿性报告，通过主动实施ISO31000标准可以帮助组织改进这些过程，包括形成文本的报告文件以及报告活动或报告过程。

（七）改进公司治理

几乎所有有关风险管理的法规、标准，都将企业董事会纳入企业风险管理的范围之中，强调股东的利益，提出企业内部的权力制衡关系等，这是近20年来风险管理的重心所在，而这些也正是公司治理的主要内容（公司治理有其明确的概念和内涵、边界，一般不能随意外延，更不能与公司管理相混淆）。

公司治理始终是企业风险管理中的重中之重，它关乎企业的生存与发展，主动实施ISO31000标准可以改进组织的公司治理。将ISO31000标准应用于"公共风险"时，那么标准中治理的理解应该包括其余的治理形态（治理可归纳为六种形态：最小政府的治理、公司治理、新公共管理的治理、善治的治理、社会调控制度的治理、自组织网络的治理）。

（八）改进利益相关方的信心和信任

在公司治理的先进理论和实践中，既要为股东负责，也要为所有利益相关方负责。主动实施 ISO31000 标准改进治理的同时，也可以帮助组织改进利益相关方对组织的信心和信任。

（九）为决策和策划建立可靠的基础

决策（Decision Making）和策划（Planning）是组织在运营中一定会遇到和实施的两个极为重要的过程。策划属于管理过程的一部分，是致力于制定目标并规定必要的运行过程和相关资源以实现目标的过程。决策高于一般管理过程，是通过分析、比较，在若干可供选择的方案中选择并决定最优方案的过程。

决策和策划的过程存在很多的不确定性，不确定性将影响决策最终结果的正确性和策划输出的有效性。组织通过实施风险管理可以改变不确定性的影响，从而为正确决策和策划提供可靠的基础。

（十）改进控制

事实上所有组织都已存在自身对风险管理的控制措施，但是这些措施未必完善、充分和有效，有些已不适合今天风险管理和外部监管的需要。组织主动实施 ISO31000 标准，可以帮助组织识别现有的风险控制措施，并对其实现改进。控制是正在改变风险的措施，改进控制就是改进控制的措施、方式或方法。

（十一）为风险应对有效地配置和使用资源

组织在风险评价的基础上，会根据风险等级的不同而确定不同的风险应对方式，不同的风险应对方式对资源有不同的投入/配置要求（包括人员、资金和设备等），在配置和使用上是否有效不仅会导致资源本身的利用和浪费，更重要的是直接影响采取的应对方式对控制风险的最终效果。主动实施 ISO31000 标准将帮助组织控制资源配置和使用上的不确定性，实现风险应对目标。

（十二）改进运营的有效性和效率

主动实施 ISO31000 标准可以帮助组织达到所策划的目标并使用了与之匹配的资源（有效性和效率并用）。运营包括组织在操作层面的所有活动或过程。

有效性（Effectiveness），ISO 定义为：完成策划的活动和达到策划结果的程度。程度是评价有效性的重要依据，这要求策划结果是可考核、可度量的。

效率（Efficiency），ISO 定义为：达到结果与所使用资源之间的关系。效率强调的是一种关系，为达到结果组织必须投入一定的资源，问题是投入多少资源、如何配置和使用这些资源才能与要达到的结果相匹配，这是效率问题的实质。

（十三）提高健康、安全行为和环境保护

主动实施 ISO31000 标准将会在健康、安全行为和环境保护方面（相应的管理体系中已有风险管理的要求）获得更多风险管理的理论、流程与方法，以实现组织在这些领域的既定目标。

（十四）改进损失预防和对不良事件的管理

主动实施 ISO31000 标准可以帮助改进对不良事件的管理手段，改进现有预防措施，避免损失，提高避免负面影响风险事件发生的可能性。不良事件包括有可能给组织带来各种负面影响、造成损失的事件，对不良事件的管理贯穿整个风险管理的全过程，通常是组织关注的重点。

（十五）使损失最小化

不良事件的发生是防不胜防的，而且组织也不可能将不确定性管理成完全的确定性，因此，主动实施 ISO31000 标准并开展风险管理，虽然不可能彻底避免损失，但可以将损失最小化。

（十六）改进组织的学习

不同于质量、健康等既有的管理体系，风险管理并不针对具体、单一的管理对象和范围。在组织的各个活动或过程中（包括学习）嵌入管理风险的过程，主动实施 ISO31000 标准就可以实现对组织更大范围的改进。

组织在客观上存在学习现状。传统的学习可以降低组织运营的成本、改进组织的产品和服务、扩大组织的市场占有份额……风险具有未来属性，从管理风险的视角来看，学习现状已不适应组织的风险管理。如果组织的学习得不到改进，将影响组织的风险管理。主动实施 ISO31000 标准，对组织的学习重新审视、规划，就可以改进组织的学习能力，增强对未来不确定性的认识、把握和改变，包括对先进理论的学习和最佳实践的学习。

（十七）改进组织的恢复能力

恢复能力（Resilience）是指从遭受负面的影响，如不愉快、震惊、伤害、困境中恢复、复原的一种能力。基于大家对不确定性的共识，组织是否有恢复能力、恢复能力的强弱是组织在持续发展道路上必须面对、重视和解决的重大问题。主动实施风险管理的过程，特别是建立环境、风险评估、风险应对的有效性本身就意味着建立和提高组织的恢复能力。

三、企业风险管理的固有局限

COSO ERM：2004 认为，不管设计和运行得多好，有效的企业风险管理只能向管理当局和董事会提供有关主体目标实现的合理保证。因为，目标的实现往往受到所有管理过程中固有局限的影响，企业风险管理也有其自身的局限，而且，仍然可能会发生不可控制的事项、错误或不当报告事件。换句话说，即使是有效的企业风险管理也会遭遇失败。合理保证并不是绝对保证。

企业风险管理包含嵌入的内部控制，并不能确保一个主体不会失败（即总是会实现其目标）。因为：①风险与未来有关，未来具有不确定性。没有人能够确定地预测未来。②特定的事项完全在管理当局控制的范围之外，有效的企业风险管理针对不同的目标在不同的层次上运行。对于战略和经营目标而言，企业风险管理仅仅能够帮助确保管理当局以及起监督作用的董事会及时地认识到该主体朝着实现这些目标前进的程度。但是它甚至不能为目标本身的实现提供合理保证。③没有任何一个过程能总像预期的那样，企业风险管理也不能对任何一类目标提供绝对保证。这些正是企业风险管理自身的局限所在。

但是，合理保证也并不意味着企业风险管理经常会失败（即不能实现其目标）。因为许多因素单独或一起强化了合理保证的概念。例如：①满足多重目标风险应对的累积影响和内部控制的多目标属性降低了主体不能实现其目标的风险。②正常的日常经营活动和在组织中不同层次上运行的人员责任都以实现主体的目标为目的。③事实上，在控制良好的主体典型样本中，很可能大多数都将定期地被告知朝着它们的战略和经营目标迈进的情况，将会正常地实现其合规目标，并且一贯地、定期地生成可靠的报告。

对于目标实现而言，企业管理过程中的固有局限的影响包括以下几个方面。

（一）判断不当

在决策过程中人类的判断可能有缺点。而且，由于类似简单差错或错误等人类判断失败会导致故障的产生。

1. 决策不当

企业风险管理的有效性受到经营决策中的人类过失的影响。决策必须在可利用的时间内根据所掌握的信息在经营行为的压力下通过人类判断来作出。根据事后的剖析，后来可能会发现一些决策所导致的结果比预期的要差，而且可能需要变动。

2. 操作故障

设计良好的企业风险管理也可能会失效。员工可能会误解指令，做出错误判断，或者会因为粗心、分心或疲劳而犯错误。一名负责调查例外事项的会计部门监督者可能不追查到底，或者没能将调查深入到足以作出适当矫正的程度；代替休假或生病员工行使控制职责的临时性人员，可能没有正确地履行职责；系统变更可能在对员工进行培训使其能够对不正确的运行作出恰当反应之前就已经实施。

（二）控制失效

控制可能会通过两个或多个人的串通而被绕过，而且管理当局有能力凌驾于企业风险管理过程之上，包括风险应对决策和控制活动。

1. 串通

两个或更多人的串通行为可能会导致企业风险管理失败。多人集体犯错和隐藏某项行动以防止侦查，通常会改变财务数据或其他管理信息，使其不能被企业风险管理过程所识别。例如，执行一项重要的控制职能的员工可能会与客户、供应商或其他员工串通。在另一个层次上，几个不同层级的销售或分部管理人员可能会串通起来绕过控制，以便使所报告的成果达到预算或激励目标。

2. 管理当局凌驾

企业风险管理不可能比负责其运行的人员更加有效。即使在有效管理和控制的主体中，如具有高度的诚信和风险与控制意识、可供选择的沟通渠道以及具有适当的治理程序的积极的和见多识广的董事会，管理人员依然可能凌驾于企业风险管理之上。没有任何管理或控制系统是毫无缺点的，而那些有犯罪企图的人将会乘机破坏系统。但是，有效的企业风险管理将会提高主体防止和侦查凌驾行为的能力。

（1）管理当局凌驾（Management Override）表示为了"非法"的目的而破坏规定的政策或程序，如个人利益或对一个主体的财务情况或合规状况作出夸大的陈述。一个分部或单元的管理人员，或者高层管理当局的成员可能由于许多原因而凌驾企业风险管理。例如：①为了提高所报告的收入以便弥补未曾预料到的市场份额的下滑；②为了提高所报告的盈利以便达到不切实际的预算；③为了在公开发行或销售前抬高主体的市场价值；④为了满足销售或盈利预期以便支撑与业绩挂钩的奖金支付或股票期权价值；⑤为了从表面上掩盖对债务协议条款的违反；⑥为了隐瞒不太符合法定要求的行为。凌驾行为包括有预谋地向银行家、律师、审计师和卖主做错误陈述，以及故意开出错误的凭证，如购买订单或销售发票。

（2）管理当局干预（Management Intervention）表示管理当局为了"合法"的目的而偏离规定政策或程序的行为。在处理非重复性和非标准交易或事项时，管理当局干预是有必要的，否则就可能会处理不当。因为在设计任何程序时都不可能预料到每一项风险和每一种情况，所以有必要为管理当局干预留有余地。管理当局的干预行为一般是公开的，并且通常会加以记录或者披露给适当的人员。而凌驾行为一般出于掩盖该行为的企图而不予记录或披露。

（三）成本效益失衡

资源总是有约束的，主体必须考虑决策的相关成本和效益，包括那些与风险应对和控制活动相关的决策。是否应该采取一项特别的行动或建立控制，既要考虑失败的风险和对主体潜在影响，也要考虑相关的成本。

对于执行事项识别和风险评估能力以及相关的应对与控制活动的成本和效益，以不同的精确度水平进行测度，它通常因主体的性质而异。正是由于不应该把有限的资源配置到低于重大风险的地方，所以过分的控制是成本高昂而且难以奏效的。在高度竞争的环境中，需要一个适当的平衡，并且尽管很困难，也要继续作成本—效益决策。

第五节　风险管理与其他企业管理要素的关系

一、风险管理哲学与企业文化

风险管理哲学又称企业的风险价值观，是企业在制定和执行战略目标时如何理解风险和如何对风险作出反应的基本思维和共同信念。

风险管理哲学影响企业风险文化的风格、企业决策的风格、企业承担风险和抓住机遇的潜力以及企业应对风险的总体策略选择。

企业的风险价值观规范着企业的诚信和道德，应该让企业所有业务单位和各部门的员工清晰了解。通过书面或口头的宣传、通过政策和激励制度的制定、通过各类活动宣传以推动每一位员工增强风险管理责任的信念，让员工认识到风险管理是每一位企业员工的职责，即使只有一名员工也要进行风险管理和控制。

当企业的风险价值观能够真正被每一位员工所信奉时，风险管理的这种“管理风险、创造价值”的作用才能够有效地发挥出来，才能够使风险管理成为企业的核心竞争优势。

二、风险沟通语言与企业内部沟通

“建立共同的风险沟通语言”是 ERM 时代所特有的企业沟通文化建设的新行为指南。这其中包括了内部风险沟通和外部风险沟通。

在企业内部：“共同的风险责任”把员工的风险—利益和业务单位/部门的以及企业的风险—利益连在了一起。在风险—利益的共同语言下，整体企业的沟通变得相对容易，员工之间的相互支持和相互协作增加了默契度，增进了员工在风险意识下的责任心。其结果是有利于变被动风险管理为主动风险管理，并将风险语言融入企业的风险文化中。

在企业外部：企业管理层与企业利益相关者进行有效的风险沟通，能增加企业对利益相关者期望与忧虑的理解，更能增加利益相关者对企业风险行为的理解。实践证明，企业如能有效地与利益相关方沟通，对企业成功获取投资者的支持、成功中标或成功承接订单均大有裨益。

企业的风险管理语言的建立或许首先从企业高层认识到什么是企业的最关键

性风险开始；其次业务单位负责人进一步增加细节，找出本业务单位的主要风险；最后全体员工进一步增加细节，找出与每一位员工工作岗位相关的所有风险。这便是在同一框架下全员参加的企业风险整体层面的识别。员工了解了本岗位的风险与风险管理在整个企业层面的意义，也更了解自身岗位职责的重要意义，促进了员工将自身岗位职责与企业目标的实现相结合。企业不同的管理层、不同的工作职能和不同的岗位员工之间的共同语言就是要保质保量、负责任或不超出风险限度地完成本岗位的工作职责和任务。

企业全面风险管理的实施促使了在风险共同语言下，企业一个单位/部门的工作对另一个单位/部门工作的理解和支持。例如，企业全面风险管理增进了企业财务管理部门对信息管理部门、安全管理部门或质量管理部门以及对各业务单位在风险岗位管理方面的理解，进而主动参与原本看作关联度不大的部门之间的协调和支持，共同为降低企业整体风险而努力。

有效的企业风险沟通讲求：建立沟通文化，制订沟通计划。

风险沟通的共同语言基础是责任、义务、热心、协调、报告等内容。有效风险沟通还应考虑和讲求：沟通意识、沟通语言、沟通渠道、沟通方式、沟通态度、沟通心理、沟通技巧、沟通效果、沟通障碍、沟通风险、沟通危机、沟通评价等。

三、风险预警与企业危机管理

风险指示指标是评估企业风险重要性的基准，也为实施风险预警提供基准。这一指标仅关注风险的影响程度或紧迫性，不关注风险发生的可能性。指标的设定为企业判断什么是风险、风险的程度有多大、应不应该对风险进行迅速的反应等提供了依据。显然，其设定也为企业制定系统合理的风险治理对策和战略提供了依据。

一般来讲，能被设定为企业风险基准的要素包括成本与收益比率、风险价值与机遇回报比率、监管要求的合规指标、行业自律推荐的达标指标、社会责任相关的达标指标、企业自律设定的内部风险控制基准指标等。在设定企业风险指示指标时应注意：①要与企业的风险管理哲学和风险偏好保持一致，要充分考虑企业利益相关者的风险价值观；②企业的风险指示指标往往与企业的风险容忍度相吻合，或者不超出风险容忍度的极限。

风险预警又称危机预警，是企业为了能在某种程度的风险事件来临时，从预先设定的预警系统的报警信号中得以识别，并进行快速反应。显然，危机预警的目的是为了提高企业的快速反应能力。另外，风险与危机的关系也能从危机预警的级别设置中体现出来，也就是说，当处于低警戒信号的状态时，企业是面临风险状态；当处于高警戒信号状态时，企业是面临危机。

预警必要性论证的基础是风险评估，预警的手段归类为企业的风险内部控制。其中，需要关注企业如何设置风险预警、预警的合理方式是什么、预警的成本是多少、预警的必要性如何、预警的等级和临界点如何设置等问题。

企业实施风险预警一般需要风险预警体系的支持，而建立一个完善的风险预警系统对企业来讲往往是一个庞大的工程。一般一个完整的预警系统由信息收集系统、信息加工系统、报警系统和决策系统等组成。企业的预警系统要能够正常发挥作用，不仅需要系统设计和运行良好，更需要收到报警信号的人员能及时做出反应，因此企业建立了预警系统之后要对相关人员给予到位的培训和演练。企业实施报警有很多种方式，常见的有广播/声音报警或颜色报警。例如，企业把风险等级的临界指标与预警的警戒颜色信号联系在一起，蓝色表示处于安全，黄色表示处于警惕状态，红色表示威胁很大，紫色表示危机已经发生。某些企业则习惯把风险分为绿黄红色或绿黄橙红色等。

风险管理包含危机管理。危机属于风险两重性中的威胁一面。只有在建立对目标影响的负面指标（都属威胁），且当负面指标变化并触及某一规定的临界点时，危机才真正产生，需要实施危机管理（实施的时间仍然小于目标时刻）。负面指标（或称为风险指标）的临界点正是预警的意义所在。例如，一名儿童在火炉旁边时，有被烫伤的威胁（烫伤是负面的），但如果距离火炉较远，就只是威胁，但在距离较近时（如小于规定的一米，或儿童的手臂长度）就是危机了，就应该预警。大人对该儿童实施主动地管理——向后拉儿童，就达到了管理危机的目的，避免了儿童的烫伤。

危机是风险，但风险不一定转化为危机。危机是突发的、有严重危机感和威胁的、不确定的情境，危机管理能力往往是拯救企业的最后一种招数，一旦失灵，企业往往可能招致崩溃性的灾难。当代 ERM 理念就是主张企业要实施前瞻性的、以预防和预控为目标的风险管理，即未雨绸缪，居安思危，把握未来。因此，危机管理可以定义为，为减小企业及其利益相关者在潜在危机事项中的损失，以及为保障企业安全与业务可持续性，企业以风险评估为依据而对危机实施科学的预防、应对和处理的方法和过程（AARCM，2006）。

在过去的 10 多年间，企业危机管理的理念在西方和中国企业中已经广为实践，并取得了突出的效果，特别是大型跨国企业的危机管理能力已得到明显提升。企业危机管理学科是企业风险管理学科的子系统，除了共有的预警、业务可持续计划和风险变机遇等概念，因为危机应对的即时性特点较强，危机应对策略就与企业风险管理有了显著区别。危机预警和业务可持续性计划是在企业风险管理的前期阶段就应该解决，而企业危机应对能力和危机变商机的能力也是要在危机发生之前通过训练逐步提高的。因此，企业风险管理的好坏直接影响企业危机管理能力的高低。

第五章 风险管理原则、框架和过程

第一节 ISO31000 风险管理原则、框架和过程

ISO31000 标准正文有五章内容，其中原则、框架、过程是三个主要构成部分。原则为建立风险管理框架提供理论支持，框架为实施风险管理过程搭建管理基础，过程为执行具体的风险管理活动的循环。风险管理标准说明的正是成功的风险管理行为总的指导方针和原则，包括对风险管理过程及支撑这些过程的框架的描述，是三者的自由组合。原则、框架和过程三者之间的关系如图 5 - 1 所示。

任何组织在事实上都存在现有的、一定程度上的风险管理，包括某些风险管理的控制方法。但是还应选择（即引入）ISO31000 标准并以此为依据建立、实施并保持有效的风险管理。

“建立环境”作为 ISO31000 标准的一个关键特征，是组织风险管理开始的一项活动，特别是在框架设计环节（4.3）和实施风险管理过程初始阶段（5.3）。组织自建的风险管理框架应基于组织的内外部环境，同时在这一特定的环境下和不同层次中通过应用 ISO31000 标准推荐的“风险管理过程”来实施风险管理框架。

组织开展风险管理实际上就是实施风险管理过程（4.4），风险信息在风险管理过程中产生并发挥作用，所以，风险管理框架要确保“从风险管理过程中”获得风险信息，而且是某一业务活动/过程中的风险信息，该信息与这一过程的特征直接相关。在风险管理中，风险信息的报告（5.2）是重要内容，为制定决策提供基础；决策意味着责任（4.2），所以风险信息也是责任的基础。

注意：在本书中，风险管理框架一般有两层含义：一是 ISO31000 标准推荐的框架，二是组织依据 ISO31000 标准推荐的框架而建立的自己的风险管理框架，

读者要注意它们的使用场景。

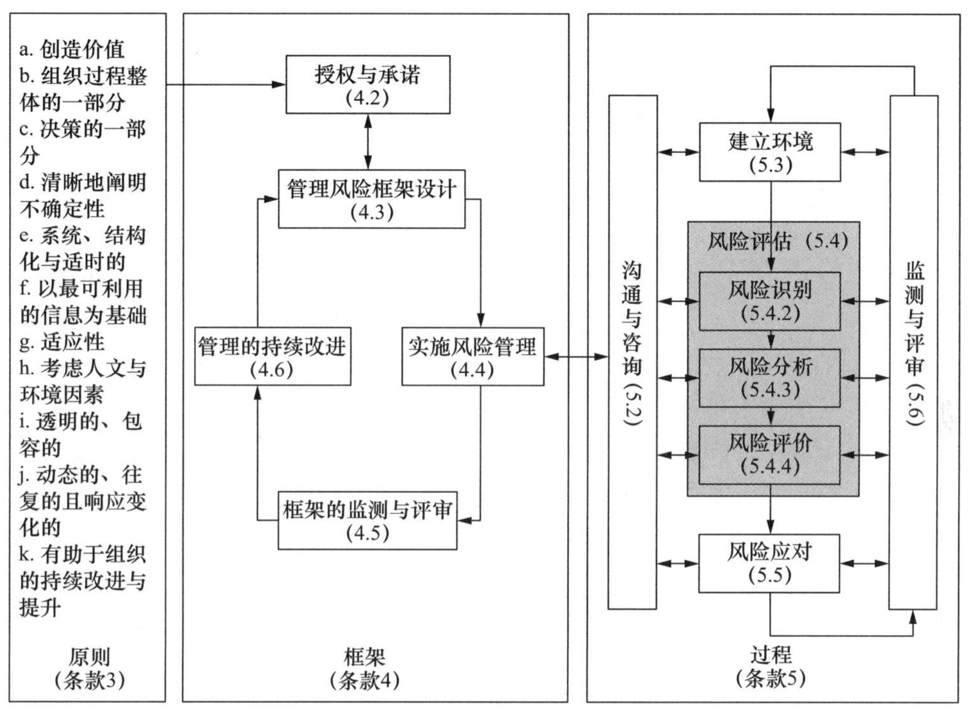

图 5－1　风险管理原则、框架和过程

一、ISO 风险管理原则

风险管理原则是 ISO31000 标准的理论基础，其指导意义贯穿标准的全文。组织开展风险管理工作应该遵守这些原则，并依此建立、实施风险管理，也可将这些原则作为检验或评价其风险管理绩效的依据。

风险管理原则以箭头方式显示了“原则”对“框架”的支撑作用。组织在实施 ISO31000 标准时，应注意“原则”的地位（是要求，而非指导，且强于标准中的“指南”性内容）。

风险管理原则的目的是“使风险管理有效”，即组织实施并落实这些风险管理原则（理论），将会使组织获得有效的风险管理。风险管理原则要求“在组织所有层次上遵循”，是指风险管理应融入组织的所有活动和过程并与其一并执行，同时，在对组织内的任何一项活动或过程实施风险管理时，均应遵循这 11 项风险管理原则。

（一）风险管理创造并保护价值

风险管理对组织可证实的目标达成和绩效提升做出贡献，这些目标包括人身健康与安全、安保措施、法律法规符合性、公众接受度、环境保护、产品质量、项目管理、运营效率、治理和名誉等。

本原则是风险管理的第一原则，不仅是11项风险管理原则的核心，也是组织实施风险管理的核心。另外，本原则既是风险管理的原则，也是风险管理的目标；既是对风险管理工作的基本要求，也是对风险管理工作成果的评价标准。

风险管理具有明确的目标性，风险管理必须聚焦于目标。“风险管理创造并保护价值”是组织实施风险管理的核心，任何不创造价值、不保护价值的风险管理是无效的、徒劳的、没有任何意义的。对一个组织而言，所有目标一定是与价值相联系的，或者说目标是组织价值的具体表现，当然，组织目标的不同形态对应了不同形态的组织价值。

组织要对风险管理的绩效进行评价，围绕组织的目标和绩效改进可从10个重点领域入手：即人身健康与安全、安保措施、法律法规符合性、公众接受度、环境保护、产品质量、项目管理、运营效率、治理和名誉。其中，公众接受度是指社会、公众等外界因素对组织产品、服务、活动、品牌、诚信或整体性的接受程度。在一个开放的、全球化的市场环境中，组织的生存与发展受到公众接受的极大制约，其中的不确定性对组织实现目标影响甚大，在特定时期，管理好公众接受的风险直接关系组织的生命。正是因为风险管理可以为组织目标和绩效改进两方面的可证实成绩做出贡献，所以，组织实施风险管理可以创造和保护价值。

（二）风险管理是组织所有过程整体性的一部分

风险管理不是独立的、与组织的主要活动和过程相分离的一项活动。风险管理是管理职责的一部分，是构成组织所有过程整体性所必需的一部分，包括战略策划、所有项目以及变更管理过程。

本原则无论在理论上还是在实践中对组织实施风险管理有极大的指导作用，对组织正确认识、理解风险管理及与组织其他过程的关系，迈出实施风险管理第一步具有重要意义。该原则是对风险管理嵌入性的声明，能有效地克服风险管理与组织其他管理之间“两层皮”的现象，使风险管理工作真正落到实处。

该原则强调了两个观点：一是没有实施风险管理的过程是不完整的过程；二是要把风险管理嵌入组织的其他各项活动中去，而不是像质量管理体系那样，制定一个独立的体系来运行。“组织所有过程整体”既包含组织的一切内、外部经营活动，也包括组织的各种组织结构、部门和一切利益相关方。风险管理是组织所有过程整体“所必需的一部分”，不可或缺，也要配备一定的资源、开展一定的活动。风险管理不是独立的，既不附加于组织现存的实践或业务过程之上，也不与组织的主要活动和过程相分离，包括战略策划、所有项目以及变更管理过程（因为实施风险管理也是其中的重要部分）。而且，组织对各项活动包括风险管理，都是有相应管理职责的。

（三）风险管理是决策的一部分

风险管理帮助决策者进行正式的选择、优化活动顺序并辨别可选择的行动路线。

组织的“决策”是一个包括正式的选择、优化活动顺序、辨别可选择的行动路线三项内容的过程，该过程的输出是要取得正确的决策结果。从某种意义上来说，决策意味着预测。风险管理本身就是决策过程的一部分（见原则二），可对决策过程的展开和结果提供保障，帮助决策者做出合理的决策。

（四）风险管理清晰地阐明不确定性

风险管理清晰地考虑不确定性、不确定性的性质以及如何能清晰地阐明它。

在组织的目标确定以后，风险管理的有效性在很大程度上取决于对不确定性的认识、分析、管理。

按照风险、不确定性等术语的定义，对不确定性的清晰阐述主要包括：①对事件、后果、可能性的阐述；②对信息缺乏的阐述；③对了解或认识缺乏的阐述；④对不确定性性质的分析和判断；⑤对缺乏程度的分析和判断；⑥对不确定性客观性与主观性的分析和判断等内容。

其中，针对②缺乏信息的阐述包括三个方面：一是关于事件本身的阐述；二是关于事件后果的阐述；三是关于事件可能性的阐述。在此基础上，全面阐述对事件的了解和认识，得出对事件不确定性的综合结论。

针对“不确定性的特征”的阐述，表现在两个方面：一是不确定性是如何产生和发展的；二是不确定性的影响是正面的还是负面的。

（五）风险管理是系统的、结构化的和适时的

系统的、结构化的、适时的风险管理方法有助于提高效率，并获得一致的、可比较的和可靠的结果。

本原则阐明了组织实施风险管理的方法。

系统是指将相互关联的过程作为系统加以识别、理解和管理，有助于组织提高实现目标的有效性和效率。风险管理是系统化的，要考虑各种风险或各个层次风险之间的关系，站在系统的角度看待和管理风险。

结构化是对组织各个组成部分的存在、设置以及之间的联系、作用进行分析，通过这一结构的运作而实现该结构的功能。制定 ISO31000 标准本身就应用了结构化的方法（图 5 - 1 就是 ISO31000 对结构化的应用体现），组织一旦选择和实施这一标准就意味着已经使用了结构化方法。

适时是指时间和空间上的适宜性，即组织在使用风险管理方法时应考虑到组织所处的发展阶段和内外部环境。时间是风险的重要属性，同一个风险事件对组织目标的影响在不同的时点是有差异的，因为组织所面临的内外部环境也将发生变化。适时性是风险管理动态性的要求（第十项原则），包括风险管理方法。一方面是及时跟踪和掌握外部最新风险管理方法的发展状况，特别是与自身业务相关联的方法，为组织提供及时的、实用的、有效的风险管理方法。另一方面是风险管理方法与组织所处的发展阶段、组织的现状，特别是组织风险管理的现状等内外部环境相适应。

（六）风险管理基于最可利用的信息

风险管理过程的输入基于以下信息来源，如历史数据、经验、利益相关方的反馈、观察、预测和专家判断。然而，决策者应提醒自己并考虑所使用数据或模型的局限性或各专家之间分歧的可能性。

本原则提出了风险管理的基础——信息。最可利用是指该信息是可用的、易得的、较低成本的。风险事件的信息源是输入的基础。组织在开展风险管理工作时，应该建立自己的信息获取策略、信息获取渠道和信息获取手段，并注意识别数据和数据处理模型的缺陷或局限。

在一定程度上获得并利用信息，就使风险管理具备了一定程度的基础，以此为基础在一定程度上降低不确定性，使最初的不确定性分离出部分的确定性，为在一定程度上改变不确定性对目标的影响提供可能。就方向而言，不确定性是可知的，随着科学技术水平的不断进步，人类必将获得越来越多的信息，管理未来的希望也就在于此。

在信息技术、互联网高度发展的今天，人们已认识到管理信息对管理风险的重要性，各种有关的风险管理法规、标准等均提出组织在实施风险管理中应建立风险管理信息系统的要求，信息系统的建立和应用为有效地开展风险管理提供了基础和保障。

（七）风险管理是定制的

风险管理与组织的外部和内部环境以及风险状况相适应。

本原则指出风险管理是定制的、个性化的，务必与组织的生存环境和实际状况相适应，不能完全复制或照抄照搬（“两张皮”），由此才谈得上风险管理的有效性和相关资源的有效配置，才谈得上组织风险管理的高效率，最终为组织的目标实现和绩效改进做出贡献，从而创造价值和保护价值。

近 20 年来，风险管理的理论和实践发展迅猛，许多用于风险管理的理论、框架、标准、法规、规范、指引以及技术方法为组织实施风险管理选择依据和技术方法提供了众多参考。

关注环境是区别于以往的风险管理的重要标志，组织的内外部环境（尤其是外部环境）对组织的生存与发展发挥着日趋严重的影响。不同于一般环境（上述内外部环境），风险状况是指组织的生产、经营、管理活动是在怎样的“风险管理环境”中进行的。不同的组织具有不同的风险状况，因而其实施风险管理活动也是不同的，适应的同时还受到制约。如在风险管理的实践中，经常有制衡、授权等风险控制的问题，其实施的情况就依赖于组织的风险状况。

（八）风险管理考虑人文因素

风险管理识别外部和内部人员的能力、感知和意愿，这些能促进或阻碍组织目标的实现。

本原则提出，人和文化是组织管理的基础条件，人在风险管理中起决定作用。风险管理与组织的所有利益相关者都有密切联系，需要各利益相关方参与。科学的风险文化的形成将有利于组织全面提升风险管理能力。

在实施风险管理中必须充分考虑人的因素，不论他是内部的还是外部的；相比其他起辅助作用的资源，如设施、资本、技术等，人在风险管理中起决定作用。考虑人的因索，其核心是“以人为本”，包括人的能力、感知和意愿。风险管理提高组织运营的有效性和高效率，其基本前提的约束就是充分考虑人的因素。因为，这些能促进或阻碍组织目标的实现。

在风险管理领域中全面引入组织的风险文化，是风险管理理论和实践发展逐渐走向成熟的一个重要标志。一方面，组织文化是组织实施风险管理不可或缺的背景和原动力，因为组织既有的文化状态是不确定性产生的内部背景，并且对不确定性的特征和发展趋势、方向产生重要影响；另一方面，与组织的质量文化、安全文化等其他“专项管理”最多只涉及部分的组织文化相比，风险管理的嵌入性和不确定性的本质决定了它必然要全面引入组织文化。而且，由于组织文化的不同，组织在实施风险管理中在许多方面差异很大，如在风险应对方式的选择上，一个诚信度很高的组织文化，其对舞弊、虚假等风险的应对方式几乎不需要投入很大资源，在文化上已有相当的保障（这种保障通常是可以持续的），而对一个在诚信方面充满劣迹的组织文化，为防范风险所选择的应对方式就不得不付出极高的代价。

组织的外部文化对组织的风险管理同样施加影响，包括国家的、区域的、组织所在行业的等。外部文化也会促进或阻碍组织目标的实现。

（九）风险管理是透明的、包容的

利益相关方（特别是组织所有层级的决策者）对风险管理工作的适当和及时参与，可以确保组织的风险管理策略是适当的和最新的。所以，应允许有适当的利益相关方代表参与风险管理，并在决定风险准则中考虑他们的意见。

本原则指出，针对某风险及其应对策略与方式，组织应向该风险的利益相关方及时披露；同时，包容各利益相关方、组织内各层级决策者对风险和风险管理的意见及建议。

对组织而言，透明是一种制度、一种原则、一种意识和一种资源，利益相关方代表的参与就是组织制度安排的。面向利益相关者的信息披露是实现组织透明度的主要手段，组织通过建立风险管理框架、实施有效的风险管理过程、改进信息披露，将有助于提高透明度。

组织的风险管理是透明的，风险管理对组织所有运作过程的嵌入意味着将组织所有活动或过程透明化。透明意味着公开、公正，透明会带来机会。实践证明，组织的各项活动越透明，对组织的正确估值会越高。组织的透明度与组织创造价值有关，如组织相关和可靠的信息披露将会吸引机构投资者，机构投资者所有权的增多会给组织带来价值。

（十）风险管理是动态的、往复的，并对变化保持响应

随着外部和内部事件的发生、环境和知识的变化以及风险监测与评审的执行，新的风险会浮出水面，一些风险可能发生变化，另一些风险则可能消逝。所以，风险管理应该对变化保持持续的感应和响应。

本原则指出，风险管理是一个过程，有其输入、输出以及使用资源将输入转化为输出的活动。而且，不确定性如影随形，所以过程本身的进程就是一个动态的、往复的、与变化相适应并做出调整的过程。

（十一）风险管理促进组织的持续改进

组织应制定并实施战略以改进其风险管理成熟度以及组织的所有其他领域。

本原则指出，持续改进重点关注风险管理成熟度和组织的所有其他领域。

因为已经嵌入，所以改进自然水到渠成。

风险管理成熟度是指一个组织在风险管理方面能力的成熟程度。风险管理成熟度模型将组织的风险管理成熟度分为以下四个等级：

第一级为特定级：未认识到风险管理的需求。

第二级为起步级：意识到管理风险的潜在收益，但未有效地实行。

第三级为可重复级：风险管理成为所有组织流程的一部分，在大部分或所有项目中已实施。

第四级为管理级：组织在各个方面具有风险管理的前置方法和风险意识文化，积极运用风险信息改进组织流程并获得竞争优势。

每一个成熟度等级可通过文化、流程、方法和实际应用等方面来评估。组织可依据这些评估判断自己所处的风险管理成熟度等级。事实上，不一定按照以上四个风险管理成熟度等级划分，任何组织在客观上都存在风险管理的水平或成熟

程度。所以，组织应制定并实施改进其风险管理成熟度的战略，通过实施ISO31000，提高组织的风险管理成熟度。

如上所述，第（十）、（十一）条原则说明风险管理是一个能够适应环境变化的动态过程，是一个封闭的反馈循环过程。组织通过绩效测量、检查、调整、审计等手段，使风险管理得到持续改进。

二、ISO31000 风险管理框架

（一）风险管理框架的构成

ISO31000：2009 风险管理框架是为整个组织的风险管理提供基础和安排的框架，由 5 个部分构成，划分为上下两个层次，由“授权与承诺”统领下面由四部分内容构成的 PDCA 微循环，即风险管理框架设计—实施风险管理—框架的监测与评审—框架的持续改进。风险管理框架的构成及其关系如图 5－2 所示。

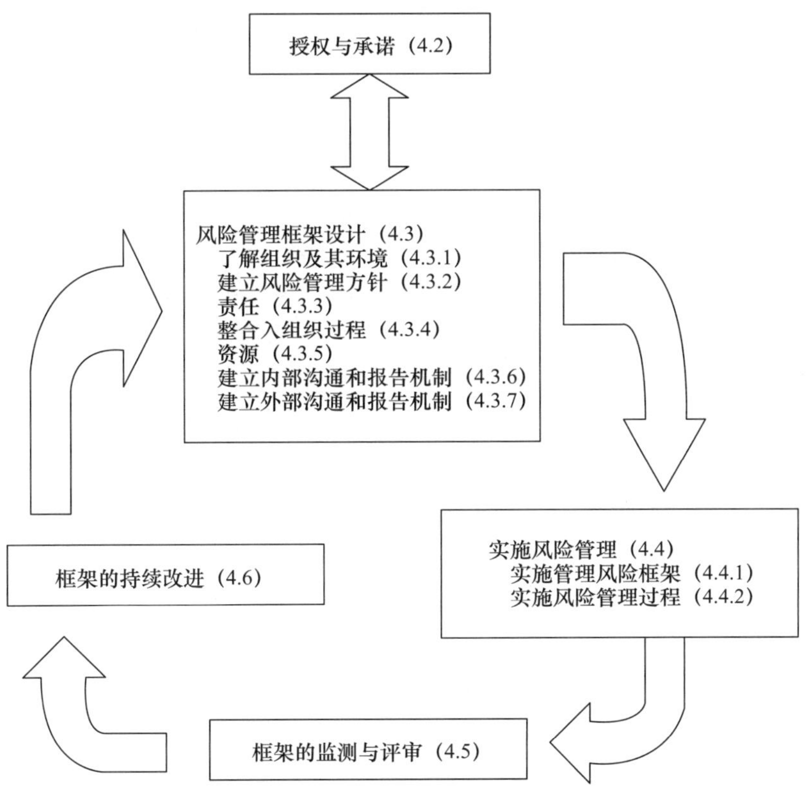

图 5－2　风险管理框架的构成及其关系

“实施风险管理”对执行“风险管理过程”提出总体要求，因为“风险管理过程”给出了明确的实施风险管理的途径。而执行“风险管理过程”的有关信息应反馈于风险管理框架的“实施风险管理”，以参与框架中的过程循环，并最终反馈给“授权与承诺”。根据所传递的信息，对风险管理框架的相关内容进行评审或修改，以实现风险管理框架的持续改进。

风险管理框架及五个构成部分各自的位置、相互联系以及之间的循环关系正是风险管理原则（十）的具体表现。

1. 风险管理框架为组织提供了基础和安排

“基础”包括风险管理的方针、目标、授权和承诺。“安排”包括计划、相互关系、责任、资源、过程和活动。基础和安排为风险管理框架的设计和评审指明了方向，在风险管理实务中需重点关注。

这些基础和安排将该框架嵌入组织的所有层级。本框架通过在组织特定的环境和不同层次中应用风险管理过程，有助于组织有效地管理风险。本框架确保从风险管理过程中所获得的风险信息被充分地报告，并将其作为在组织的所有相关层级进行责任和决策的基础。

2. 风险管理框架嵌入到组织的整体战略、运营政策以及实践中

ISO31000 对组织建立风险管理框架提出了明确要求。风险管理框架是一组活动或过程中的构成部分，但不是已有的其他管理体系中的一个组件。风险管理框架不是一个脱离组织经营管理活动的孤立框架，而是要通过建立风险管理框架将组织的管理风险过程融入组织的各项活动中，最终实现对组织各项过程或活动的风险管理。

风险管理框架并不试图描述一个新的、单独的管理体系，而是协助组织将风险管理整合到组织的所有管理体系之中。ISO 对管理体系的定义为：“建立方针和目标并实现这些目标的体系”，ISO 标准中所说的管理体系均是界定在这一定义之下。迄今为止，ISO 已发布了多个管理体系标准，如 ISO9000、ISO14000、ISO27000 等，这些标准覆盖了组织大部分的运营范围，且许多组织已经依据这些标准建立并保持了相应的管理体系。但 ISO31000 不是单独的一个管理体系标准，而是协助组织将风险管理整合到组织的所有管理体系之中，包括其他特有需求。例如，食品安全管理体系中因产品差异而对风险管理有“特有需求”，或是资产安全会对风险管理有“特有需求”。因此，组织应将框架的组成部分应用于其特有需求。

组织开展风险管理必须将风险管理嵌入组织的各项活动或过程中，ISO31000 标准要求组织建立起风险管理框架，但框架根植于组织的土壤，且五个构成部分均是组织对各项活动或过程中的风险管理要求，组织按此框架实施风险管理本身

就意味着将风险管理嵌入了组织的各项活动或过程，即所有层次中。

3. 风险管理的成功取决于风险管理框架的有效性

任何组织都有实施风险管理的必要，并期望取得风险管理的成功。风险管理的成功意味着风险管理为组织的目标和绩效改进做出了贡献。组织风险管理的成功取决于组织风险管理框架的有效性，即建立一个风险管理框架并有效地实施这一框架。ISO31000 标准的主体就是“风险管理框架”，选择使用 ISO31000 标准。也就是说，组织将按照此框架的要求建立起适合自身要求的风险管理框架。框架中五个构成部分支撑起组织风险管理的总体结构，体现了对组织风险管理的全面要求。组织在这一框架下实施有效的风险管理，就为组织的风险管理成功提供了保证。这正是风险管理框架的重要性所在。

如果一个组织现存的管理实践和过程已包含了风险管理的组成部分，或者组织针对特殊类型的风险或情景已经采用了一个正式的风险管理过程，那么，组织针对这些已经实施风险管理活动或过程的管理实践，既要评审，也要评估，而且是批判性的；其依据既有 ISO31000 标准的正文内容，也有 ISO31000 标准的附录内容。

（二）授权与承诺

1. 授权与承诺的含义

引入风险管理并确保其有效进行，需要组织管理者提供强有力和持续性的承诺，就像战略和严密规划在组织各层级达成承诺一样。

授权与承诺是框架的第一部分，风险管理原则重点为授权与承诺提供支撑。授权与承诺对下一层四个部分的“循环”具有控制、指导作用，而下一层的循环效果对改进“授权与承诺”有信息输入的作用。

2. 授权与承诺的重要性

组织在建立风险管理框架、落实“授权与承诺”的要求时，应以 11 项风险管理原则为指导，在框架的设计、实施风险管理、框架的监测与评审以及框架的改进中体现出风险管理原则。

从实施风险管理及实施的重点、范围考虑，组织的管理者不仅包括组织的经理等高级管理人员，也应包括对组织有出资、控制、监督职能的董事会（公司制企业）、管理委员会等上层机构人员，通常这些人员是组织风险管理的重要责任人。

ISO 历来重视“管理承诺”，针对某一特定领域的管理而言，承诺往往意味着在这一领域中组织的管理方向、总体要求和责任分配。按照 ISO31000 标准实施风险管理对一个组织而言本身就具有极大的战略意义，其在风险管理方面的承诺是什么，如何产生，与组织宗旨、战略目标、未来发展的关系如何，应由组织的管理者策划并确定，在各层次上强力、持续地履行。

3. 授权与承诺的具体要求

授权与承诺是整个风险管理框架的上层建筑，在整个组织的风险管理活动中非常重要。组织在开展风险管理工作时，应明确授权与承诺的表示方法和具体内容，包括决策层和执行层对风险管理方针政策的陈述与声明。涉及如下 9 个方面：

（1）阐明并签署风险管理方针。按 ISO 管理标准的惯例，组织的管理方针应该是文件化的，故标准要求组织的管理者签署风险管理方针。签署和阐明风险管理方针，可以有两种方式：一是组织正式发布一个由组织管理者签字的关于风险管理方针的文件，该文件阐述了组织的风险管理方针；二是将组织的风险管理方针及其说明写入组织的“风险管理手册”，该手册经组织的管理者签署后正式颁布。

（2）确保组织的文化与风险管理方针相一致。组织的文化是组织制定风险管理方针的背景，是对风险管理方针的总体约束，组织文化中风险文化的组成部分及其敏感程度对组织的风险管理方针具有最直接的影响。风险管理方针是一个组织在风险管理方面总的意愿和方向的陈述，组织在“缜密策划”风险管理方针时，应充分考虑并确保方针与组织文化的一致性。

（3）决定风险管理的绩效指标应与组织的绩效指标相一致。风险管理需要绩效考核，不能脱离组织的绩效指标且应与之保持一致，否则就没有体现风险管理的嵌入性。另外，风险管理的绩效指标与组织的活动或过程直接相关，反映该过程的特征，并对该过程的绩效做出贡献，是对实施风险管理后其效果和效率的度量，因此，风险管理绩效指标应与组织的绩效指标一致。

对一个特定的过程而言，风险管理的绩效指标可能是一个指标体系，但应抓住与过程密切相关的关键绩效指标（如经济附加值，Economic Value Added，EVA），关键绩效指标的判定是其对组织绩效指标的影响程度、敏感性等，同时要充分考虑到过程所处的内外部环境。注意，风险管理绩效指标不是风险的指标。绩效不仅包括已经表现出来的财务业绩，还包括尚未形成财务业绩的工作效果、经营效率，关注的是在一定的资本投入下企业的有效产出、资源的最优配置和使用等。从一定意义上讲，考虑到风险管理的目的、范围，组织应通过实施风险管理将组织的关注点从业绩提升为绩效。

（4）使风险管理目标与组织的目标和战略相一致。风险管理不是一个独立的管理体系，它要嵌入组织的各个活动或过程中，因此，ISO31000 标准强调风险管理方针、风险管理绩效的同时弱化风险管理目标（相对 ISO 其他管理体系标准），是要求关注它对组织过程目标的贡献。

风险管理目标除应反映所嵌入的过程特征外，主要是反映在这一过程中对风险的后果、发生可能性以及风险源、风险诱因等方面的控制效果或目标。具体包括：①关注重大风险；②注意与组织的战略目标在时效上的匹配；③区别于其嵌入的过程目标。例如，对定位在风险矩阵上的某一风险（指负面风险），其可以把向左下方移动到某一位置作为具体的风险管理目标，以降低该风险发生的后果影响和可能性，最终目标的确定应考虑风险对过程的影响程度以及该过程在整体组织战略目标实现中所占的权重。即组织在制定风险管理目标时应以战略目标为指导，在方向上与其保持一致。

（5）确保法律法规的符合性。实施风险管理，其有效性的突出表现就是要提高组织的合规性。合规性是风险管理领域的主要方面，无论是外部监管，还是内部控制，无论是主动预防，还是被动应对，组织的运营需要符合法律法规的要求。对合规性的认识和重视应从守法、免予处罚等提升到遵守游戏规则、业务连续性、与整个行业乃至经济发展的关联等宏观与微观层面。

（6）在组织内的适当层次分配管理责任和职责。职责是指在一项工作或管理中某人（或一组人）的岗位是什么、应该做什么，属于过程中的执行范畴；而责任是指一项工作或管理完成后谁来承担责任，属于过程后的问责范畴，二者的内涵区别较大。由于要对实施的后果承担责任，责任人通常要参与制定职责；当然，就具体人员而言，履行职责的人与承担责任的人可能为同一个人。

在组织的风险管理中，风险管理过程的执行非常重要，所以标准中明确了对职责的要求。鉴于风险管理的特征关系到对组织机会和威胁的管理，将极大影响组织的生存和发展，所以，ISO31000 标准强化了对责任承担的要求。

（7）确保风险管理中必要的资源配置。组织实施风险管理时一定会涉及资源的配置和使用，特别是在选择和实施风险应对方式时要充分注意组织的资源保障情况。机构设置、人员配备等资源配置应与风险管理的需求相适应，并关注资源的使用效率。合理的资源投入是保证风险应对有效的基础。

（8）与所有利益相关方沟通风险管理的益处。在 ISO31000 标准中，组织与利益相关方的沟通是风险管理的特征之一。对利益相关方来讲，通过风险管理使组织能健康、持续成长，改进利益相关方对组织的信心和信任，利益相关方中的各方都能分享组织发展所带来的利益，这是风险管理益处的根本所在。

（9）确保管理风险的框架始终保持适宜。ISO31000 标准的主体是风险管理框架，它从国际标准的角度向组织推荐了一个直接用于风险管理的框架。组织还要根据内外部环境的变化，识别正在运行的风险管理框架是否对变化有适当响应，保证风险管理框架与组织的状况持续适宜。

（三）风险管理框架的设计

风险管理活动发生在商业、企业及企业所面临的风险等共同组成的环境中。

为了更好地描述和定义风险管理发生的背景环境，需要借助特定的风险管理框架来实现对风险管理过程的支持。ISO31000 标准十分重视框架的设计，从 7 个方面提出了具体要求。

1. 了解组织及其环境

在开始设计和实施风险管理框架之前，评价和了解组织的外部、内部环境十分重要，因其对框架的设计有显著影响。

ISO31000 重视风险管理所依托的背景条件，明确要求风险管理执业人员在开始风险管理活动之前，必须全面考虑内部环境、外部环境及风险管理的特定背景环境等因素。作为框架设计的第一个步骤，对两个时点和两项活动提出了具体要求，活动的输出物是组织的外部和内部环境对风险管理框设计有哪些影响及重大影响是什么。

但是，一些企业从梳理流程、识别风险等开始的风险管理活动，往往忽略了组织的环境背景。作为风险管理框架设计的输入，组织应评价并全面、系统地认识和了解外部环境（三个方面）和内部环境（八个方面），当然，二者仅是一种历史的或现有的客观存在。

在风险管理实务中，可通过下列途径了解组织及其环境，如媒体（报纸、互联网、博客等）；与风险管理相关的图书、杂志、内刊等；相关报告；相关活动，如访谈、专家演讲、学术交流、评比等。

（1）评价组织外部环境。ISO31000 标准评价组织的外部环境包含：①社会和文化、政治、法律、法规、金融、技术、经济、自然环境、竞争环境，无论是国际的、国内的、区域的或局部的；②对组织的目标有影响的关键驱动因素和趋势；③与外部利益相关方的关系、他们的感知和价值观。

ISO31000 标准从宏观、微观两个角度阐述外部环境。通过组织的目标将宏观与微观相结合，同时聚焦于对组织目标的影响，特别是其中的关键驱动因素、趋势（方向，正面的、机会或负面的、威胁）以及利益相关方。

（2）评价组织内部环境。ISO31000 标准评价组织的内部环境包含：①治理、组织结构、角色与责任；②方针、目标以及实现它们的战略；③能力、对资源和知识的理解（如资本、时机、人员、过程、系统和技术）；④信息系统、信息流和决策过程（正式的或非正式的）；⑤与内部利益相关方的关系，他们的感知和价值观；⑥组织的文化；⑦组织所采用的标准、指南和模型；⑧契约关系的种类和程度。

1）治理处于组织内部环境的首位；组织结构、角色与责任等既包含组织的业务功能，也包括组织的风险管理功能。

2）组织的方针、目标、战略是内部环境的核心内容，不论其是整体的、局部的，抑或是单一领域或单项的。

3）组织的能力、资源、知识是改进组织学习的基础。

4）信息系统和信息流不仅为组织的正常运行提供可能和保证，也影响着组织运营的效率，二者对决策过程都有输入，体现了“风险管理是决策的一部分”的原则。

5）与组织的外部环境相对应，内部环境也应重视与内部利益相关方的关系。

6）组织的风险文化直接影响风险管理实务，包括风险管理框架。

7）组织在运营中已使用的各种标准、指南和模型，不论其是技术方面的、管理方面的，还是风险管理方面的。例如，某组织已依据 COSO ERM 建立和实施了风险管理，但在设计风险管理框架时选用 ISO31000 标准来协调二者之间的关系，在组织内部实施有效的风险管理，从而同时满足 ISO31000 的标准要求和《萨班斯法案》的外部监管要求。

8）组织在内部环境里考虑契约关系的形式、程度以及对它的依赖，意义重大。它既可以是组织和谐稳定发展的保障，也可能给企业带来声誉或经济上的损失甚至演变成危机。种类涵盖各种类型的合同关系，程度体现契约关系中双方的约束程度，以及在这一约束限定下履行相应的义务和责任。

2. 制定风险管理政策

风险管理政策应清晰阐明组织的风险管理目标和对风险管理的承诺。风险管理政策通常应明确如下内容：①组织管理风险的依据；②风险管理政策与组织的目标和政策的联系；③管理风险的责任和职责；④处理利益冲突的方式；⑤承诺向对管理风险负有责任和履行职责的人员提供必要的资源；⑥测量和报告风险管理绩效的方式；⑦承诺定期评审和改进风险管理政策和框架，并对事件或环境的变化做出响应。组织应该就风险管理政策与利益相关方进行适当沟通。

了解组织及其环境是在风险管理框架设计之前提出的要求。框架设计的第一项内容就是建立风险管理政策，形成风险管理方面总的意愿和方向的陈述，它可以是口头陈述，但对组织而言，最好是以文字、文件的形式进行固化。组织的风险管理目标属于风险管理政策中的内容，政策是建立和评审目标的框架。

（1）依据是基本原理、理论基础，为风险管理框架的建立、实施、评价提供准绳，处于方针的首位。注意，企业性质和所属行业不同、所遵循的法律体系也不同、所依赖的商业环境和资本市场要求也有差异，包括监管方的要求也不同，依据自然也不一样。例如，境内上市企业（证监会相关要求）、在美上市企业（《萨班斯法案》和纽交所要求）、国资中央企业（国资委要求）、金融机构（《巴塞尔协议》要求）等开展风险管理活动，其依据各不相同。

当然，组织实施风险管理的依据不仅是有关风险管理的标准、法规，还应包含与组织的业务和其他管理职能相关的法律法规（如与质量直接有关的产品标准）以及组织内部所发布的相关文件（如组织资产安全的管理办法）。

（2）组织的目标和政策多种多样，如质量管理目标和质量管理政策、环境管理目标和环境管理政策等，组织在开展风险管理活动时，需阐明风险管理政策与它们之间的关系。即风险管理嵌入组织管理体系的各个过程，嵌入的风险管理理论、流程、技术和方法以风险管理方针为指导，风险管理政策为各个过程实现其方针、目标提供风险管理方面的指南与保障。

（3）利益冲突给组织带来的风险日趋严重，某一具体的利益冲突处理方式并不能有效降低组织整体风险，组织应从风险管理的角度，通过“处理利益冲突的方式”总的原则和方向，来指导特定的、具体的利益冲突方式。而且，如果组织对利益冲突采取舞弊的做法，则可能给组织带来极大损失甚至造成负面的社会影响。

（4）组织在明确风险管理绩效指标的基础上，确定指标的测量方式、方法，报告方法、途径、等级和责任等，关注指标的现状（结果）、变化和适宜性等内容，以显示组织风险管理的效果。

（5）通过与利益相关方进行适当沟通，建立一个透明、公允、一致、务实的风险管理方针，这是搭建风险管理框架的第一步，不仅是有效实施风险管理的基础，也是风险管理本身应具有的特质。为此，风险管理框架设计中单独提出组织应建立内部、外部的沟通和报告机制。

3. 明确责任

组织应确保有责任、权力及适当的能力来管理风险，这包括实施和维护风险管理过程，还包括确保任何一种控制方式都是充分的、有效力和有效率的。

职责是指具体的岗位要求，权力是指管理的指挥作用和权限，适当的能力是指与完成特定目标相适应的能力，责任是指由谁承担什么后果。这些要涵盖开发、实施与维护风险管理框架、实施与维护风险管理过程、选择与实施控制等方面。要注意的是，对控制方式的要求是有次序之分的：第一位是充分性，指控制方式本身针对性强、切中要害、控制到位；第二位是有效性，指是否达到控制目标；第三位是高效率，指使用控制方式的资源投入与实现控制目标之间的关系。

实际上，所有组织都在不同程度上客观存在着风险管理的责任、权力、能力（针对内部利益相关方而言）。促进这些可以从以下五方面着手：

（1）识别对管理风险负有责任和权力的风险所有者。

（2）识别对风险管理框架开发或制定、实施和维护负有责任的人。

风险管理框架是标准的主体，是标准向组织推荐的重点，也是组织按标准开展风险管理所必须搭建的。开发是指风险管理框架的前期设计、论证，按标准要求并结合组织实际情况将风险管理框架建立起来；实施是指在管理框架下进行风险管理（通过风险管理过程）；保持是指对风险管理框架的维持工作，如适宜性、对变化的响应是否充分等。

识别负有责任的人，不是开发、实施、保持风险管理框架的具体人员，而是类似 CRO 领导的风险管理委员会等机构。

（3）识别组织内所有层级的人员在风险管理过程中的其他职责，包括前两类责任人，强调大家在风险管理过程中的职责而不是责任，即谁（全员）应该干什么。即使是已经存在风险管理职责的，也要从充分性角度考虑，补充、完善有关人员的职责。

（4）建立在绩效测量、外部和/或内部报告以及升级等方面的过程，就是明晰责任和职责的过程；升级的过程同时也是促进责任和职责建设的过程。

（5）确保适当程度的认可。适当，以不降低运行的效率但又不会带来不可接受的损失为原则；认可，在授权下的一种能力确认。确保适当程度的认可，其分寸所在，正是风险管理的核心话题，是对风险管理更高境界的追求，需要风险管理者在风险管理实务中不断积累经验来把握。由此，促进风险管理的责任，反映组织的进步。

4. 嵌入组织的过程

嵌入性是风险管理与组织其他过程的直接关系。风险是不确定性对目标的影响，这个目标不是风险管理的目标。风险没有自身的生产过程，管理风险就是管理组织特定业务过程中的风险，为实现特定业务过程的目标提供保证。没有风险管理的嵌入性，就不会有风险管理的有效性，它是唯一途径。

（1）嵌入的对象。风险管理应以关联的、有效力和有效率的方式嵌入组织的所有实践活动和业务过程（可能是一个或多个过程）。风险管理过程应该是这些过程的一部分而不是独立于这些过程，尤其是应该嵌入组织政策的制定、业务与战略的策划及评审以及变更管理过程，这些也正是组织风险管理的重点领域。风险管理政策就是风险管理嵌入性的一种有效体现形式。

一般而言，政策在组织中具有相当的指导作用，因此，风险管理要嵌入组织政策的制定。政策既可以是某一特定领域的，也可以是组织整体发展、经营的方针、政策。

组织业务的稳定与持续、发展战略的思考与决策对组织十分重要，而且，策划与评审也是组织各个过程中极为重要的活动，因此，风险管理应嵌入二者的策划及评审。策划是在过程实施之前，评审既可以是在过程中，也可以是在过程后。

追求变化已渐成常态，但管理变化更为重要，因此，风险管理要嵌入变更管理过程。变更管理就是对任何在原有状态下发生的变化实施管理。如设计图纸、工艺流程、原材料、检验标准、人员、组织结构和经营方针等。

（2）嵌入的内容。风险管理框架要嵌入（Embedded into）而不是附加到（Attached to）组织的整体战略、运营政策、特定业务过程以及各种实践当中。嵌入的内容主要是风险管理的理论和实践。理论是指风险管理的术语、原则、框架、过程和17项实施风险管理的帮助。实践是指已总结出的、经提炼后的先进的风险管理实践经验，如途径、流程、方法、技术、案例等。对于组织而言，这二者集中体现在建立一个风险管理框架，实施一个风险管理过程，在风险管理过程中的风险评估环节选择并使用适宜的风险评估技术方法。

显然，组织在实施风险管理时，要做好两方面的事情：一是要学习风险管理的理论、流程和技术方法；二是要具体明确组织的各个过程。识别和规定组织的各个过程是实施风险管理的基础性前提。识别要全面且有所侧重，未能识别的过程将不被嵌入风险管理。规定要用程序文件体现已识别的过程，并给予恰当的描述。程序文件满足5W1HER（Why、What、Who、Where、When、How、Environment、Record）的要求。

从我国的实践来看，风险管理对组织过程的嵌入可划分为以下三种情况：

1）已建立并保持了管理体系。许多企业已建立和运行了管理体系，如质量、环境、职业健康与安全、信息安全、食品安全管理体系等，这些管理体系已覆盖了组织运营的较大范围，组织对管理体系中已要求的过程进行了识别和规定，并已得到实施。此种情况只需将风险管理的理论、流程和技术方法嵌入已实施的管理体系中即可。这种情况已覆盖了组织的许多过程。

2）在组织的各种管理体系之外，对有关过程已进行了识别和规定。如对资产安全的管理，目前组织的管理体系是不包括的，但组织已对资产安全过程进行了识别，并给出了恰当规定。这时将风险管理嵌入资产安全过程，以实现对该过程的风险管理。应注意，仅有识别是不够的，必须以恰当的规定方式将已识别的过程表现出来。

3）组织的某些过程未被识别或识别的过程未给予规定，如公司治理、发展战略、信息披露等。对此，组织应积极地识别，并完成对这些过程的规定。在识别和规定之后，嵌入风险管理。

（3）嵌入的方式方法。应该在整个组织的范围内有一个风险管理计划，以确保风险管理政策得到实施，确保风险管理嵌入组织的所有实践及过程。风险管理计划可以被整合到组织的其他计划，如战略计划。

风险管理计划是指风险管理框架中详细说明用于管理风险的方法、管理构成及资源的方案。其中，管理构成通常包括程序、操作方法、职责分配、活动的顺序和时间安排。风险管理计划可用于特定的产品、过程、项目以及组织的部分或整体。组织实施ISO31000标准时依赖于风险管理计划，将其作为总体策划方案开展风险管理活动，帮助组织实施风险管理政策（及其7项内容）。

制订和贯彻风险管理计划是将风险管理嵌入组织所有实践活动和过程的方式，特别是通过将风险管理计划整合到组织的其他计划，如战略计划中。一方面，两个计划所涉及的范围互相适应；另一方面，风险管理计划是一个在整个组织范围内的总体计划，所以组织对其他计划的选择也能够体现组织的整体性。

组织的风险管理计划不一定是一个文件，其内容可以在组织的其他计划中体现出来。但对于风险管理中的重要程序，组织应形成文件，因为它是风险管理计划的重要内容。

5. 明确资源

组织为风险管理配置适当的资源，主要考虑以下6个方面：

（1）人员、技能、经验和能力。参与风险管理的人员不是指“整个组织范围内所有实践及过程”中的人员，而是指实质参与风险管理的人员，或者具体说是ISO31000标准中负有责任的前三种人员，是被风险管理嵌入的各个过程的人员，组织在其技能、经验和能力方面应满足风险管理资源的要求，协助其履行职责、承担责任。

（2）风险管理过程每一步所需的资源。风险管理过程由五个子过程组成，每一个子过程还可能包含不同的步骤，如风险评估过程就包含风险识别、风险分析、风险评价三个步骤，每一个不同的步骤根据内容的不同，对资源的需求也是不同的。ISO31010《风险评估技术》对其中的许多技术工具都提出了资源的要求。

（3）组织用于管理风险的过程、方法和工具。管理风险的过程、方法和工具也是一种资源，可以被用于组织的风险管理。这其中既有ISO31000标准推荐的风险管理过程，也有其他有关风险管理的标准、法规、框架、指南和规范等提出的风险管理过程。如果是后者，组织应注意进行“批判性的评审和评估”，以判断该风险管理过程的充分性和有效性。

（4）文档化的过程和程序。程序文件属于行为的依据，具有“为进行某项活动或过程规定途径”的功能，不存在记载的问题。只有“已记载的过程”才能被组织当作资源来使用，已记载的过程可以说就是过程的文件化。记载重要过程包括过程的输入、输出、开展哪些活动、活动之间的关系（相互关联或作用）、过程中使用的各种资源等；尤其应注意从输入到输出是如何转化的等内容。有了已记载的过程，无论是复制已有的还是策划新的过程，对组织都具有重要的指导作用和启示作用。

（5）信息和知识的管理系统。组织在考虑风险管理的资源时，应关注“信息和知识的管理系统”，识别是否已建立了信息与知识系统，并评价该管理系统对组织风险管理的适宜性。

（6）培训策划或计划。组织在风险管理方面的总体培训计划是实施组织风险管理的资源。培训的人员除去直接参与风险管理的人员外，也应包含对组织各个过程中有关人员的培训。培训的内容主要为风险管理领域的理论、流程、技术方法和工具。对执行嵌入的人，如必要，培训内容还应包括所嵌入过程的相关专业知识。

6. 建立内部沟通和报告机制

组织应建立内部沟通和报告机制，以支持和鼓励对风险的责任和所有权。这些机制应确保：①风险管理框架的关键构成及其后续的任何修改都能得以适当地沟通；②对风险管理框架及其有效性和结果能够进行充分的内部报告；③在各个适当的层级和时间，可以获取来自风险管理应用的相关信息；④与内部利益相关方有咨询的过程。

这些机制应包括对来自不同风险源的适当的风险信息加以合并的过程，同时还可能需要考虑信息的敏感性。

（1）沟通与报告的含义。沟通和报告都是重要的信息传递方式，沟通可以是正式的，也可以是非正式的；但报告往往是制度化的或强制的，它是一种正式的信息传递方式，通常与职责和责任有关。在风险管理中，就性质而言，沟通与报告属于不同的概念；就严肃性、重要性而言，报告一般要高于沟通。沟通与咨询意义相似，都是通过影响而不是通过权力而对决策施加作用，是对决策的输入，而不是参与决策。

（2）机制的含义。机制（Mechanisms）的内涵是“体制＋制度”。体制主要指组织架构、职能和岗位责权等。制度包括国家、行业、地方的法律法规以及组织内部的规章制度。组织通过一种与之相适应的体制和制度的建立与运行，使机制在实践中得以实现。在任何一个系统中，机制起着基础性、约束性的作用。机制的一个突出特征是可以使一个系统接近于一个自适应系统，面对外部变化迅速做出反应，进行相应的调整，使组织从不利中恢复过来。

在我国风险管理机制实践过程中，重制度、轻体制。但机制发生作用往往是以体制的作用为先导，制度的建设通常也是建立在体制的基础上，如果失去体制的支撑，制度流于形势、执行乏力，难以发挥作用。而且，组织已存的体制更有大量制度，但都偏重实现组织的业务功能，相对缺乏风险管理的要素。

（3）沟通与报告机制的内容。沟通框架的关键构成及其后续修改。首先是对标准推荐的风险管理框架的关键构成的适用情况进行沟通，包括对其进行的修改；其次是对组织依据标准建立起来的与自身实际情况相适应的自己的风险管理框架的关键构成进行沟通，包括以后对框架的任何修改，以保证组织风险管理框架的适宜性和持续性。

重点报告组织自身的风险管理框架及其有效性和结果。有效性报告关注框架中对风险的影响方式、控制措施；结果报告关注框架实施的最终后果。但报告往往是将有效性和结果融为一体的。

尽管组织的不同层次和时间点对实施风险管理的信息需求不同，但应该可以适当获取。

与内部利益相关方的沟通应以过程的方式固化下来。例如，将过程的输入、输出、活动、资源和如何转化等文件化。

7. 建立外部沟通和报告机制

组织应建立并实施一个如何与外部利益相关方进行沟通的计划，该计划应包括：①吸引适当的外部利益相关方，确保有效的信息交流；②外部报告遵从法律、监管和治理等要求；③为沟通和咨询提供反馈与报告；④通过沟通建立对组织的信心；⑤在危机或突发事件中与外部利益相关方沟通。

这些机制应包括对来自不同风险源的适当的风险信息加以合并的过程，同时还可能需要考虑信息的敏感性。

外部沟通与报告机制与内部沟通与报告机制构成了组织的全面沟通与报告机制。外部沟通与报告机制的实现手段主要是建立、贯彻并实施与外部利益相关方沟通的计划。沟通计划属于制度中的文件，因此，外部沟通与报告机制强调的是制度。

组织应明确外部利益相关方的具体对象，与他们进行有效的信息沟通。作为沟通计划的重要内容，外部强制报告的活动、过程要符合各项法律、法规、监管方和治理的要求。而在沟通与咨询以后，应向他们提供信息反馈，并报告沟通与咨询的相关内容。由此，建立起外部利益相关方对组织的信任。而提升互信的根本途径就是增进沟通。

（四）实施风险管理

实施风险管理意味着“实施风险管理框架”和实施框架中的一个组成部分“风险管理过程”。

1. 实施风险管理框架

实施组织的管理风险框架时，组织应：①确定实施框架的时机和策略；②把风险管理方针和过程应用到组织的所有过程中；③遵从法律和监管的要求；④确保决策，包括目标的开发和制定，与风险管理过程的结果相一致；⑤举办信息和培训会议；⑥与利益相关方沟通与咨询，以确保组织的风险管理框架保持适宜。

有效实施风险管理框架需要具备一些条件，如新的、基于风险的方法适合嵌入现有业务流程；组织高管层对风险管理不断支持；员工对风险管理的支持，尤其是在各个活动的初始设计和试验阶段；组织能够按照学习、反馈、改进的过程分步实施。而且，在必要时，组织应制订一个有效的风险管理框架实施计划，以做好实施风险管理框架时要求的六项工作。

（1）确定框架实施的时机、实施阶段的划分、框架各部分的具体内容及其时间安排，实施策略以及发展规划，注意与组织整体的发展战略、发展阶段相适应。

（2）在组织的各项活动和过程中体现风险管理政策的各项要求，如管理风险的责任和职责、处理利益冲突的方式等，并在其间嵌入风险管理过程。

（3）合规是组织风险管理的重要方面。实施风险管理框架提高了组织对法律和监管的符合性。

（4）决策、目标的开发和制定是针对风险管理过程所嵌入的组织活动或过程而言的，而且是在这些活动或过程实施之前就要做的工作。由于风险管理过程的结果是从所嵌入的活动或过程的结果来看是否实现了预期，与所嵌入的活动或过程的特征密切相关。因此，风险管理过程的结果提前介入就可以确保其与所嵌入的活动或过程的目标相一致。

（5）信息与培训是框架实施有效性的有力保障。实施风险管理框架要掌握信息、培训课程、培训计划，课程内容应与组织的实际状况相适应。

（6）通过与内部、外部利益相关方的沟通和咨询，保持风险管理框架的适宜状态。

2. 实施风险管理过程

作为组织实践活动和业务过程的一部分，组织应该实施风险管理。实施风险管理可通过在组织所有层次和职能上实施风险管理计划，以确保风险管理过程得到应用。

实施风险管理过程是风险管理工作的核心内容之一，组织实施风险管理框架，就必然要实施风险管理过程。

（五）框架的监测与评审

监测，是指持续地检查、监督，批判性地观察或决定绩效的状态，以识别所要求或期望的绩效水平的变化。监测与组织制定的绩效指标系统有关。评审，是指为实现既定目标而进行的决定某一事项的适宜性、充分性和有效性的活动。对重大问题提出意见，如改进措施、资源配置、结构调整等（ISO Guide 73 风险管理术语）。

为确保风险管理有效并且持续支持组织的绩效，组织应该对按照 ISO31000 标准推荐的风险管理框架而建立的组织自身的风险管理框架开展监测与评审。

实施风险管理是否有效完全取决于风险管理框架的建立与实施，而适宜的风险管理框架为组织的绩效改进提供持续支持。为实现这两个目的，从以下五个方面对框架进行监测与评审。

1. 针对各种指标测量风险管理绩效，定期评审这些指标的适宜性

风险管理绩效指标是监测与评审的依据和标准。风险管理是否有效、有效性

的度量，实际都体现在组织的风险管理绩效上。绩效的测量结果直接反映组织风险管理框架的建立和实施是否适宜、有效。定期评审绩效指标和绩效测量方法是否适宜，对测量结果进行分析和评价。当然，应确定评审的频次和周期。

2. 针对风险管理计划定期测量其进展和偏差

风险管理计划是框架中的一个重要方案，定期测量该计划的进展情况以及是否与原计划有偏离，自然也就关注了风险管理框架的实施进度和变化状态。

3. 在给定的组织内部和外部环境下，定期评审风险管理框架、政策、计划是否仍然适宜

实施风险管理是一个漫长的过程，而在特定阶段和环境条件下所建立并实施的风险管理框架、风险管理政策、风险管理计划是否适宜，是否满足组织成长的需要，直接影响一定时期风险管理的有效性。因此，应定期评审风险管理工作中这三项基本内容的适宜性，尤其要充分关注它们所处的内外部环境。

4. 报告风险、风险管理计划的进展情况以及组织的风险管理政策遵循情况

组织在实施风险管理的过程中，应按照组织的报告制度、报告途径、报告层次、报告授权等要求报告识别的风险（与过程和环境直接相关），尤其要注意关注重大风险及报告的及时性。此外，对风险管理计划的进展情况和风险管理政策的遵循情况进行报告，以便在特定的组织层次上对风险管理框架的实施做出判断。其中，风险管理政策的遵循情况主要来自从风险管理过程中所获得的风险信息。

5. 评审风险管理框架的有效性

监测与评审是为了确保风险管理框架能够与组织的现状保持一致，而且运行有效。为此，组织应做好如下工作：①对前期实施风险管理框架的计划进行评估；②如果组织的环境和特征发生改变，则需要重新实施评估；③对前期实施风险管理过程（风险管理计划）进行监测与评审；④依据绩效指标对框架实施结果进行监测与评审。其中，对风险管理框架的评审可由框架的所有者进行常规评审，或是由独立第三方进行评审，亦可由合作伙伴或合同方进行评审，或者是采取阶段性或周期性的审计等。

（六）框架的持续改进

基于监测与评审的结果，组织应该就如何改善风险管理框架、政策、计划做出决策，这些决定应导致组织的风险管理和风险管理文化的改善。

应持续改进基于两方面的监测与评审的结果：一是风险管理框架的监测与评审的结果；二是风险管理过程的监测与评审的结果。

持续改进与监测评审的主要内容一致，都是风险管理框架、风险管理政策和风险管理计划三项，定期评审后决定这三项在哪些方面需要改进、如何改进。持续改进包括日常的渐进改进，也包括重大的突破性改进。改进是一种寻求每一个

可能的改进机会，而不仅仅是问题发生后才显露的改进机会。改进是持续的，一个改进过程的终止，意味着一个新的改进过程的开始。改进是螺旋上升的，每一轮循环，都不是简单的重复，而是向着更新的目标攀升。

持续改进应在组织风险管理和风险管理文化两方面追求更新的目标。组织通过运行风险管理框架而实施风险管理，经分析和评价风险管理的现状，识别改进的机会，并正式采纳更改，完成一轮改进的循环，这将使组织的风险管理得到改进。风险管理框架与风险管理文化关系密切，风险管理框架中融入了风险管理文化的设计思路，改进风险管理的同时自然也使组织的风险管理文化得到改进。

持续改进是框架中任何一次运行循环的结尾，起到承上启下的作用。每一次改进的循环、改进的活动及其顺序是：①分析和评价现状，以识别改进的内容和范围；②确定改进目标；③寻找可能实现目标的解决方法；④评价这些方法，并做出选择；⑤实施所选定的方法；⑥测量、验证、分析和评价实施的结果，以确定改进目标是否实现；⑦正式采纳更改。

三、ISO31000 风险管理过程

风险管理过程是组织管理整体的有机组成部分，它被嵌入在组织的文化和实践中，并且不断调整以适应组织的业务过程或经营过程。组织实施风险管理就要确保风险管理过程得到实施。

风险管理过程反映了风险管理的整合性和嵌入性，不断将管理政策、程序和操作方法系统地应用于沟通与咨询、建立环境以及识别、分析、评价、应对、监测与评审风险的活动中。风险管理过程的构成及其关系如图 5－3 所示。

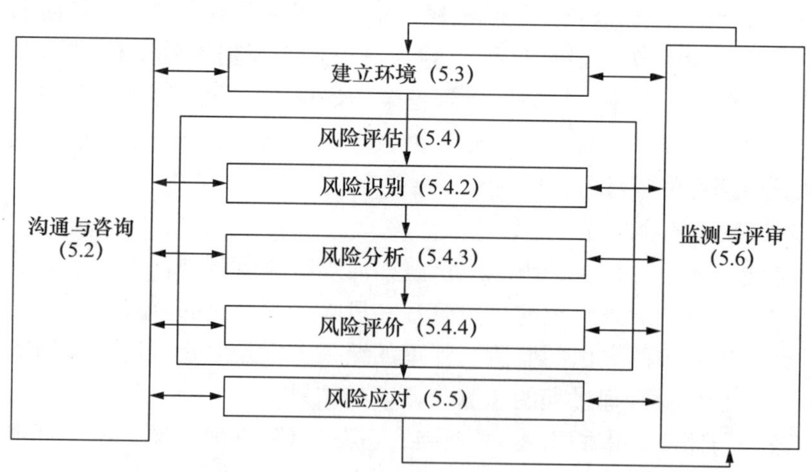

图 5－3 风险管理过程的构成及其关系

风险管理过程由五项活动构成。其中直接参与循环的有四项，其循环顺序依次是：建立环境、风险评估、风险应对、监测与评审。风险评估活动是风险管理过程的重点，由风险识别、风险分析、风险评价三个步骤组成，循序渐进。风险识别是风险评估的开始，建立环境对其进行输入；风险评价是风险评估的输出，对风险应对提供输入，组织依据监测与评审的结果，决定是否开始下一轮循环。监测与评审的结果对风险管理框架的监测与评审提供输入。

建立环境、风险评估、风险应对三个活动要经常和沟通与咨询活动、监测与评审活动保持联系，进行信息传递、沟通。

（一）建立环境

建立环境是 ISO31000 标准的一个关键特征，风险管理过程的活动循环始于建立环境。建立环境是指组织在清晰地表达其目标、管理风险时确定需要考虑的内、外部参数，并为风险管理政策确定范围和风险准则。

为风险管理政策设定范围并确定风险准则是组织实施风险管理时极为重要的两项工作，风险管理的范围和风险准则应在风险管理政策中予以确定。显然，风险管理的目标、政策以及内、外部参数与组织环境有着相当的依存关系。

（1）风险管理过程中的环境与参数。这里的环境是指风险管理过程嵌入的具体业务过程所处的环境，如采购过程、并购过程、研发过程等，并不是组织设计风险管理框架时的大环境。业务过程客观上存在的，但被忽视的环境，应该被真实、具体地建立起来。每一个业务过程的特点不同，其所处的环境也就不同，所以要对每一个业务过程建立相应的环境。

这里的参数是指风险管理过程中的参数，它们能体现具体的业务过程特征，与特定的风险管理过程的范围相关。范围的确定影响参数的取舍和完备，而参数本身也反映了风险管理过程范围的大小和特征以及环境的特征。参数可能是指标性的、定量的，也可能是描述性的、定性的。

组织应以文件的形式将已建立的现有环境描述出来，并保留下来。描述应反映过程的特征。而且，与设计风险管理框架时相比，风险管理过程中的内、外部环境参数应更加细致地加以考虑。例如，随时使用指南针就是建立了一个环境，因为这意味着某项正在开展的活动与地球磁场相关。

（2）发展的环境。以对每一过程建立的现有环境为基础，组织应根据该过程的目标，发展更有利于过程进展的环境。一是要考虑到已建立的现有环境是否发生了变化，如法律环境的变化；二是面对外部环境，并不是要求组织一味地被动适应。在条件许可的情况下，要积极主动地改造环境、创造环境，如参与规则的制定，争取定价权等。

建立环境是具体实施风险管理嵌入性的第一体现，是实施风险管理过程的第一过程。组织需建立外部环境、内部环境、风险管理过程的环境和风险准则四种环境。其中，外部环境、内部环境是组织经营活动的总体环境，风险管理过程的环境和风险准则是组织实施风险管理所处的细分环境。

1. 建立外部环境

外部环境是指组织力图实现其目标而处的外部环境。

在制定风险准则时，为了确保外部利益相关方的目标和关注点被考虑，理解外部环境非常重要。它虽以组织范围的环境为基础，但是也基于法律和监管要求的具体细节、利益相关方的感知以及风险管理过程范围内风险的其他方面。

外部环境主要包括以下三方面的内容：文化、社会、政治、法律、法规、金融、技术、经济、自然和竞争环境，无论是国际的、国内的、区域的或本地的；对组织目标有影响的关键驱动因子和趋势；与外部利益相关方的关系以及他们的感知和价值观。

外部环境强调了组织目标与外部环境的依赖关系，而与外部环境建立联系的是组织的风险准则，外部环境以组织的广阔背景为基础。外部环境不会包括风险本身，凡与风险有关的一些事项或活动都将被视为该风险的外部环境。

2. 建立内部环境

内部环境是指组织力图实现其目标而处的内部环境。

风险管理过程应与组织的文化、过程、结构和战略相匹配。内部环境是组织内部可能影响管理风险方式的任何事情。

建立内部环境基于以下三方面的原因：一是风险管理在组织的目标环境中实施；二是一个特定项目、过程或活动的目标和准则应根据组织的目标来通盘考虑；三是一些组织未能识别其实现战略目标、项目目标或经营目标的机会，将影响组织的承诺、信誉、信任和价值。

内部环境主要包括以下八方面的内容：①治理、组织结构、角色、责任；②政策、目标以及实现它们的战略；③能力，对资源和知识的理解（如资本、时间、人员、过程、系统、技术）；④信息系统、信息流、决策过程（包括正式的和非正式的）；⑤与内部利益相关方的关系，以及他们的感知和价值观；⑥组织的文化；⑦组织所采用的标准、指南和模型；⑧契约关系的形式和程度。

与外部环境类似，内部环境也强调了组织目标与它的依赖关系。

3. 建立风险管理过程的环境

在风险管理过程被应用的地方，组织应建立各项活动的目标、战略、范围和参数，或者它们的一部分。对风险的管理应该充分考虑需求，以证明在实施风险管理中使用的资源是合理的。同时，所需的资源、职责和权限以及应保存的记录等也应被指明。

风险管理过程的环境随组织的需求而变化，它主要包括以下九方面的内容：①设定风险管理活动的目的和目标；②在风险管理过程中，为风险管理过程确定职责；③确定实施风险管理活动的范围、深度和广度，包括明确的内涵和外延；④按照时间和地点确定活动、过程、职能、项目、产品、服务或资产；⑤确定组织的特殊项目、过程或活动与其他项目、过程或活动之间的关系；⑥确定风险评估方法；⑦确定在风险管理中评价绩效和有效性的方式；⑧识别和明确必须要做的决定；⑨识别、审视或构建所需的研究，它们的程度和目标以及各种研究所需的资源。

关注这些及其他相关因素有助于确保所采用的风险管理方法对具体情况、组织自身及影响目标实现的风险是适当的。

风险管理过程的环境与内部环境有区别，它是指嵌入各项活动的目标、战略、范围和参数等。部分建立是指可以根据过程的特征和实际情况，对一项活动的目标、战略、范围和参数等做出选择性的决定。不论部分还是全部，过程的目标和范围是必须确保的，而战略和有关过程的参数可视需要而定。此外，组织应在风险管理框架中基于资源的整体要求下，对某一特定过程的风险管理资源需求做出判断和事前策划。而且，组织应明确规定风险管理过程的资源需求、职责、权限和应保留的有关记录。这些都是组织实施风险管理过程的环境。

组织的风险管理过程的环境包括但不限于上述 9 项内容。其中：

风险管理活动的目标是针对嵌入的一个特定项目、过程或活动中风险管理过程的目标，但应与组织的目标一致。风险管理活动的目的与所嵌入的组织过程的目标紧密联系，明确实施嵌入的目的是什么。

在风险管理总体职责的基础上确定针对某一特定过程的风险管理过程的职责，并满足 5.2 ~5.6 五项活动对职责的要求。

风险管理过程的范围并不一定与组织业务过程的范围完全一致，可能是其中的一部分，也可能超出并涉及其他业务过程，这要视风险的情况而定。例如，对风险源、风险诱因的分析等风险管理过程的范围往往会超出业务过程本身的范围。即在确定风险管理过程的范围之后，实施的深度和广度决定了一些特殊情况下风险管理过程的内涵和外延。

在风险管理框架的监测与评审中定期测量和报告风险管理计划的进展，并在这一总体计划指导下，明确规定风险管理过程的计划或融合业务过程的计划。

识别特殊的项目、活动或过程，并确定它们与组织的常规或其他的项目、活动或过程之间的关系。

针对项目、活动或过程确定风险评估的方法并应用这些方法完成风险管理过程中的风险评估活动。

考虑风险管理框架的总体要求，结合业务过程的特点和实际情况确定评价风险管理绩效和有效性的方式。

针对风险管理过程的环境做出的有关决定极为重要，直接影响今后组织实施风险管理的过程。

组织的识别方法、范围确定、框架建立对实施风险管理具有重要影响，它们也是组织实施风险管理过程的重要环境内容。

4. 确定风险准则

风险准则是评价风险重要性的参照依据。风险准则基于组织的目标、外部环境和内部环境。风险准则可以来自标准、法律、政策和其他要求。风险准则应反映组织的价值观、目标和资源。某些风险准则直接或间接反映了法律、法规要求和组织需要遵循的其他要求。风险准则应与组织的风险管理政策相一致，并应在开始任何风险管理过程之前确定，且得到持续评审。

在确定风险准则时，被考虑的因素应包括如下方面：①风险原因的性质和类型，可能出现的后果及如何对其进行测量；②如何确定可能性；③可能性和/或后果的时限；④如何确定风险等级；⑤利益相关方的观点或意见；⑥风险可接受或可容忍的等级；⑦考虑是否需要组合多个风险，如需要，应考虑如何组合以及有哪些组合方式。

（1）风险准则的含义。风险准则是 ISO31000 标准中的重要概念，对组织实施风险管理极为重要，是风险管理的核心内容。没有风险准则，风险评估无从谈起，风险等级无法确定，风险管理绩效无从评价。虽然对风险准则应保持持续评审，但同时也要求风险准则本身保持一定的稳定性和连续性；否则，既不利于风险评估，也不利于风险管理绩效的评审。

风险管理政策、风险准则都是与“风险管理过程”相对应的，而非风险管理框架。尽管组织在建立风险管理框架时可以对风险准则做出总体性的要求或指南，包括评价所关注的重点方面、评价的方法、评价的有效性、与其前后其他风险管理过程中的活动的关系等（风险准则用于风险评价，前面承接风险分析、后面续接风险应对）。但是风险准则必须体现风险管理过程所嵌入的业务过程的特征，以作为分析、评价该业务过程中风险重要性的依据。风险的重要性本身体现了组织的价值观、目标和资源，以及外部法规和监管等强制性要求，风险随着组织活动或过程的发展而变化，因此，风险准则并非普遍适用、一成不变，而且尤其不能忽视合规性要求，否则可能导致整个组织风险管理的失效。

风险准则是组织环境的一部分，随组织环境的变化而变化。风险准则与组织的管理目标、资源及风险管理水平息息相关，并不是越多越好，越细致越好，而要因地制宜。在风险管理初期或组织的资源不足以支撑高精度的定量风险准则时，那就应先制定一些定性或半定量的风险准则。而且，风险准则虽然是从主观上评价风险的重要性，但评价的主体不能仅仅是组织自身，还必须包括组织的利益相关方。利益相关方参与风险准则的制定，表达其利益和诉求，有利于风险重要性评价的全面、公正和准确。

组织确定风险准则应考虑后果准则、可能性准则、风险等级、风险组合等七方面因素，其中，第一、第二、第四、第六项关乎风险准则的直接计量，第三、第五、第七项则是在设定风险准则时不能忽视且需要格外注意的三个方面。基于风险评价的一致性考虑，风险准则应该是文件化的。组织可根据需要决定文件的具体形式（一个、几个或融入其他文件）。

（2）后果、可能性及风险等级。组织的风险准则是明确的、客观的，它反映了组织的价值观、目标和资源情况。一方面，作为评价的依据和标准，风险准则是客观的；另一方面，反映组织价值观的风险准则的指标却是主观的。

如何确定风险后果，定性还是定量？如果定量，该如何测量？如何确定可能性？是定性，还是引入概率？如何确定可能性或后果的时限？如何确定风险的时间敞口？组织面临的风险多种多样，风险后果的形态也各异。一般来说，当风险后果一定时，时间越长，其发生的可能性就越大，风险就越高。在风险管理实践中，常用后果及其发生的可能性这两者的组合表示风险等级。而判断后果的影响程度和可能性大小可以是定性的，也可以是定量的（或半定量的），后果准则和可能性准则的示例如表 5 - 1 和表 5 - 2 所示。

表 5 - 1　后果准则

定性的影响程度	轻微的	较小的	中等的	重大的	灾难性的
半定量（评分）	1	2	3	4	5
定量工程进度	影响进度 3% 以下	影响进度 3% ~10%	影响进度 10% ~20%	影响进度 20% ~30%	影响进度 30% 及以上

表 5 - 2　可能性准则

定性的可能性	很低	低	中等	高	很高
半定量（评分）	1	2	3	4	5
定量（概率）	年发生概率在 6. 25% 以下	年发生概率在 6. 25% ~12. 5%	年发生概率在 12. 5% ~25%	年发生概率在 25% ~50%	年发生概率在 50% 及以上

（3）可接受度或可容忍等级。确定风险的可接受度或可容忍等级，在风险

评价和风险应对决策中有非常重要的作用。因为，风险管理不是要把风险的大小变为零或者让风险绝对发生或不发生，而是要把风险控制在可容忍、可接受的范围内，这样才有最大的风险管理绩效（效益与风险管理成本之比），因此，组织能通过在风险准则中确定风险接受度或可容忍的等级而得到可接受的风险范围。

（4）风险组合。风险组合是指把很多风险组合成一个风险以促进对全部风险的完整理解。

为了对某些已识别的风险有更完整的理解，常把这些相关的风险组合起来形成一个风险，然后对其进行分析和评价。对任何一组风险的描述也称为风险状况（风险轮廓），这组风险可能包含组织的整体、部分或涉及其他方面有关的风险。

组织所面对的风险多种多样，在进行风险评估时，孤立地看每一个风险可能是片面的。将彼此之间具有相互联系的风险划分为一组，确定并详细描述它们之间的关系，对整体认识风险、制定风险准则、评价风险重要性、选择风险应对方式十分重要。因为，对组织而言，有些风险可能会相互抵消，有些风险耦合在一起时可能会放大对共同目标的影响，所以，为了获得对风险的完整认识，经常会用到风险组合概念，考虑对多个风险如何组合及应采取什么方式。

5. 风险管理组织

从狭义的角度来看，风险管理组织是指实现风险管理目标的组织结构，具体包括组织机构、管理体制和领导机构。从广义的角度来看，风险管理组织是指组织为实现风险管理目标而设置的内部管理层次和管理机构，主要包括有关风险管理组织的结构、活动和相关的规章制度。其中，风险管理组织活动是指风险管理专职机构制定和执行风险管理计划的全过程，主要包括制定风险管理目标、为实施风险管理目标而进行的风险识别、风险衡量、风险处理和风险管理效果评价等活动。风险管理的规章制度是指体现风险管理的指导思想、政策纲领、方针政策、操作规程以及有关监察的规定等。

风险管理组织是实施风险管理的机构，明确风险管理组织的职责和组织机构以及风险管理组织同其他部门的关系，可以科学、有序地进行风险管理活动，否则，就会影响风险管理措施的实施。

（1）风险管理组织机构的职责。由于经营活动、采用技术、所在地区和风险事故发生情况等不同，组织在机构设置、规模、技术专长和人员素质等方面也有所不同。但风险管理组织机构的组织架构大致相同。

一般来说，组织的经营活动大致分为生产经营活动、商业活动、财务活动、安全活动、会计活动和管理活动六类。其中，安全活动相对来说更重要，是其他活动正常进行的保障。因此，一些规模较大的单位，往往设置专职的安全风险管理部门，其主要职责有：①清楚本单位所面临的风险，预防风险事故的发生。例如，开展风险事故隐患调查，进行防灾、防损和安全的培训。②评估风险、汇总风险管理信息、更新和维护风险信息库。③确保本单位具有完善的风险内控机制，明确风险管理岗位职责，使组织的活动受到有效控制。例如，进行风险转移的规划，并建立重大风险事故向上级和有关部门报告的制度。④根据风险事故的状况，决策风险管理方案，监督风险管理措施的实施。⑤确保风险融资及时到位，防止损失的扩大。⑥评价风险管理效果，调整、修正风险管理方案。

（2）影响风险管理组织机构设置的因素。风险管理机构的设置与组织经营规模的大小、风险高低等因素密切相关，而同风险管理的水平和质量无关。规模较小的单位，从事风险管理的人员较少且不用专职的风险管理人员；规模较大的单位，应设置专职的风险管理机构专门负责单位的风险管理工作。一般来说，组织从事生产经营活动的风险高低与风险管理机构的设置密切相关。如果单位面临的风险较高，其主要负责人就会较重视风险管理的作用，相应地就会设置风险管理机构，并将风险管理作为履行工作职责的重要方面；反之，则不重视风险管理的作用。

但是，风险管理的质量同组织内部的组织结构没有必然的联系。考虑到所采用的风险管理方法、从业人员的专业技术能力，即使一个单位具有专门的风险管理机构，也不一定代表其风险管理的质量和水平就高。此外，公司或个人提供的第三方风险管理服务，扩大了单位风险管理的职能，起到防范风险的作用。

（3）风险管理机构与其他部门的关系。风险管理是一项复杂而系统的工程，往往需要企业其他管理部门的配合和合作。风险管理部门与其他部门进行交流合作能够得到许多有关风险暴露方面的信息，既有风险管理部门遗漏的，也有其他部门在活动中新增的。这种合作和交流既可以是口头报告，也可以是制度化的书面报告，这样，风险管理部门就可以及时掌握相关部门的信息，尽快做出适当的风险管理方案。

虽然风险管理工作涉及其他各个部门，但是风险管理人员对于风险的管理仍然承担主要责任。在日常工作中，风险管理部门主要同以下部门展开合作与交流：

1）财务部门。能够提供估计潜在的财产和净收入损失的数据，财务部门的财务监管可以及时发现组织财务上的漏洞，可以避免本单位财产的损失。财务部门的损失控制措施主要包括核对发票与购货订单、检查特别授权付款、比较现金收入和过账后的应收账款。通过资产账户的管理，财务部门可以识别和衡量组织财产损失的风险。这些数据是风险管理部门确定风险管理方案的依据。

此外，财务部门还要同风险管理部门一起，制订企业有关的保险或者自保计划，解决财产保险、责任保险、员工保险及其索赔的事宜等。可见，风险管理部门在发现风险、估算风险和风险管理成本控制计划的制订等方面都需要财务部门的合作和支持。

2）数据处理部门。该部门掌握专业化的技术，能够提供风险管理方面的许多重要数据。风险管理部门的风险数据统计、预测和衡量等依赖专业化的技术支持才能完成。借助数据处理部门的统计、预测，风险管理部门可以分析以往发生损失的频率和程度，模拟不同情况下损失发展的趋势，比较各种风险控制和筹资方案的成本和收益，评价风险管理计划的成功和不足。

通过数据处理部门的支持，风险管理部门不仅可以了解已经发生的风险事故的有关信息，而且还可以了解未果事故。避免事故发生的前提条件是风险经理事先应该了解未果事故的信息，除了了解事故发生的时间、日期、地点和事故涉及方以外，还要采取措施防止类似事故的发生或减轻灾害事故造成的后果。

3）法律部门。该部门可以为风险管理部门提供国家有关法律、法规等方面的指导，可以提供有关产生责任风险、合同风险的情况，有助于风险管理人员依法管理企业的生产经营活动，尽量避免各类责任风险事故的发生。风险事故发生后，风险管理部门还需要法律部门的配合，来减少风险事故造成的责任损失风险。风险管理部门规避风险的前提是，在国家有关法律、法规允许的范围内转移风险；否则，即使已经签订规避风险的合同，其合同也是无效的，无法达到转移风险的目的。

4）人事部门。该部门是管理企业人事、工资福利、培训、奖励、晋升，以及其他涉及组织内部人员流动等事项的部门，人事部门的管理对风险管理部门的工作起着积极的作用。风险管理部门的管理计划和风险管理工作的妥善实施需要人事部门工作人员的积极配合。

5）生产部门。该部门是企业生产经营的核心，企业的风险管理也是围绕着生产经营活动展开的。在企业生产活动中，生产部门面临着各种损失的风险。风险管理人员应与生产管理人员紧密合作，识别、减少和消除风险因素，降低风险事故造成的损失。为了促进各生产部门揭示不可告人的风险信息，避免更大的风险事故发生，风险管理部门会建立损失成本分摊的制度。损失成本分摊制度的实施可以使风险管理部门及时了解有关风险事故发生的信息，避免更大损失的发生。

6）外部供应商或专业组织。除了本单位内部，风险管理部门还要与外部供应商或专业组织加强交流与合作，为企业的风险管理提供许多可以借鉴的经验。这些外部人士或专业组织包括会计师、律师、风险管理顾问、保险代理营销员、保险精算师、风险管理师、原料供应商等，交流与合作的目的是要进一步发现风险管理部门没有注意到的风险。

当然，外部人士也有给企业带来损失的风险，这就需要风险管理部门广泛收集信息并准确地判断，为企业生产、经营决策管理提供可供参考的依据。参加专业组织的活动和查阅公开出版的材料，也是收集风险信息的重要方面。例如，在保险人、保险代理人和保险经纪人提供的众多服务中，风险经理可能获得的服务主要有：①相关风险的识别和衡量；②处理风险的各种建议；③根据国家政策，企业从信誉较好的保险人处获得保险的方式、保险产品的价格等；④损失控制服务的信息；⑤索赔、理算等方面服务的支持；⑥法律方面的协助；⑦管理咨询和服务等。

（二）风险评估

1. 风险评估的概念

风险评估是风险识别、风险分析和风险评价的全过程。

风险管理过程的核心是风险评估，风险评估是风险应对的目的之一。在风险管理领域，使用“风险评估”一词，就意味着要实施风险识别、风险分析和风险评价这三个步骤（风险分析也称为风险评级，风险评价也称为风险排名），以明确企业、项目或者决策所面临的各项重大风险。

企业发展目标、利益相关方、核心流程及关键性的利害关系人等因素均会涉及一定的风险等级。风险评估的目标在于明确可能影响这些特质的重大风险因素。

一般而言，风险管理是为了得到更贴切（令人满意）的决策，而决策风险管理旨在得到更明智（合理、科学）的决策。只有将风险评估得到的结论转化为企业决策内容，及针对某些风险采取合理的风险应对措施，风险评估的价值才能得以体现。因此，一方面风险评估可以被视为风险管理过程的起点，而另一方面风险评估并非终止于风险评估活动的终结。

（1）风险评估思路。规划风险评估活动，最重要的是选择风险评估人员。自上而下或自下至上地完成整个流程，其成效令人期待。首席执行官的意见是非常重要的，往往决定着企业对待风险的总体态度；而且，他对企业所面临的各项重大风险有着独到的见解。但是，过分依赖首席执行官的意见，风险管理的重点可能会转移，如放到外部风险上。虽然首席执行官们非常关心财务管理及基础设施建设的风险，但是这些内部风险可能不再是他们最感兴趣的领域。

明确即将接受风险评估的风险将以固有水平还是当前水平（残留水平）完成整个风险评估流程是风险评估的重要特征之一。固有水平评估不考虑现有控制措施的影响因素。绝大多数内部审计师推荐企业采用固有水平评估方法。其好处在于能够识别现有水平与固有水平之间存在的差异，从中判断现存控制措施的重要性水平；此外，借助这些信息找出关键性控制手段，以确定审计内容的优先秩序。

风险固有水平评估办法看似完美，但评估过程难度较大。而健康与安全执业者更倾向于完成当前控制措施基础上的风险评估，该做法简单明了，易于操作。但是，该做法的假设前提是当前控制措施的效度必须保持稳定不变；而很有可能的是，该假设恰恰是一个重要的控制变量。

（2）风险评估技巧。企业所采用的风险评估方法，将在很大程度上受到来自企业所选择的风险评估技巧的影响。某些风险评估技巧要求特定人员的参与，而某些风险评估技巧则制约着风险评估方法的选择范围。重要的是，企业所采用的风险评估方法必须与企业文化相协调。例如，如果企业在正常情况下并不经常召开会议或者高级研讨会，那么借助于高级研讨会的召开来实现风险评估目标的做法并不妥当。与此相类似，如果报告及书面文件在企业文化当中扮演了重要的角色，那么在风险评估过程中选择书面报告的形式一定没错。

《ISO/IEC 31010：2009 风险管理——风险评估技术》为组织开展风险管理工作提供了 31 种方法和技术，并对各项风险评估技术进行了适用性比较分析，给出了各种方法和技术在识别、分析、评价各阶段的适用场合。在风险管理实践工作中组织可根据自己的实际情况选用。

其中，检查表（核对清单）与调查问卷的使用、风险评估研讨会期间的头脑风暴环节的安排等，可以算作是最常见的风险评估手段。与其他风险评估技巧相比，检查表（核对清单）与调查问卷的优势在于操作简单，只需要几分钟便可完成。但是，这种方法也存在明显的弊端：如果在编制问题时候不慎忽略某些因素，很可能导致重大风险不能被准确识别。

1）头脑风暴、投票软件与风险高级研讨会。

风险高级研讨会可以被视为最常用的风险评估技巧。

研讨会期间穿插头脑风暴开展结构性较强的讨论，能够促成对重大风险的看法和信息的共享，进而达成对各项风险因素的共识及理解。头脑风暴的劣势在于研讨会中的资深专家可能主导着整个讨论过程，反驳他们的观点和意见需要一定的胆识，而这样的行为通常不受欢迎。

头脑风暴结构可能是定性的，也可能是定量的，具体由风险分析的深入程度决定。最常见的定性头脑风暴结构是 SWOT 及 PESTLE 分析法。SWOT 分析法受到风险管理者青睐的最主要原因在于该分析法能够促成企业的风险决策。然而，SWOT 分析法并不是有章可循的风险归类系统。也就是说，存在忽略某些风险种类的可能性。PESTLE 分析法是另外一种常见的定性分析法。PESTLE 风险归类系统的结构严谨，在风险评估研讨会期间穿插头脑风暴环节的做法通常能够带来理想的效果。

最近几年，投票软件在企业中逐渐风行起来。投票软件的使用能够为风险评估研讨会提供额外信息。借助投票软件，企业不仅能够明确与会人员对风险发生的可能性、风险发生可能带来的实质影响规模大小的看法及立场，还能够对与会人员的意见分布情况作大致了解。如果与会人员的意见众说纷纭，分布范围极为广泛，那么风险管理执业者应当深入分析其中的种种原因，因为这可能意味着与会人员对该风险性质的认识不够或者存在某种误解。

2）可能性定量分析。很多企业都希望能够对风险事件发生的可能性做定量分析，最常见的技巧是危险与可操作性分析（HAZOP）及失效模式与效果分析（FMEA）。这两种分析方法都具备严谨的结构，确保所有的风险因素都被考虑在内。然而，为了获得准确的定量分析数据和结果，通常离不开专业人士的参与。危险与可操作性分析及失效模式与效果分析的适用对象主要是制造行业的企业。例如，安全性、危险性的化学安装及复杂的交通结构和安装工程。尽管耗时耗力，但在很多情况下，我们还是离不开定量分析的。

3）风险敞口的量化。对于很多企业而言，特别是金融机构，风险敞口的量化是非常重要的。企业所选择的风险评估技巧必须能够完成对风险敞口的量化，这些企业所奉行的风险管理风格通常被称为营运风险管理（ORM）。

4）风险矩阵。通过理清以下四方面的内容来识别潜在重大风险：①风险发生可能引致的事件规模的大小；②相关事件可能给企业带来影响的大小；③风险发生的可能性等于或者高于基准水平；④控制手段升级办法等。其中，衡量、判断某项风险是否属于重大风险时所采用的指标是该类别风险的重大程度基准测试，如果测试结果超过基准水平，则被视为重大风险；反之则反是。

当风险被认定为重大风险，企业应当完成该风险的分析，进而按照优先秩序，完成对诸多风险的排列；进一步寻求经济有效的改善措施也能够协助明确重大风险之间的优先秩序。其中，风险分析可用备选项的数量由企业性质、规模大小及复杂程度等因素共同决定。

通过风险矩阵展示风险发生的可能性与风险发生可能带来的影响程度之间的关系（ISO31000 采用风险发生可能性与影响大小的自由组合，即风险等级，或称为风险严重度、风险水平），风险矩阵还可用于记录风险分析活动的结果。借助风险矩阵的内容，直观地了解已经被发掘及明确的各项重大风险因素；也可以借助风险地图展示特定风险的其他特征。例如，风险等级及改善风险管理绩效的风险控制手段之间的关系并借此明确预期的风险管理水平，了解有关如何进一步改善风险控制手段的信息。

在风险评估过程中，按照企业的风险偏好或者企业所制定的风险准则，完成对重大风险优先秩序的排列。绝大多数企业都会发现研讨会中明确的风险数量在 100～200 个。在完成风险分析之后，优先考虑的重大风险因素的数量会控制在

10～20个。

2. 风险识别

风险识别是指发现、辨认和表述风险的过程。风险识别包括对风险源、风险事件、风险原因和它们的潜在后果的识别。风险识别根据历史数据、理论分析、知情人和专家的意见以及利益相关方的需求做出。

组织应识别风险源、风险影响的范围、相关事件（包含情况的变化）及其原因和潜在的后果。风险识别的目的是要建立一个基于风险事件的、综合的、广泛的风险清单，这些事件可能创造、加强、阻碍、降低、加速或推迟目标的实现。识别与组织不追求的机会相关的风险也十分重要。广泛的风险识别非常关键，因为在这一过程未被识别的风险将不会被包含在进一步的风险分析中。

风险识别应包括各种风险，无论该风险源是否在组织控制之下，或者即使该风险源或风险原因是不明显的；风险识别也应包括对特定后果连锁反应的检查，包括叠加和累积效应；即使风险源或原因可能并不明显，也应考虑其可能的后果范围。就像识别可能会发生什么一样，非常有必要去考虑可能的原因和后果发生后所展现的情景。所有重要的原因和后果都应被考虑。

组织应采用与其目标和能力，以及所面对风险相适应的风险识别工具和技术。在识别风险的过程中，密切相关的和最新的信息十分重要，这包括某个可能位置的适当背景信息。另外，有适当知识的人员应参与对风险的识别。

（1）风险识别的含义。风险评估活动的第一个步骤。其输入是建立环境活动的输出。

识别是对既有事实的描述。识别的重点、方式都偏重于风险的后果和事实方面，风险分析则是针对可能性而言的。

事件是风险的载体，风险清单以风险事件为基础；风险清单力求广泛、全面，因为不被识别的风险将无法进入风险评估的后续过程；识别与不需要追踪机会相关的风险和威胁，即明确了剩余的真正应该被追踪的机会及其成本、资源。否则，遗漏的风险和不适的机会对组织来说是可怕的隐患。

风险源或风险原因不明显、不受控制和不易识别，但风险本身是可以识别的，组织不应放弃。对风险的管理，不仅是管理风险本身，更要管理风险的传导链条，尤其针对系统性风险。识别风险主要关注引发风险的所有重要原因和重要后果（风险发生的可能性则不在识别之中）。

组织开展风险识别需要明确的资源。如风险识别技术与工具、相关信息，以及专业人员等。专业人员包括风险管理专业人员和其他业务专业人员，专业人员参与风险识别，掌握风险管理知识、业务知识，如风险识别的技术和方法，风险嵌入有关过程的特性认识等。选择和使用风险识别的工具、方法和技术应与风险管理的目标、能力以及所针对的风险相适应。收集、更新、利用风险相关信息及其背景信息。

（2）风险描述。是对风险的结构化的陈述，通常包括风险源、风险事件、风险原因、风险后果四个元素。

为了能够透彻领悟某种风险，对风险的详细描述是必要的，以便达成对风险、风险的所有权/责任的共识。风险描述一般涵盖四个要素，结构化的描述有利于组织建立庞大的风险数据库，也有利于组织查询和追踪风险的变化情况。表5-3所展示的是深入了解某种风险所需要记录的各种信息，特别适用于危险因素风险的判定。对于控制性风险及机会风险来说，只需稍加修改即可。

表5-3 对风险的描述

序号	风险描述的内容
1	风险的名字或者标题
2	风险的内容，包括对风险的范围、可能发生的具体情形及其相关性的阐述
3	风险的性质，包括对风险分类细节以及潜在影响的时间跨度等内容的说明
4	风险所涉及的利益相关方，无论来自企业内部还是来自企业外部
5	企业对风险所持有的态度、诉求、容忍程度以及承受极限
6	在现有或残留水平下，事件或者后果发生的可能性以及影响程度
7	所需控制标准或者风险的预期水平
8	偶发事件以及损失经历
9	现存控制机制以及活动
10	提出风险战略以及政策的责任
11	风险改观的可能性以及现行控制的信息水平
12	风险改观的推荐方法以及执行的最后期限
13	执行风险改观任务的责任
14	对风险管理行为的合法性的审查责任

危险因素、控制性风险及机会风险之间存在的区别应当领悟到位。通过下述例子，读者们能够轻松地找到区别三种风险所需的信息。

举例：计算机所面临的各种风险

在计算机的日常使用中可能遇到各种风险。病毒感染是一种会对计算机正常运行造成负面影响的危险因素。对于特定的企业来说，企业内部计算机遭遇病毒感染对其发展毫无益处可言。因此，企业通常会选择安装软件包或者对现有杀毒软件进行升级，而升级项目本身就是一种控制风险的办法。

选择新的计算机软件同样也是一种机会风险。这种行为的目的在于依靠软件的安装来实现对病毒的有效控制，但是安装该软件的行为是否会带来预期的效果并不确定，也就是说，新软件的安装也可能不能完全解决问题，如此一来，机会风险可能带来的好处便不能得以实现。事实上未能借助新软件控制病毒的事实很可能会大幅降低企业的运作效率。

1）风险源。指对导致风险具有潜在影响的要素或要素的结合。风险源可以是有形的或无形的。

风险源与风险原因在风险管理实务中，有时很难区分二者的不同。例如，地震有震源、震因之说。危险源是指潜在危害的来源，危险源可以是一个风险源，危险源常用于安全生产领域，风险源的概念包括了危险源的外延。

2）风险事件。是指一组特定情况的发生或变化。一个事件可以是一个或多个的发生，并且可以有多个原因。一个事件可以由未发生的事情组成。一个事件有时被称为不良事件或事故。一个没有后果的事件也可以被称为临近过失、不良事件、临近伤害或最后通牒。

风险是具体的，都与事件相关，事件是风险的载体。特定情况表明应考虑事件发生的根源和事件发生的原因，其揭示事件的发生、发展以及演变过程中事件的变化。

未发生的一些事情称为潜在事件，有负面影响的事件称为不良事件或事故，没有产生后果但具备造成负面影响的可能性的事件称为临近事件。

对不良事件的管理涉及识别事件发生的环境、潜在因素、直接的诱发原因、事件的规模、后果、影响的范围以及事后处理、事件总结等众多方面的工作。

3）风险所有者（Risk Owner）。指对管理某个风险负有责任和权力的个人或实体。

不同的风险一般具有不同的风险所有者。风险所有者不是风险责任人，风险所有者需要拥有管理风险的权力。在风险识别的过程中需要识别风险所有者。

3. 风险分析

风险分析是指理解风险特性和确定风险等级的过程。风险分析为风险评价和风险应对决定提供基础。风险分析包括风险估计。

风险分析是要揭示对风险的理解。风险分析为风险评价、是否需要对风险进行应对的决策，以及对最适宜的应对策略和方法的决策等提供输入。风险分析也可以为必须做出选择的决策提供输入，为不同类型和级别的风险提供选择。

风险分析包括对风险源与风险原因，以及其正面与负面的后果，和这些结果发生可能性的考虑。组织应识别影响后果和可能性的各种因素。对风险的分析通过对风险后果、发生的可能性及风险的其他属性的确定来实现。一个事件可能有多个后果，可能会影响多个目标。现有的控制方法及其效果和效率也应被考虑在内。

风险后果和可能性的表示方式以及二者结合决定风险等级的方式应反映风险的类型、可利用的信息、风险评估被使用的输出等实际情况。这些均应与风险准则相一致。另外，考虑不同风险和其风险源的相互依存也很重要。

在进行风险分析时，应考虑决定风险等级的信心以及风险水平对先决条件和假设条件的敏感性，并与决策者有效沟通，适当时，与其他利益相关方沟通。应阐述和高度关注有关因素，如专家意见的分散程度、信息的不确定性、可用性、质量、数量以及持续的相关性，或所选用模型的局限性。

风险分析应考虑分析的详细程度及变化、与风险本身的依赖性、分析的目的、信息、数据、可得到的资源。风险分析依情况而定，可以是定性、半定量、定量的，或它们的组合。

风险的后果及可能性的确定可通过对一个事件或一系列事件引发结果的模拟，或通过实验研究以及可获得的数据外推。风险后果可以有形的和无形的影响表示。在某些情况下，可能需要多个指标来确切描述不同时间、地点、类别或情形的后果和可能性。

风险分析是风险评估活动的第二个步骤，是理解风险性质和确定风险水平的过程，是风险评价和风险应对的基础，起着承上启下的作用。风险分析的核心是对风险的定量估计，包括对后果大小的估计和可能性大小的估计。风险分析既要分析影响某目标的固有风险，还要分析组织现有的管理能力和控制措施的有效性，进而得出某潜在事件对特定目标的实际风险值（或风险水平）。

（1）风险分析的目的。风险分析建立了对已识别（辨认）风险的理解，即深入理解这些风险的原因和特性，对其后果和可能性的大小进行估计；不仅是对风险本身，还有对其所嵌入的业务过程。风险分析是实施管理的基础和导向，为风险应对和某些决策的决定提供输入；选择针对性强、适用的方法能分析不同种类和程度的风险。

（2）风险分析的具体工作内容。在风险识别、辨认的基础上，对风险的特性和控制措施围绕一些因素开展相应的理解活动和分析活动。这些因素包括风险源、风险原因、可能性、后果、影响因素（事件、目标、控制措施的效果和效率等）。例如，一个风险可能影响多个目标，一个目标也可能被多个风险影响；控制措施的设计和执行都是无效的、低效或不匹配的。风险分析的重点是可能性，并最终确定风险后果、风险发生的可能性，并在此前提下确定风险的水平和风险的其他有关属性。风险分析还包括控制措施，因为风险应对措施的需求和选择是在现有的控制措施基础上做出的决策。鉴于风险与企业各方面（包括发展目标）紧密相关，找出企业成功所需各种关键相关因素是风险分析最简便的办法之一，特别是各个相关因素的影响因素。

（3）风险分析的表示形式。组织在实施风险评估前的表示方式（定性还是定量）要做好策划与部署，关注与风险准则的一致性，确保风险分析输出的结果（后果、可能性、风险水平）能够满足风险评估的实际需求。另外，同一个风险源可能产生多个风险（互相依存），要注意各个风险自身以及它们关联后的后果、可能性、风险水平的表示形式。

（4）风险分析的基本假设或先决条件。确定风险水平是风险分析的重要内容。一方面，除了确定风险后果的大小及其发生可能性的大小以外，确定其大小的依据和标准尤为重要。特别是在组织决定风险水平时所体现出来的信心。因为，风险水平体现了风险的重要性，反映了组织风险控制措施的现状，这直接与组织所要采取的应对方式有关，而应对方式的选择又与组织的发展阶段、可用资源、预期目标等密切相关。另一方面，确定风险水平的先决条件及其敏感性是风险管理过程中的重要课题，只有立足于此，并与内外部沟通，风险水平才能成立，它对组织整体的风险管理具有重要影响。

（5）风险分析的方法。遵循整体性要求。因为组织、过程、环境等的差异，风险分析的程度也会不同，而且随着组织的发展和风险的变化而变化，但应该按照组织的实际需求而定。同时，风险分析与风险本身的特性、风险分析的目的以及可利用的信息、数据、资源等密切相关。分析方法以半定量方式为主，适当时采用定量的方式进行精确计算。需要注意的是，在半定量计算时，往往用自然数表示后果或可能性的水平，但“$1+1\neq2$”。相比较而言，风险分析的方法、工具和技术较多，应依据组织的实际情况而定。

（6）测定风险后果和可能性的途径。风险是面向未来的，是一些潜在可能发生的事项。对风险后果的测定，其实质应该只是推测和估计。所以需要采用一些方法和手段获得这些结果，如情景模拟、实验研究、逻辑分析、数据推算等。而且，风险的后果可能是有形的影响或是无形的影响，也可用多个指标来说明风险的后果和可能性。

组织应以自身的性质选择合适的风险分类体系，或是选择风险管理标准所推荐的归类体系。一般而言，风险可以按照风险的特征归类，如影响的时间跨度、影响的性质、风险可能导致的影响程度；或是按照事件发生之后才出现的影响的时间跨度为衡量标准；也可以按照风险来源分类，或者是受影响的企业组件或者特质将风险归类。

(7) 脆弱性。指对一个风险源产生敏感性的某事的固有性能，该风险源能够导致一个有后果的事件。

脆弱性并不特指负面影响，只是强调它是一种固有性能，与敏感性相关、与风险源相关，而且这个风险源能够导致一个有后果的事件。在信息安全评估中，“脆弱性”是计算信息安全风险大小的一个重要参数。

(8) 风险矩阵。一种通过定义后果和可能性的范围，对风险进行展示和排序的工具。

风险矩阵，也叫风险地图、热点地图，是最常用的风险评估方法之一。它把后果的影响程度与发生可能性的大小作为两个参数，针对组织的风险进行分析，然后将两者放在一个平面矩阵或坐标图中，一般用横轴表示风险发生的可能性、纵轴表示风险发生后带来的后果，如图 5 -4 所示。

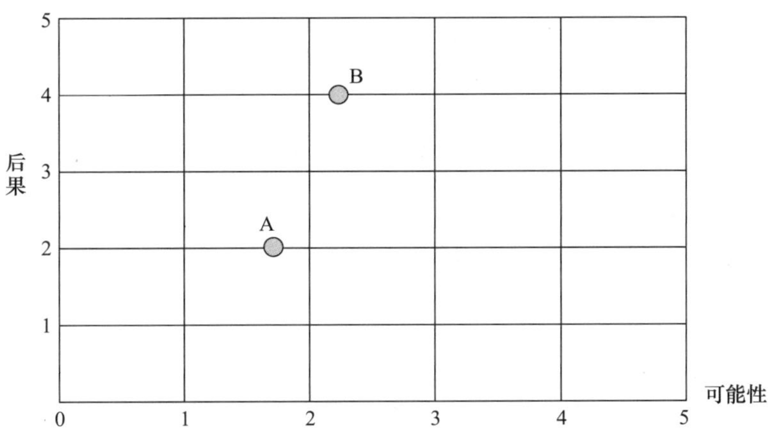

图 5 -4 风险矩阵举例

在如图 5 -4 所示的风险矩阵中，风险后果及其发生的可能性皆用 0 ~ 5 之间的数字来表示，数字越大，越靠近右上方，表示后果越严重，发生的可能性越大。图中 A 点的后果为 2，发生的可能性为 1.7；B 点的后果为 4，发生的可能性是 2.2。显然 B 点对应的风险值大于 A 点的风险值。也就是说，B 点比 A 点更具风险性，重要性更高，更需要迅速采取有效的控制手段。

可能性不仅含有频率的意思（频率往往隐含着事件是必然会发生的），还意味着某个不太可能发生的事件发生的概率大小。因此，往往用概率来表示风险发生的可能性，适用性更广。

影响程度也不仅是严重程度的意思（负面的），也在可控性和机会方面含有积极的含义，因此，用影响程度来表示采取控制措施之前的总体风险水平或者风险固有水平，也是出于广泛使用的考虑。另外，实际影响水平通常指的是采取风险管理措施之后的残留风险水平。所以，风险的实际影响水平所具备的现实意义是超越了风险的影响程度的（或者严重性）。

风险矩阵是基础性风险管理工具，既可以标注每种风险的特性，也可以记录固有风险水平、现存（残留）水平及目标水平，进而帮助企业明确该风险是否可接受、是否符合企业的风险偏好、是否在企业应对风险的能力范围之内，是否在发挥控制机制的作用。当然，风险管理人员真正应当关注的并不是影响程度的高低（后果大小），而是风险实际带来的影响或者结果。

（9）风险等级（Level of Risk）。是指以结果及其可能性的结合表示的一个风险或组合风险的大小或量级。组合风险被视为一个单个风险。

风险水平是指风险的大小或量级，采用结果及其可能性的结合表示，并不特指乘积关系，也可以是“加”，或者其他函数关系。在风险管理实务中，常用半定量方法估算风险水平，也就是把后果的大小与可能性的大小相乘估算风险的大小。注意，风险的量级与后果的量级应该是一致的。

充分了解所有风险的固有水平至关重要。风险的固有水平指的是在未对风险采取任何行动之前，风险发生的可能性及影响程度，它是客观的。明确风险的固有水平有着明显的益处，能够帮助准确衡量现有控制措施的重要性。固有风险水平也可以称作绝对风险水平或者整体风险水平；与此相对应，现有风险水平也可以被称作风险残留水平（剩余风险水平）。

国际内部审计师协会提出所有风险的评估工作应当始于对固有风险水平的测算。虽然业界对此尚未达成共识，但不影响对风险评估行为目的的统一认识，即明确风险当前水平所指及现有风险水平的实现所需要的关键性控制手段。

无论是对固有风险水平还是对剩余风险水平进行评估，都与企业的目标和风险容忍度的设定相关。特别是关于企业对剩余风险的评估，如果企业在采取了一定措施后，剩余风险水平仍然超出企业的风险容忍度，企业需要再增加措施，最终达到剩余风险水平能够保持在可接受的风险容忍度水平。

借助风险矩阵反映风险发生的可能性及其影响程度，清晰显示风险所对应的固有风险水平，以及在采取了相应的风险控制手段之后，风险的折合水平或者现有水平，体现了从固有风险水平降低到现有水平所需的各种努力。

4. 风险评价

风险评价是指将风险分析结果与风险准则相比较，以决定风险和/或其大小是否是可接受的或可容忍的过程。风险评价协助进行风险应对的决定。

风险评价的目的是协助决策，决策基于风险分析的结果，决策的内容是风险是否需要应对以及实施应对的优先顺序。

风险评价牵涉风险水平与风险准则的比较，其中风险水平来自风险分析过程，风险准则来自建立环境阶段。基于这种比较，考虑应对的需要。

决策应考虑更宽泛的风险环境，包括对各方风险容忍度的考虑，该容忍度不仅仅是从风险中获取益处的组织的风险容忍度。所做决策应与法律法规及其他要求相一致。

在某些情况下，风险评价可能会导致开展进一步分析的决定。风险评价也可能导致除了维持现有的控制措施外，不进行任何风险应对的决定。决策受组织的风险态度和已经建立的风险准则的影响。

（1）风险评价的含义。风险评估全过程的第三个子过程，正确的风险评价将有助于组织对风险应对的决策。

1）风险评价的目的和决策。风险评价的目的是以风险分析的结果为基础协助决策，其依据是风险准则，关键是风险的重要性的比较，重点是风险容忍度，结果是可接受或可容忍的决定。当然，前提是风险准则中包括风险偏好的内容，明确风险的数量和种类；否则，比较失去对象，无法做出决定。

通常情况下，风险分析过程确定的单一风险的后果大小、可能性大小和风险水平大小的值较多，只有通过与风险准则中所确定的、用于风险评价的等级划分依据（风险接受或容忍的尺度）进行比较，将一些不同但相近的值划分在同一个重要性等级中，在此基础上再考虑应对的需要，即决策需要应对的对象和应对的次序。例如，把风险矩阵划分为几个区域，将处于每个区域中的多个风险作为一个风险等级。注意，组织内外各方对风险的容忍水平存在差异。

2）风险评价的输出。风险分析虽然是风险评价的基础，但并不能完全满足评价的要求，因此，评价对分析反馈意见以及决定进一步分析非常重要。与此同时，风险评价得出针对风险和/或风险大小的决定，以及可能导致组织做出风险应对的决定。前者的决定包括两方面：一是风险（一个或多个）是否可接受或可容忍（即是否在风险偏好之内）；二是可接受或可容忍风险的大小是否可接受或可容忍。后者的决定也包括两方面：一是对某些风险并不需要采取任何应对措施，即不需要应对；二是现行的控制措施没有必要保持，应改变现有的应对方式，提出新的应对措施。并结合风险的重要性和资源的匹配程度排出应对的次序。

（2）风险偏好。一个组织准备追求、保留或承担的风险数量和种类。

风险偏好是风险管理实践中至关重要的概念之一。风险偏好，又称风险容量或风险胃口，企业常用定性（如高、中、低）或定量方法进行较准确的描述，有时关注风险发生的可能性高低，有时聚焦风险发生可能带来的影响程度的大小，也有用“激进或保守”来描述。企业的风险偏好主导企业风险文化的基调和态度，也反映了企业决策层与管理层的风险理念、哲学和认识。

在风险矩阵中，既有不论可能性大小而威胁都微乎其微的区域，也有可能性微乎其微但威胁非常大的区域，在这些可被接受的可能性及影响的最低程度水平之上，还有可能性较低或者危害程度较低的区域，以及可能性水平或者危险程度处于中等水平的区域；这些都是企业所能承受的风险水平，是可接受的，体现的是企业的风险偏好。

可能性较高或者影响程度较高的风险应当被排除在可接受范围之外，是需要董事会研究决定的范围，一般称为“风险小宇宙”。这是内部审计师的常用语，用来明确审计的先后次序。小宇宙的范围越小越封闭，对企业造成影响的重大风险被忽视的可能性越大。如图 5 -5 所示。

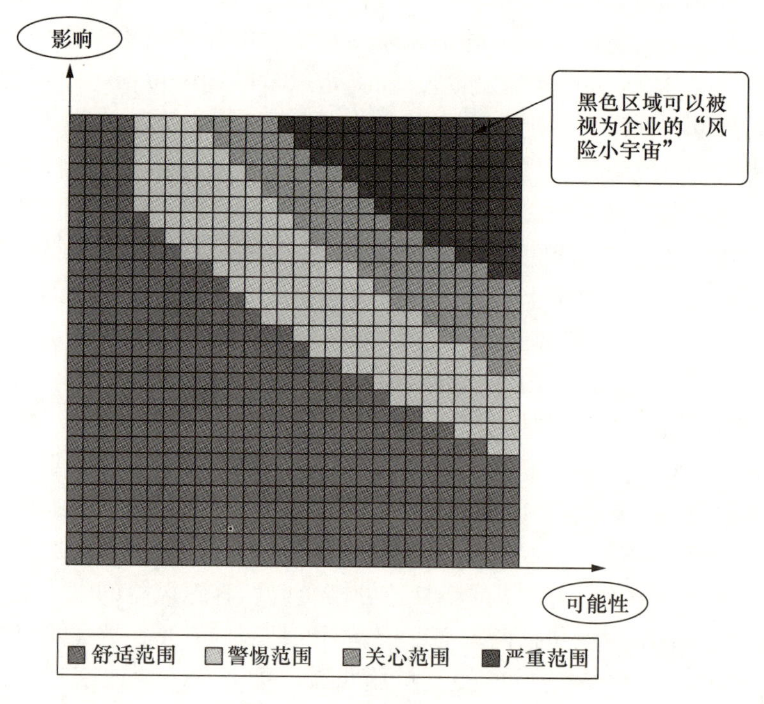

图 5 -5 风险偏好矩阵

如何准确定义企业的风险偏好并付诸实践当中非常困难。有时候，风险偏好由风险准则来定义。

一方面，风险偏好不是独立存在的，它的制定通常与企业其他经营行为紧密相关，而且要考虑企业的政策因素、项目因素及营运能力等多个层面的内容；但它又是重要而急迫的，在风险管理实践中，明确风险发生的可能性及风险发生可能带来的影响之后，下一个任务就是明确风险偏好或者风险准则了。

另一方面，不同企业的风险可承受水平存在显著差异，即风险偏好并不相同。很多企业都倾向于选择风险累积性审查办法将所有的风险敞口叠加计算；然后，企业依次采用排除法，决定风险敞口的总和是否处于可接受范围、是否处于企业的风险偏好范畴之内。

注意：在明确员工对风险的认识及企业的风险偏好的过程中，相对于某些发生可能性较小但带来的危害程度较大的风险（如地震），那些发生可能性较大但带来的危害程度较小的风险（如交通事故）通常更引人注目。这两种态度之间的差别可能影响企业重大风险之间的排序问题。

风险容忍是指组织或利益相关方为达成其目标在风险应对后愿意承受的风险。风险容忍可能受到法律或监管要求的影响。

量化风险容忍的值称为风险容忍度（又称风险容限）。在进行风险评价时，低于风险容忍度的风险被视为可容忍，其风险重要性较低。

在风险管理实践中，风险容忍度是一个企业在实现未来目标的过程中所能够接受的与目标的偏离度，或者说是企业希望接受何种程度的波动可能性与损失暴露。企业常常比较风险容忍度与业绩计量指标的偏离，进而设定容忍度极限值。当然，确定企业的风险容忍度应与企业的业绩目标和风险偏好相协调。设定风险容忍度，企业的风险思维有了界定和度量的指标，企业经营者向董事会和其他利益相关者展示出他们对风险的管理限定在风险容忍度之内或限定在企业可接受水平的承诺，企业在紧急状态下有了实施快速决策的参照指标。

（3）风险态度。指组织在评估及追求、保留、承担或规避风险方面的方式和态度。

风险态度是风险评估和风险应对阶段的关键用词，是对风险的处理方式和持有的态度。态度本身就是一种应对方式，而准则也是一种重要性评价，它们都会对应对方式的决策产生影响，因此，组织应关注风险应对决策（风险评估和风险应对）与风险态度和风险准则之间的关系。风险态度除追求、保留、承担和规避以外，还有厌恶、接受等。

1）风险规避。指为了不暴露给某个特定的风险，而被告知的不参与或撤离某项活动的决定。风险规避可能基于风险评价的结果和/或法律及监管条款。

风险规避是一种被告知的决定，它相对安全但也最保守，因此有可能丧失机遇。

2）风险接受。指承担某一特定风险的正式决定。未进行风险应对或在风险应对过程中，可发生风险接受，被接受的风险应进行监测与评审。

风险接受是组织在风险评价后做出的选择之一，它是一种正式的决定。

（三）风险应对

风险应对是指改变风险的过程。

风险应对方式不必相互排斥或者适用于所有情形，主要有以下几种形式：①规避风险，通过决定不开始或不继续导致风险的活动；②为寻求机会而承担或增大风险；③消除风险源；④改变可能性；⑤改变后果；⑥与另外一方或多方分担风险（包括合同和风险融资）；⑦以有迹可循的方式和正式的决定保留风险。

对有负面结果的风险应对有时被称为风险缓释、风险消除、风险预防或风险降低。

风险应对可能造成新的风险，或改变现存的风险。

风险应对包括选择并实施一个或多个改变风险的方式，一旦付诸实施，这些方式就会提供或改进控制措施。

风险应对包含一个循环过程，即首先评估一个风险应对；其次决定剩余风险的等级是否可容忍；再次如果不可容忍，则需产生一个新的风险应对；最后评估新应对的有效性。

1. 理解风险应对

风险管理过程的目的是通过风险评估和应对，把风险控制在可接受或可容忍的范围内。

（1）控制。指用于改变风险的措施。控制包括任何程序、政策、设备、实践或其他改变风险的活动。控制并不总是对预期或假定的修改效果产生影响。

注意：控制在风险管理领域的含义与企业管理职能中的含义是不同的，前者范围更广泛；控制也与风险应对的含义不同，前者是活动、措施，后者是一个过程。

风险应对是一个改变风险的过程。对一个或一类特定风险而言，应对是个性化的。风险评估完成后，需要做出是否应对的决定，该决定是风险应对的执行命令。如果某风险的风险等级在可接受或可容忍范围内，就不启动风险应对，直接进入监测与评审过程。否则，就要根据风险等级和组织的资源情况来设计、选择、实施相应的风险应对。

组织在选择和实施一个风险应对时应执行一个循环过程。第一，以风险评价的输入为基础，评估需要开展的风险应对活动，包括哪些风险需要应对、需应对风险的优先顺序、应对的方式、应对的计划和过程等，并最终做出决策。第二，将剩余风险水平与风险准则中的可容忍等级相比较，如果剩余风险在组织的风险偏好之内，并且其大小可度量，是可容忍的；如果不可容忍，说明已实施的风险应对不适宜，应采用和实施新的应对措施。第三，评估剩余风险的应对和整个循环过程的有效性。第四，根据评估的结果决定是否进入下一轮循环。

（2）剩余风险。指风险应对后遗留的风险。剩余风险可能包括未识别的风险，也可以认为是保留的风险。

剩余风险与固有风险相对应，二者的差异在于组织的管理措施、管理能力和管理水平。用公式表示：剩余风险 = 固有风险 – 风险应对。剩余风险随组织的风险应对水平而变化。如果应对有效，则剩余风险就小；反之，剩余风险就大，从而影响组织目标的达成。

注意：在风险应对后剩余的风险可能包括以下几种情况：①对已识别的风险进行风险应对后剩下的风险；②在风险应对前（或风险评估中）未被识别出来的风险；③在风险应对过程中新产生的风险。

2. 风险的两重性

风险具有两重性，其应对方式也各异，既有针对正面机会的，也有针对负面威胁的，还有适用于所有类型或风险特征的。在风险管理实务中，要特别注意增大或承担风险、消除风险源和保留风险这三种方式的应用。

（1）规避风险。适合规避那些对组织目标达成有特别重大影响的负面风险。它包括两个时点，一是在活动开始之前发现在组织风险偏好之外的；二是在活动中发现不可接受的。

（2）增大或承担风险。适合有正面影响的风险。通过增大后果的大小或增大发生可能性的大小来实现。

（3）消除风险源。适用于能确定风险源的负面风险。它是一种彻底的治本方式，在安全生产、食品安全等领域经常要求采用这种方式。

（4）改变可能性和改变后果。适用于各种风险，直接改变风险的大小。注意，并不能改变风险的性质。

（5）分担风险。适用于各种风险，改变风险的承受主体而不改变风险自身的大小和性质。

风险分担是指一种涉及与其他方协议分配风险的风险应对方式。法律或监管要求能够限制、阻止或强制执行风险分担。风险分担可以通过保险或其他合同方式实现。风险被分散的程度取决于分担安排的可靠性和透明性。风险转移是风险分担的一种形式。

风险分担是共担损失、共享收益。当然，也可以部分转移或全部转移。

注意：风险分担虽不改变风险本身的大小，但由于增加新的承受主体，所以可能会引发新的风险。

风险融资是一种常用的风险应对方式，是指一种为资金准备而做的偶发安排的风险应对方式，该资金准备可以满足或修改可能发生的财务后果。针对特定风险，其融资的方式也多种多样。

（6）保留风险。适用于可接受或可容忍的风险以及尚无资源和能力应对的风险。需要通过正式的方式予以决定，因为它往往对应于风险偏好强的决策。

风险保留是指从特定风险中接受潜在的收益或损失负担，包括对剩余风险的接受。被保留的风险等级可能取决于风险准则。

3. 选择风险应对方式

选择最适当的应对方式应针对所得到的收益去平衡成本和实施的努力，并考虑法律、法规和其他要求，如社会责任和自然环境保护。决策也应考虑那些从经济方面考虑能够证明风险应对是不恰当的风险，如非常严重（高负面后果）但罕见（低可能性）的风险。

很多种应对方式都可以被单独或组合来考虑和应用，组织通常可从中获益。

在选择应对方式时，组织应考虑利益相关方的价值观、感知以及与他们沟通的最适当的方式。风险应对方式可能对组织或利益相关方在其他地方的风险有影响，组织在决策中应予以考虑。尽管不同的应对方式有相同的效果，但一些应对方式可能更容易让利益相关方接受。

应对计划应清晰地标识每一项被实施的风险应对的优先顺序。

风险应对自身可能引入新的风险，而其中一个重大风险可能导致风险应对措施的失败或无效。监测要成为风险应对计划整体的一部分，以保证措施有效。

风险应对可能引入需要被评估、被应对、被监测与被评审的次生风险。这些次生风险应被合并为与原风险相同的应对计划，而不应作为新的风险予以应对。这两种风险之间的联系应当被识别和被维护。

风险是不可避免的，风险管理过程中可以调用的资源也是有限的。因此，风险管理的目标在于根据风险评估结果，实现对风险管理措施的优化，将风险水平控制在可接受的范围内。风险的性质、规模及复杂程度共同决定着风险应对方式的选择。

针对风险管理，一个普遍的共识是在客观上存在着组织投入风险管理的成本与所得收益之间的平衡。但对某些风险，从更大的范围、特定的角度去考虑时，尽管从经济的角度考虑可能是不值得甚至亏损，但实施风险应对措施是必需的。

清晰标识拟实施的应对方式、应对措施的优先顺序非常重要，这点与在风险分析过程中对需应对的风险进行排序一样。此外，计划中应包含监测的内容、关注次生风险、可能的新风险和应对措施的实施效果。

次生风险是指由于原有风险而导致的风险，因此在风险识别过程中应予以辨识，开展后续系列风险管理活动，纳入风险应对计划。

4. 准备和实施风险应对计划

风险应对计划的目的是将如何实施所选择的应对方式形成文件。

风险应对计划所提供的信息应包括：①选择应对方式的原因，包括要获得的预期收益；②对计划批准负有责任的人和对实施计划负有责任的人；③建议的行动；④资源需求，包括突发事件的资源需求；⑤绩效的测量方法和限制条件；⑥报告和监测要求；⑦时机和日程安排。

风险应对计划和风险管理计划是 ISO31000 标准特别强调的两个计划，组织在开展风险管理工作时需要将这两个计划书面化。风险应对计划应该被准备、制订和实施，并且可查阅、可追踪，其主要内容包括：

期望收益是指实施风险应对以后，组织希望达到的效果。重点是经济利益。

在风险应对中，要注意划分负有职责的人与负有责任的人。

风险应对计划的重要内容就是列举所要开展的具体活动，以及这些活动所需的资源，特别是突发事件的资源需求；还有这些活动的效果（绩效）的测量方法及限制条件，报告和监测方面的内容。

风险应对计划的实施要考虑适当的时机以及计划实施的时间范围、阶段划分、关键节点和具体的日程进度等。

风险应对计划应被整合入组织的管理过程，而非独立运行；并与适当的利益相关方进行讨论；告知决策者和其他利益相关方剩余风险的性质和程度。

风险应对并不会改变剩余风险的性质，只是程度的问题，即其风险大小是否是组织所能接受或可容忍的。但是，对于剩余风险中显现的未识别风险和保留风险，需要分析其性质，并根据需要（是否可容忍，以及变化情况）决定是否采取进一步的应对措施并实施。

（四）监测与评审

监测是指持续地检查、监控、密切观察或确认风险状态，以识别与要求或期望的绩效水平的偏离。监测可用于风险管理框架、风险管理过程、风险或控制。评审是指为实现既定目标而进行的决定某一事项的适宜性、充分性和有效性的活动。评审可用于风险管理框架、风险管理过程、风险或控制。评审指的是一项特定的活动，该活动要决定适宜性、充分性、有效性三性，这“三性”与某一特殊或特指事项相联系。开展评审活动要在既定目标的前提下进行。

监测与评审应该是风险管理过程中一个被计划的部分，包括日常的检查或监督，也可以是定期的或临时的。组织应清晰确定监测与评审的职责。

组织进行的监测与评审应包含组织风险管理过程的所有方面，其目的是：①确保控制（措施）在设计和运行两个方面都是有效力和有效率的；②为改善风险评估而获得进一步的信息；③从事件（包括临近发生）、变化、趋势、成功和失败中分析并获取经验教训；④发现外部和内部的环境变化，包括风险准则和风险本身的变化，这些变化可能需要修改风险应对方式和优先顺序；⑤识别正在显露的风险。

实施风险应对计划的进展情况为组织提供了一种绩效测量。测量结果可以被纳入到组织的全部的绩效管理、测量及内外部报告等活动中。

监测与评审的结果应被记录并被适当地向内部和外部报告，也应用于风险管理框架评审的输入。

1. 理解监测与评审

在风险管理实践中，监测、评审一般搭配使用。二者的主题事项相同，包括风险管理框架、风险管理过程、风险和控制四项。在评审报告中针对主题事项做出适宜性、充分性、有效性的评价性结论，并对重大问题提出意见，如改进措施、资源配置、结构调整等。

监测与评审既是风险管理过程的一个环节，同时还面向整个过程的各部分。监测与评审需要专门的队伍来完成，以确保其客观性和准确性。企业里一般由风险管理部或审计监察部负责此项工作。通过监测与评审，改善或提升组织在风险管理过程中的能力。

在策划整个风险管理过程时，包括对监测与评审的策划。一方面是监测与评审是整个过程的一个环节，另一方面是监测与评审要嵌入过程的各个环节。嵌入风险应对计划，完善绩效管理、内外部报告等日常管理活动；嵌入风险评估，为改进风险评估获取进一步的信息；嵌入风险识别，更新风险清单；嵌入环境、准则和风险的变化，协助做出修改风险应对方式和实施优先顺序的决定。

监测与评审结果既要记录，也要报告，并且向风险管理框架的评审提供输入。

2. 风险报告

风险报告是指一种有准备的沟通形式，该形式通过提供关于风险的现状和对风险的管理等信息，通知特定的内部或外部的利益相关方。

3. 风险管理审计

风险管理审计是指为取证和客观评价，以确定满足风险管理框架（或任何被选择的一部分）是充分的和有效的程度，所进行的系统的、独立的和文件化的过程。审计分为内部审计和外部审计，外部审计包括第二方审计（如客户）和第三方审计（如外部独立机构）。

（五）沟通与咨询

沟通与咨询是指组织管理风险时，提供信息、共享信息、获取信息以及与利益相关者展开对话的持续、往复的过程。信息可能涉及风险的存在、性质、形式、可能性、重要性、评价、可接受性和风险管理的应对等方面。咨询是组织与其利益相关者就某一问题在决策或确定方向之前所进行的充分的双向沟通。咨询是一个通过影响力而不是通过权力来影响决策的过程；是对决策的输入，而不是共同决策。

沟通与咨询的对象主要指利益相关者。组织在风险管理过程中的所有阶段，都应与内部和外部的利益相关方进行沟通和咨询。

咨询团队可以：①帮助建立适当的环境；②确保利益相关方的利益得到理解和考虑；③有助于确保风险得到充分识别；④把不同领域的专业知识结合到一起用于分析风险；⑤在制定风险准则和评价风险时确保不同观点能被恰当地考虑；⑥保证风险应对计划获得认可和支持；⑦在风险管理的过程中加强适当的变更管理；⑧制订一个恰当的外部和内部的沟通与咨询计划。

因此，组织应在初期就制订沟通与咨询的各种计划。这些计划应阐明与风险本身有关的各种问题，如风险原因和风险后果（如已知）等，以及对其所采取的各种应对措施。同时，组织应进行有效的内部和外部的沟通与咨询，以确保对实施风险管理过程负有责任的人和利益相关方理解有关决定的基础，以及需要一些特殊行动的原因。

由于利益相关方基于其风险感知而对风险进行判断，所以与他们的沟通与咨询十分重要。风险感知可能随利益相关方的价值观、需求、假设、概念和关注点的不同而改变。利益相关方的意见对组织的决策有重要影响，因此利益相关方的风险感知应被识别、记录，并在决策过程中予以考虑。

沟通与咨询应促进真实、相关、准确和易于理解的信息交流，并将保密和个人诚信因素考虑在内。沟通与咨询是风险管理过程的一个部分，嵌入过程的主要环节，如建立环境、风险评估和风险应对，是风险管理框架中提出的沟通机制的延伸和作用于风险管理过程的体现。

沟通与咨询是一个持续的、往复的过程，并关注咨询团队、利益相关方和信息。

（1）嵌入性。在风险管理过程的建立环境、风险评估、风险应对三个主要阶段实现与组织内部及外部利益相关方的沟通与咨询。在建立环境之前就制订沟通与咨询计划，当然，该计划与风险管理框架中的外部沟通计划并不同，而是涵盖过程中三个阶段的所有风险事项；该计划是为了更好地理解和实施沟通与咨询活动，特别是针对对过程负有责任的人和利益相关方。

（2）咨询团队。咨询活动对决策产生影响，但不直接参与和决定决策。咨询团队是开展沟通与咨询活动的有效方法，主要完成八方面的工作，这八项内容基本建立在风险管理过程之上，反映了沟通与咨询嵌入风险管理过程的各个子过程。其中第一、第二项属于建立环境的内容，第三、第四、第五项属于风险评估的内容，第六项属于风险应对的内容，第七、第八项是关于变更管理和沟通与咨询计划的内容。因为变更也是组织所有过程所必需的一部分。

（3）风险感知（风险认知）。它属于心理学的范畴，是指个体对风险的感受和认识，强调个体由于直观和主观感受而获得的经验对认知风险的影响。这与风险识别不同，风险识别强调人的主观意识对客观风险的评价，所以，风险感知更像是风险识别的基础，它与风险认知一起组成风险识别的两个阶段。显然，主体不同，风险感知会有差异而且也会变化；作为影响组织决策的利益相关方，其感知应该被识别、记录并在决策时予以考虑。

（4）信息。组织与内、外部进行沟通和咨询时，既要促进信息交流，也要注意特定信息的保密和个人诚信问题，避免给组织带来判断和决策方面的失误。

（5）利益相关方。利益相关方是指可能影响、被影响或感觉其自身可能被某一项决定或活动所影响的个人或组织。决策者能够是一个利益相关方。

利益相关方可以是内部的和外部的，也可以是个人或组织。例如，一家企业可能的利益相关方包括股东、董事会成员、管理层、员工、顾客、供应商、销售商、分包商、债权人以及机构投资者、政府部门、社区等。因组织的任何一个决定、任何一项活动都有可能对利益相关方造成影响，或者让其感到将受影响，包括给决策者自身带来影响。这凸显了沟通与咨询的重要性。

（6）风险感知。指利益相关方对风险的观点和意见。风险感知反映利益相关方的需求、问题、认知、信仰和价值观。

对同一个风险，组织、利益相关方的认知和观点可能会有差异。因此，在风险准则和风险评估时，双方要充分沟通。风险感知主要针对利益相关方而言，风险态度和风险偏好更多的是针对组织自身而言的。

（六）记录风险管理过程

风险管理活动应该是可追溯的。与所有过程一样，在风险管理过程中，记录为各种方法和工具的改进奠定基础。

创建记录的决定主要考虑以下内容：①组织在持续学习方面的需求；②为管理目的而重复使用信息的益处；③创建和维护记录所需的成本与努力；④法律、法规和运营等对记录的需求；⑤访问记录的方法、回收的轻松性和储存介质；⑥保留期限；⑦信息的敏感性。

注意：记录并不是风险管理框架和风险管理过程的一个组成部分，但它是风险管理过程的一项要求。记录是阐明所取得的结果或提供所完成活动证据的文件，它可用于文件的可追溯性活动，并为验证、预防措施或纠正措施提供证据。

组织创建记录时要考虑记录的目的和合规性等要求，以及所用的方法与工具、存储介质、访问控制、保留期限、回收处理和成本效益等因素。

第二节　COSO ERM 企业风险管理框架

一、概述

（一）企业风险管理八要素

企业风险管理包括八个相互关联的构成要素。它们源于管理层经营企业的方式，并与管理过程整合在一起。任何主体都不可能，也不应该以同样的方式应用企业风险管理。公司的企业风险管理能力和需求由于行业、规模以及管理理念、文化的不同而大相径庭，尽管所有的主体都应该具备每一个构成要素并有效运行，公司对企业风险管理的应用——包括采用的工具和技巧以及职能与责任的划分——通常会各不相同。这八个构成要素及其解释如下：

1. 内部环境

管理层确立关于风险的理念，并确定风险容量。内部环境为主体中的人们如何看待风险和着手控制确立了基础。所有企业的核心都是人——他们的个人品性，包括诚信、道德价值观和胜任能力以及经营所处的环境。

2. 目标设定

必须先有目标，管理层才能识别影响它们实现的潜在事项。企业风险管理确保管理层采取恰当的程序去设定目标，确保所选定的目标支持和切合该主体的使命，并且与它的风险容量相一致。

3. 事项识别

必须识别可能对主体产生影响的潜在事项。事项识别涉及从影响目标实现的内部或外部原因中识别潜在的事项。它包括区分代表风险的事项和代表机会的事项，以及可能二者兼有的事项。机会被反馈到管理层的战略或目标制定过程中。

4. 风险评估

要对识别的风险进行分析，以便形成确定应该如何对它们进行管理的依据。风险与可能被影响的目标相关联。既要对固有风险进行评估，也要对剩余风险进行评估，评估要考虑风险的可能性和影响。

5. 风险应对

员工识别和评价可能的风险应对，包括回避、承担、降低和分担风险。管理层选择一系列措施使风险与主体的风险容限和风险容量相协调。

6. 控制活动

制定和实施政策与程序以帮助确保管理层所选择的风险应对得以有效实施。

7. 信息与沟通

相关的信息以确保员工履行其职责的方式和时机予以识别、获取和沟通。主体的各个层级都需要借助信息来识别、评估和应对风险。有效沟通的含义比较广泛，包括信息在主体中的向下、平行和向上流动。员工获得有关他们的职能和责任的清晰的沟通。

8. 监控

对企业风险管理进行全面监控，必要时加以修正。通过这种方式，它能够动态地反应，根据条件的要求而变化。监控通过持续的管理活动、对企业风险管理的个别评价或者两者相结合来完成。

（二）企业风险管理要素关系

企业风险管理是一个动态的过程。举例来说，风险评估促动风险应对，它可能会影响控制活动，并凸显出考虑信息与沟通的需要或主体的监控活动的必要性。因此，企业风险管理并不只是一个构成要素仅仅影响后续环节的顺次的过程。它是一个多方向的、反复的过程，在这个过程中几乎每一个构成要素都能够并且将会影响其他要素。

1. 目标与要素之间的关系

目标是指一个主体力图实现什么，企业风险管理的构成要素意味着需要什么来实现它们，二者之间有着直接的关系，如图2－1COSO ERM 企业风险管理框架所示。这种关系通过一个三维矩阵以立方体的形状体现出来，其中，目标与要素、要素与主体可以交叉切分，但需要注意的是，目标仅与主体相关，而与分部、单元、子公司无关。

2. 有效性与要素之间的关系

尽管企业风险管理是一个过程，它的有效性却是在某个时点上的一种状态或情况。确定企业风险管理是否有效，是在对八个构成要素是否存在和有效运行的评估的基础之上所做出的判断。

构成要素是有效的企业风险管理的判断标准。如果它们存在且正常运行，那么就可能没有重大缺陷，而风险可能已经被控制在主体的风险容量以内。如果确定企业风险管理在所有四类目标上都是有效的，那么就意味着董事会和管理层对以下四方面的合理保证：①他们了解主体实现其战略目标的程度；②他们了解主体实现其经营目标的程度；③主体的报告是可靠的；④符合适用的法律和法规。

尽管企业风险管理有效的依据是所有八个构成要素都必须存在和正常运行，但是在构成要素之间可能会存在某些权衡。例如，企业风险管理技术可以服务于许多目的，与一个构成要素相关的技术或许能服务于另一个构成要素的技术的目的。针对特定风险而言，风险应对的程度各有不同，具有互补性的风险应对和控制也许各自效果有限，但结合起来可能是令人满意的。

从主体角度而言，与较大主体相比，在较小的主体中各个构成要素的方法可能不太正式和不太健全，但是在每一个主体中这些基本的概念都应该存在。而且，一般把企业当作一个整体来考虑企业风险管理，其中包括考虑它在重要的业务单元中的应用。但是，也会有单独针对一个特定的业务单元去评价企业风险管理的有效性的情况。此时，所有八个构成要素都必须存在且有效运行。

3. 涵盖内部控制

内部控制是企业风险管理不可分割的一部分。企业风险管理框架涵盖了内部控制，从而构建一个更强有力的概念和管理工具。《内部控制—整合框架》（COSO IC：1992）是现行规则、监管和法律的基础，本框架通过参考的方式把其融合了进来。

4. 企业风险管理和管理过程

企业风险管理是管理过程的一部分，但是并不是管理层所做的每一件事情都是企业风险管理的一部分。管理层在决策和相关的管理活动中所运用的许多判断，尽管是管理过程的一部分，但并不是企业风险管理的一部分。例如：

（1）确保有一个恰当的目标设定过程是企业风险管理的一个重要的构成要素，但是管理层所选定的特定目标并不是企业风险管理的一部分。

（2）根据对风险的恰当评估去应对风险是企业风险管理的一部分，但是所选定的具体风险应对和主体资源的相应配置却不是。

（3）确定和执行控制活动以帮助确保管理层选择的风险应对得以有效实施是企业风险管理的一部分，但是所选定的特定的控制活动却不是。

总之，企业风险管理包括管理过程中那些保证管理层作出知情的风险基础决策（Informed Risk－Based Decisions）的要素，但是从一系列合适的选项中选定的特定决策并不能决定企业风险管理是否有效。尽管选定的具体目标、风险应对和控制活动与管理层的判断有关，但是这些选择必须最终把风险降低到一个可以接受的水平——这个水平取决于风险容量，以及有关实现主体目标的合理保证。

二、内部环境

内部环境包含组织的基调，是企业风险管理所有其他构成要素的基础，为其他要素提供约束和结构。内部环境受到主体的历史和文化的影响。与此同时，它影响组织中人员的风险意识，影响组织战略和目标如何制定、经营活动如何组织以及如何识别、评估风险并采取行动，它还影响控制活动、信息与沟通体系和监控措施的设计与运行。

内部环境因素包括主体的风险管理理念、它的风险容量、董事会的监督、主体中人员的诚信、道德价值观和胜任能力以及管理层分配权力和职责、组织和开发其员工的方式。其中，董事会是内部环境的一个关键部分，它对其他的内部环境要素有重大的影响。当然，每个要素的强调程度会因主体规模、性质等而不同。

（一）风险管理理念

一个主体的风险管理理念是一整套共同的信念和态度，它决定着该主体在做任何事情，如从战略制定和执行到日常的活动时如何考虑风险。风险管理理念反映了主体的价值观，影响它的文化和经营风格，并且决定如何应用企业风险管理的构成要素，包括如何识别风险，承担哪些风险以及如何管理这些风险。

成功承担了重大风险的公司对企业风险管理的看法，似乎不同于由于在危险的地区创业而面临过严酷的经济或管制后果的公司。尽管有些主体会为了满足外部利益相关者，如母公司或监管者的需要，而努力实现有效的企业风险管理，但是更常见的是因为管理层认识到有效的风险管理有助于主体创造和保持价值。

当风险管理理念被很好地确立和理解并且为员工所信奉时，主体就能有效地识别和管理风险。否则，企业风险管理在各个业务单元、职能机构或部门中的应用就可能会出现不可接受的不平衡状态。但是即使一个主体的理念被很好地确立，在它的各个单元之间仍然会存在文化上的差别，从而导致风险管理应用方面的差异。一些单元的管理者可能准备承担更大的风险，而其他的则更保守。孤立地看，这些不同的次级文化都能对主体产生负面影响。但是通过很好的合作，这些单元能够恰当地反映主体的风险管理理念。

企业的风险管理理念实质上反映在管理层在经营该主体的过程中所做的每一件事情上。它可以从政策表述、口头和书面的沟通以及决策中反映出来。无论管理层是强调书面的政策、行为准则、业绩指标和例外报告，还是更为非正式地大量通过与关键的管理者面对面地接触来进行运营，至关重要的是管理层不仅要通过口头，而且还要通过日常的行动来强化这种理念。

（二）风险容量

风险容量是一个主体在追求价值的过程中所愿意承担的广泛意义上的风险数量。它反映了企业的风险管理理念，进而影响了主体的文化和经营风格。

风险容量应在战略制定的过程中加以考虑，来自一项战略的期望报酬应该与主体的风险容量相协调。不同的战略会使主体面临不同程度的风险，应用于战略制定过程的企业风险管理帮助管理层选择一个与主体的风险容量相一致的战略。

主体运用类似高、适中或低等类别，从质的角度考虑风险容量，或者运用数量化的方法，来反映和平衡增长、报酬和风险方面的目标。

（三）董事会

一个主体的董事会是内部环境的关键部分，它对其他要素有着重大影响。董事会对于管理层的独立性、其成员的经验和才干、对活动参与和审察的程度，以及其行为的适当性都起着重要的作用。其他因素包括提出有关战略、计划和业绩方面的疑难问题和与管理层进行商讨的程度，以及董事会或审计委员会与内部和外部审计师的交流。

一个积极的和高度参与型的董事会、受托委员会（Board of Trustees）或类似的机构应该具有适当程度的管理、技术和其他专长，以及履行监督职责所需要的思维方式。这对于一个有效的企业风险管理环境至关重要。而且，由于董事会必须准备去质疑和仔细审查管理层的活动，提出不同的观点，并针对不当行为采取行动，因此董事会必须包含外部董事。

高层管理层的成员可能带来他们对公司的深入了解，从而成为有效的董事会成员。但是必须有足够数量的独立外部董事，他们不但要提供合理的建议、咨询和指导，而且还要对管理层形成必要的牵制和制衡。要想使内部环境有效，董事会中的独立外部董事必须至少占多数。

有效的董事会能确保管理层保持有效的风险管理。一家企业在过去可能没有遭受损失、没有暴露出明显的重大风险，董事会也不能天真地认定带有严重负面后果的事项“在这里不会发生”。应该认识到，尽管一家公司可能有合理的战略、胜任的员工、合理的经营流程和可靠的技术，但是它和所有的主体一样，对于风险而言都很脆弱，因此也需要有效运行的风险管理。

（四）诚信与道德价值观

主体的战略和目标以及它们得以推行的方式建立在偏好、价值判断和管理风格的基础上。管理层的诚信和对道德价值观的要求影响这些转化为行为准则的偏好和判断。经营良好的企业的管理者认为道德是值得的，道德行为就是良好的经营。一个主体的良好声誉是有价值的，行为准则应该不仅仅只是遵循法律。

管理层的诚信是一个主体活动的所有方面的道德行为的先决条件。企业风险管理的有效性不可能脱离那些创造、管理和监督主体活动的人的诚信和道德价值观。诚信和道德价值观是一个主体内部环境的关键要素，它影响企业风险管理其他构成要素的设计、管理和监控。

树立道德价值观通常很困难，因为需要考虑多个方面的利益。管理层的价值观必须平衡企业、员工、供应商、客户、竞争者和公众的利益。平衡这些利益可能是复杂而令人沮丧的，因为利益通常是互相矛盾的。

道德行为和管理层的诚信是公司文化的副产品，公司文化包含道德和行为准则以及它们的沟通和强化方式。正式的政策指明了董事会和管理层希望发生的情况。公司文化决定着实际发生的情况，以及哪些规则被遵循、扭曲或忽视了。高层管理层从 CEO 开始在确定公司文化方面起着关键作用。作为主体中的居于支配地位的人员，CEO 往往确定了道德基调。

特定的组织因素也会影响出现欺诈性和可疑的财务报告行为的可能性。这些因素还会影响道德行为，个人可能会因为主体给了他们这么做的强烈动机或诱惑，而参与不诚实的、非法的或不道德的行为。过分地强调结果，尤其是短期结果，可能会造成一个不恰当的内部环境。仅仅关注短期结果即使在短期也可能有危害。专注于底线，如不顾成本的销售收入或利润通常会引发不希望看到的行动和反应。例如，高压销售策略、谈判的残酷或者对回扣的暗示可能会引发具有即期（以及持久）影响的反应。

从消除或减少不恰当的动机和诱惑到消除不良行为之间要走一段很长的路，它可以通过从事合理而又有利可图的经营活动来实现。例如，只要业绩目标切合实际，业绩激励配以适当的控制，就能成为一个有用的管理技术。设定切合实际的目标是一项正确的激励措施，它能降低产生相反作用的压力以及欺诈性报告的动机。同样地，一个控制良好的报告体系能够起到防止错报业绩诱惑的作用。

可疑行为的另一个原因是忽视。道德价值观不仅必须沟通，而且必须辅以关于是非对错的明确指南。正式的公司行为守则对有效的道德项目十分重要，是它的基础。守则致力于一系列的行为问题，如诚信与道德、利益冲突、不合法或不恰当的支付以及反竞争的（Anticompetitive）协议等。向上沟通的渠道也很重要，它带来相关信息并使员工感到舒服。

确保守则被遵守，应有书面的行为守则、员工接受和理解的文件和适当的沟通渠道，对违反守则的员工给予处罚，鼓励员工报告所怀疑的违反行为的机制，针对知情而不报告违反行为的员工的惩戒措施等。但是，如果高层管理层的行为和他们所做的表率不能提供更有效的保证的话，无论道德准则是否包含在书面的守则之中，都与是否遵守道德准则二者没有区别。对于是非对错以及对于风险与控制，员工可能会形成与高层管理层所表现出来的一样的态度，管理层的行为所传达的信息很快就会被包含到公司文化之中。而且，有关 CEO 在面临一个艰难的经营决策时从道德的角度讲“做了正确的事情”的认识，能够在整个主体中传达一个强有力的信息。

（五）对岗位胜任能力的要求

胜任能力反映实现规定的任务所需要的知识和技能。管理层通过在主体的战略和目标与它们的执行和实现计划之间进行权衡，来决定这些任务应该完成到什么程度。管理层通常会存在能力与成本之间的权衡。

管理层明确特定岗位的胜任能力水平，并把这些水平转换成所需的知识和技能。而这些必要的知识和技能又取决于个人的智力、培训和经验。在开发知识和技能水平的过程中所考虑的因素包括一个具体岗位所运用判断的性质和程度。管理层通常会在监督的范围和所需的胜任能力水平之间作出权衡。

（六）组织结构

一个主体的组织结构提供了计划、执行、控制和监督其活动的框架。相关的组织结构包括确定权力与责任的关键界区，以及确立恰当的报告途径。举例来说，内部审计职能机构的结构设计应该致力于实现组织的目标，并且允许不受限制地与高层管理层和董事会的审计委员会接触，而且首席审计官应当向组织中能保证内部审计活动实现其职责的层级报告工作。

主体建立适合其需要的组织结构，有集权型的，也有分权型的，有的有着直接报告关系，而其他的则更接近于矩阵型组织。一些主体按照行业或产品线、按照地理位置或者按照特定的配送或营销网络来进行组织，而其他的主体，包括很多政府单位以及非营利机构，则按照职能进行组织。

一个主体组织结构的适当性，部分地取决于它的规模和所从事活动的性质。有着正式的报告途径和职责的高度结构化的组织，可能适合于拥有很多经营分部，包括外国业务的大型主体。但在一家小公司中，这种结构可能会阻碍必要的信息流动。不管采取怎样的结构，主体的组织方式都应该确保有效的企业风险管理，并采取行动以便实现其目标。

（七）权力和职责的分配

权力和职责的分配涉及个人和团队被授权，并鼓励发挥主动性去指出问题和解决问题的程度，以及对其权力的限制。它包括确立报告关系和授权规程、描述恰当经营活动的政策，关键人员的知识和经验和为履行职责而赋予的资源。

一些主体将权力下放，以便使决策更接近于一线人员。公司可以采取这种方式而变得更具市场驱动的特点，或者更关注质量，或许是消除缺陷、缩短周转时间或者提高客户满意度。通常通过将权力与受托责任相结合来鼓励个人在限定的范围内发挥主动性，权力的委派意味着将特定经营决策的核心控制权交给较低的层级，给那些更靠近日常经营业务的人员。这可能包括授权以折扣价格销售产品，商谈长期供货合同、许可或专利，或者参加联盟或合营企业。

一个关键的挑战是仅仅针对实现目标所需要的范围来进行授权，这意味着确保决策是基于合理的风险识别和评估活动，包括在确定接受何种风险以及如何对它们加以管理的过程中，估计风险的大小和权衡潜在的损失与收益。

另一个挑战是确保所有的人员都了解主体的目标，每个人都知道他们的行为之间有什么关联和对实现目标有什么作用是至关重要的。

增加授权有时候有意伴随着组织结构的简化或扁平化，或者是其结果。为激发创造性、发挥主动性和加快反应速度而开展的有意识的组织变革，能够提高竞争力和客户满意度。这种增加授权可能会带来对更高的员工胜任能力水平以及更大的受托责任的隐含要求。它还要求管理层采用有效的程序对结果进行监控，从而使决策能够根据需要被否决或接受。有了更好的、市场驱动的决策，授权能够增加非期望或非预期决策的数量。例如，如果一个区域销售经理决定授权在零售价的基础上折让35%未进行销售，以证实目前45%的折扣能够获取市场份额，管理层可能需要了解情况才能否决或者接受让这种决策进行下去。

内部环境极大地受到个人对其将要承担责任的认识程度的影响。对于CEO而言也是如此，他在董事会的监督下对主体内部的所有活动负有终极责任。

（八）人力资源准则

包括雇佣、定位、培训、评价、咨询、晋升、付酬和采取补偿措施在内的人力资源业务向员工传达着有关诚信、道德行为和胜任能力的期望水平方面的信息。例如，强调教育背景、前期工作经验、过去的成就和有关诚信和道德行为的证据，以便雇用资质最好的个人的准则，表明了一个主体对胜任和可信任人员的承诺。当招录活动中包括正式的、深入的招聘面试和有关该主体的历史、文化和经营风格方面的培训时，也是如此。

培训政策能够通过对未来职能与责任的沟通，以及包含诸如培训学校和研习班、模拟案例研究和扮演角色练习等活动，来加强业绩和行为的期望水平。根据定期业绩评价所进行的调换与晋升，反映了主体对于提升合格员工的承诺。包括分红激励在内的竞争性的报酬计划能够起到鼓励和强化突出业绩的作用，尽管奖金制度应该严密并且有效地控制，以避免对报告结果的不实呈报产生不当的诱惑。惩戒行动所传递的信息则是对期望行为的偏离将不会得到宽容。

随着贯穿于主体之中的问题和风险的变化和愈加复杂，部分原因在于急剧变革的技术和日益激烈的竞争，很有必要把员工武装起来以应对新的挑战。教育和培训，不管是课堂讲授、自学还是在职培训，都必须有助于个人跟上环境变革的步伐并能有效地应对。雇用胜任的人员和提供一次性培训是不够的。教育过程应是持续的。

一个主体内部环境将对企业风险管理的其他构成要素产生正面或负面的影响。一个无效的内部环境的影响会很广泛，可能导致财务损失、损害公众形象，或经营失败。高层管理层对有效企业风险管理的态度和关注必须明确而清晰，并渗透到组织之中。光说得正确是不够的，那种“按我说的去做，而不是按我做的去做”的态度，只会带来一个无效的环境。

三、目标设定

设定战略层次的目标为经营、报告和合规目标奠定了基础。每一个主体都面临来自外部和内部的一系列风险，确定目标是有效的事项识别、风险评估和风险应对的前提。目标与主体的风险容量相协调，后者决定了主体的风险容限水平。

在管理层识别和评估实现目标的风险并采取行动来管理风险之前，首先必须有目标。

（一）战略目标

一个主体的使命从广义上确定了该主体希望实现什么。不管采用什么术语，诸如使命（Mission）、愿景（Vision）或是目的（Purpose），重要的是管理层在董事会的监督下明确确定了主体存在的广泛意义上的原因。由此，管理层设定战略目标，进行战略规划，并为组织确定相关的经营、合规和报告目标。尽管一个主体的使命和战略目标一般是稳定的，但是它的战略和许多相关的目标却更多的是动态的，并且会随着内部和外部条件的变化而调整。随着它们的变化，战略和相关的目标会重新调整以便与战略目标相协调。

战略目标是高层次目标，它与主体的使命/愿景相协调，并支持后者。战略目标反映了管理层就主体如何努力为它的利益相关者创造价值所做出的选择。

在考虑实现战略目标的备选方式时，管理层要识别与一系列战略选择相关联的风险，并考虑它们的影响。各种事项识别和风险评估等企业风险管理技术被应用到战略和目标制定过程中。

（二）经营、报告、合规等相关目标

相对于主体的所有活动而言，制定支持选定的战略并与之相协调的正确目标是成功的关键。通过关注战略目标和战略，可能建立主体层次上的相关目标，它们的实现将会创造和保持价值。主体层次的目标与更多的具体目标相关联和整合，这些具体目标贯穿整个组织，细化为针对诸如销售、生产和工程设计等各项活动和基础职能机构所确立的次级目标。

通过设定主体和活动层次的目标，主体能够识别关键成功因素（Critical Success Factors，CSF）。要想达到目的，就必须正确处理好这些关键的事情。关键成功因素存在于主体、业务单元、职能机构、部门或分部之中。通过设定目标，管理层能够根据对关键成功因素的关注来确定业绩的计量标准。

如果目标与以前的活动和业绩一致，各项活动之间的联系就是已知的。但是，如果目标与主体过去的活动背离，管理层就必须指明这种联系或者应对更大的风险，而且要有与新的方向一致的业务单元目标或次级目标。

目标需要得到充分了解和可计量。企业风险管理要求各个层级的人员根据各自影响范围的不同对主体的目标有必要的了解。所有员工都必须对要实现什么有共同的认识，并且有办法去计量实现的情况。

1. 相关目标的类别

尽管不同主体的目标各不相同，但是大致上可以分成经营目标、报告目标和合规目标等类。经营目标与主体经营的有效性和效率有关，包括业绩和赢利目标以及保护资源不受损失。它们因管理层对结构和业绩的选择而异。报告目标与报告的可靠性有关。它们包括内部和外部报告，可能涉及财务和非财务信息。合规目标与符合相关法律和法规有关。它们取决于外部因素，在一些情况下对所有主体而言都很类似，而在另一些情况下则在一个行业内有共性。

特定的目标取决于主体所从事的经营业务。例如，一些公司向环境机构提交信息，而公开上市的公司则向证券监管机构申报信息。这些外部施加的要求是通过法律或法规的形式建立的，它们属于报告目标或合规目标，或者两者都是。

经营目标以及那些内部管理报告目标，更多地建立在偏好、判断和管理风格的基础上。它们在不同的主体之间存在着区别，因为知情、胜任和诚实的人可能会选择不同的目标，因此，对所有主体而言都是最优的目标模式是不会有的。

2. 经营目标

经营目标关系到主体经营的有效性和效率。它们包括相关的次级经营目标，其目的在于在推动主体实现其终极目的的过程中提高经营的有效性和效率。

经营目标需要反映主体运营所处的特定的经营、行业和经济环境。例如，经营目标需要与有关质量的竞争压力、缩短将产品投入市场的周转时间或者技术的变革相关。管理层必须确保这些目标反映了现实和市场需求，并且以有利于进行有意义的业绩计量的方式表达出来。一套与次级目标相关联的清晰的经营目标，对成功而言是至关重要的。经营目标为引导所配置的资源提供了一个焦点，如果一个主体的经营目标不清晰或者构想不完善，它的资源就可能会被误导。

3. 报告目标

可靠的报告为管理层提供适合其既定目的的准确而完整的信息。它支持管理层的决策和对主体活动和业绩的监控，以及为对外传播而编制的报告，如财务报表与附注披露、管理层的讨论与分析以及向监管机构提交的报告。

4. 合规目标

主体从事活动必须符合相关的法律和法规，通常还必须采取具体措施。这些要求可能涉及市场、定价、税收、环境、员工福利和国际贸易。适用的法律和法规确定了最低的行为准则，主体将其纳入合规目标之中。一个主体的合规记录可能会对它在社会和市场上的声誉产生极大的正面或负面影响。

5. 次级分类

目标的类别是本框架所建立的共同语言的一部分，它有助于理解和沟通。但是，一个主体可能会发现讨论一个或多个目标类别的子集对于针对一个较窄的主题所进行的内部或外部沟通很有用。举例来说，一家公司可能会决定针对报告目标的一部分，如对外报告或者仅仅是对外财务报告的企业风险管理的有效性进行沟通，这样做能够使沟通停留在这个企业风险管理框架的范围之内，同时又允许针对各个类别的特定子集进行沟通。

6. 目标的交叉

某一类别中的一项目标可能会与另一类中的一项目标交叉或相互支持。一项目标所归属的类别有时要视情况而定。举例来说，为业务单元的管理层管理和控制生产活动而提供可靠的信息，可能同时为经营目标和报告目标服务。而且，从这些信息被用来向政府报告环境数据的角度来看，它又为合规目标服务。

一些主体采用另一个目标类别——保护资源，有时也称为保护资产，它与其他的目标类别有交叉。从广义的角度看，保护资产致力于防止主体的资产或资源由于盗窃、浪费、低效率或者仅仅因为糟糕的经营决策，如以过低的价格销售产品、未能留住关键员工或未能防止专利侵权或者发生未预见到的债务等而遭受损失。尽管保护的某些特定方面可以归入其他的类别，但是它们主要是经营目标。若适用于法律或法规要求，它们又变成合规目标。另外，在主体的财务报表中恰当地反映资产损失也代表着一项报告目标。

如果与公开的报告联系起来考虑，通常采用保护资产的狭义定义，即致力于防止或及时察觉对主体资产未经授权的采购、使用或出让。这类目标应该参考《内部控制—整合框架》。

7. 目标的实现

恰当的目标设定过程是企业风险管理的一个至关重要的构成要素。尽管目标为主体从事活动提供了可计量的基准，但是它们的重要性和优先程度各不相同。虽然一个主体应该合理保证实现特定的目标，但是并不是对所有目标而言都这样。

有效的企业风险管理为主体的报告目标得以实现提供合理保证。同样，必须合理保证合规目标的实现。报告和合规目标的实现更多的是在主体的控制范围之内。也就是说，一旦确定了目标，主体对其从事满足目标所需要的活动能力具有控制力。

但是如果说到战略目标和经营目标，就有所不同，因为它们的实现并不完全在主体的控制范围之内。主体可能像预期的那样运作，也可能会被竞争者所超越。这是由于外部事项如政府的变动、恶劣的天气以及类似的情况的发生超出了控制范围。在目标设定过程中甚至可能已经考虑了某些这类事项，将它们当作具有较低可能性的事项，一旦发生就采用一项权变计划来处理。但是，这种计划只能缓解外部事项的影响，不能确保目标的实现。

针对经营的企业风险管理主要专注确定贯穿整个组织的目标和目的的一致性，识别关键成功因素和风险，评估风险并作出知情的应对，实施恰当的风险应对并建立必要的控制以及及时报告业绩和期望。对于战略和经营目标，企业风险管理能够合理保证管理层和履行监督职责的董事会及时地知悉主体实现这些目标的程度。

（三）选定的目标、风险容量、风险容限

作为企业风险管理的一部分，管理层不仅要选择目标并考虑它们如何支持主体的使命，而且要确保它们与主体的风险容量相协调。不协调会导致不能承受足够的风险来实现目标，或者与之相反，承受了太多的风险。有效的企业风险管理并不是指明管理层应该选择什么目标，而是管理层应当制定程序来使战略目标与主体的使命相协调，并且确保所选择的战略和相关的目标与主体的风险容量一致。

1. 风险容量

管理层在董事会的监督下所确定的风险容量是战略制定的指向标。公司可能将风险容量表述为增长、风险和报酬之间可接受的平衡，或者风险调整的股东增加值指标。一些主体，如非营利组织，将风险容量表述为它们在向其利益相关者提供价值的过程中所愿意承受的风险水平。

主体的风险容量与其战略之间存在一种关系。通常可以设计许多不同战略中的任何一个来实现期望的增长和报酬目的，每一个都有着不同的风险。应用在战略制定过程中的企业风险管理能帮助管理层选择一个与其风险容量一致的战略。如果与一个战略相关的风险与该主体的风险容量不一致，这个战略就需要修改。当管理层先前所规划的战略超出了主体的风险容量，或者战略没有容纳使主体实现其战略目标和使命的足够的风险时，这种情况就会发生。

主体的风险容量反映在主体的战略中，进而指导其资源配置。管理层在考虑主体的风险容量和各个业务单元的战略计划的基础上，在业务单元之间配置资源，以使投入的资源产生一个理想的报酬。管理层试图使组织、人员、流程与基础结构相协调，以便促成成功的战略实施，并确保主体保持在它的风险容量之内。

2. 风险容限

风险容限是相对于目标的实现而言所能接受的偏离程度。风险容限能够被计量，而且通常最好采用与相关目标相同的单位来进行计量。业绩计量指标可以用来帮助确保实际的结果处于既定的风险容限之内。

在确定风险容限的过程中，管理层要考虑相关目标的相对重要性，并使风险容限与风险容量相协调。在风险容限之内经营能够就主体保持在它的风险容量之内向管理层提供更大的保证，进而就主体将会实现其目标提供更高程度的慰藉。

四、事项识别

管理层识别将会对主体产生影响的潜在事项——如果存在的话，并确定它们是否代表机会，或者是否会对主体成功实施战略和实现目标能力产生负面影响。带来负面影响的事项代表风险，它要求管理层予以评估和应对；带来正面影响的事项代表机会，管理层可以将其反馈到战略和目标设定过程之中。在对事项进行识别时，管理层要在组织的全部范围内考虑一系列可能带来风险和机会的内部和外部因素。

（一）事项

事项是源于内部或外部的影响战略实施或目标实现的事故或事件。事项可能带来正面或负面影响，或者两者兼而有之。

在事项识别的过程中，管理层认识到不确定性的存在，但是并不知道一个事项是否会发生，或什么时候发生，或者它所带来的确切影响。管理层最初只考虑源于外部和内部的一系列潜在事项，而没有对它们的影响是正面的还是负面的作必要的关注。管理层按照这种方法识别的不仅仅是具有负面影响的潜在事项，而且还包括那些代表着应该追逐的机会的事项。

事项有的很明显，有的很隐晦；所产生的影响有的微不足道，有的十分重大。为了避免忽略相关的事项，最好把识别与对事项发生的可能性和它的影响的评估区分开来，后者属于风险评估的范畴。但是，在实践中存在局限，而且通常很难知道到底应该把界限画在哪儿。但是如果对一个重要目标的实现有重大影响的话，即使事项发生的可能性较低，也不应该被忽略。

1. 事项相关性

事项通常并不是孤立地发生。一个事项可能引发另一个事项，事项也可能会同时发生。在事项识别的过程中，管理层应该明白事项彼此之间的关系。通过评估这种关系，我们可以确定风险管理活动最好指向哪儿。

2. 事项类别

通过归集类似的事项，管理层能够更好地辨别机会和风险。通过在主体内横向地和在业务单元内纵向地将事项汇总，管理层形成对事项之间关系的了解，从而获取更多的信息作为风险评估的依据。事项分类还能使管理层得以考虑其事项识别工作的完整性。

一些公司根据对其目标的分类来设定事项的类别，利用一个层级，从高层次目标开始，然后逐渐向下到与组织单元、职能机构或经营过程相关的目标。

3. 事项的影响——区分风险和机会

事项具有负面影响、正面影响或者二者兼有。具有负面影响的事项代表风险，它需要管理层的评估和应对。相应地，风险是一个事项将会发生并对目标的实现产生负面影响的可能性。

具有正面影响或者抵消风险负面影响的事项代表机会。机会是一个事项将会发生并对实现目标和创造价值产生正面影响的可能性。代表机会的事项被反馈到管理层的战略或目标制定过程中，以便规划行动去抓住机会。抵消风险负面影响的事项在管理层的风险评估和应对中予以考虑。

（二）内、外部影响因素

无数的外部和内部因素驱动着影响战略执行和目标实现的事项。作为企业风险管理的一部分，管理层认识到了解这些外部和内部因素以及由此可能产生的事项类型的重要性。外部因素以及相关事项及其影响的例子包括：①与经济有关的因素，事项包括价格变动、资本的可获得性，或者竞争性准入的较低障碍，它们会导致更高或更低的资本成本以及新的竞争者。②自然环境因素，事项包括洪水、火灾或地震，它们会导致建筑物的损失，限制获取原材料或者人力资本的损失。③政治因素，事项包括采用新的政治议程的政府官员选举以及新的法律和监管，它们会导致诸如对国外市场的新的开放或限制进入，或者更高或更低的税收。④社会因素，事项包括人口统计、社会习俗、家庭结构、对工作/生活的优先考虑的变化以及恐怖主义活动，它们会导致对产品或服务需求的变化、新的购买场所和人力资源问题或生产中断。⑤技术因素，事项包括电子商务的新方式，它会导致数据可取得性的提高、基础结构成本的降低，以及对以技术为基础的服务需求的增加。

事项还来源于管理层所做出的关于它将如何运行的选择。一个主体的能力和产能反映先前的选择，影响未来的事项，并且影响管理层的决策。内部因素以及相关事项及其影响的例子包括：①基础结构，事项包括增加用于防护性维护和呼叫中心（Call Center）支持的资本配置，减少设备的停工待料期以及提高客户满意度。②人员，事项包括工作场所的意外事故、欺诈行为以及劳动合同到期，它们会导致失去可利用的人员、货币性或者声誉性的损失以及生产中断。③流程，事项包括没有适当变更管理规程的流程修改、流程执行错误以及对外包的客户送达服务缺乏充分的监督，它们会导致丢失市场份额、低效率以及客户的不满和丢失重复性的业务。④技术，事项包括增加资源以应对批量变动、安全故障以及潜在的系统停滞，它们会导致订货减少、欺诈性的交易以及不能持续经营业务。

识别影响事项的外部和内部因素对于有效的事项识别很有用。一旦确定了起主要作用的因素，管理层就能够考虑它们的重要性，并且集中关注那些能够影响目标实现的事项。

除了识别主体层次的事项之外，还要识别活动层次的事项。这样有助于将风险评估集中于主要的业务单元或职能机构，如销售、生产、营销、技术开发以及研究与开发。

（三）事项识别技术

主体的事项识别方法可能包含各种技术的组合以及支持性的工具。例如，管理层可以利用互动式的团队研讨作为其事项识别方法的一部分，利用一系列以技术为基础的工具中的任何一种来为参与者提供辅助。

事项识别技术既关注过去，也着眼于将来。关注过去事项和趋势的技术考虑如支付违约的历史、商品价格的变动以及浪费时间的事故等问题。着眼于未来风险暴露的技术则考虑如人口统计的变化、新的市场情况以及竞争者的行动等问题。

技术的复杂程度千差万别。尽管很多比较复杂的技术因行业而异，但是大多数都来源于共通的方法。例如，金融服务行业和健康与安全行业都采用损失事项追踪技术。这些技术从关注普通的历史事项入手，尽管比较先进的技术建立在可观察事项的事实性资料之上，但是比较基本的方法都根据内部员工的感知来观察事项，然后将数据纳入复杂的预测模型之中。企业风险管理比较先进的公司一般都会采用各种技术的组合，这些技术既考虑过去的事项，也考虑潜在的未来事项。

技术还因在主体内的何处应用而有所不同。一些技术关注具体的数据分析和建立对事项的自下而上的认识，而其他的则关注自上而下的。

事项识别的深度、广度、时机和范围因主体而异。管理层选择符合其风险管理理念的技术，并确保主体形成所需的事项识别能力以及拥有支持工具。总之，事项识别需要强有力，因为它构成风险评估和风险应对要素的基础。

五、风险评估

风险评估使主体能够考虑潜在事项影响目标实现的程度。管理层从两个角度——可能性和影响对事项进行评估，并且通常采用定性和定量相结合的方法。应该个别或分类考察整个主体中潜在事项的正面和负面影响，基于固有风险和剩余风险来进行风险评估。

风险评估可以是一次性活动，但在企业风险管理中，风险评估这个构成要素是在整个主体中所发生活动的一个持续性和重复性的互动。

尽管一些因素对于一个行业中的公司而言是共通的，但是其他的事项对于特定的主体而言通常是独特的，其原因在于它的既定目标和过去的选择。在风险评估过程中，管理层在决定主体风险特征的问题，如主体的规模、经营的复杂性以及对其活动进行管制的程度的背景下，考虑与主体及其活动相关的潜在未来事项的组合。

在评估风险时，管理层考虑预期事项和非预期事项。许多事项是常规性的和重复性的，并且已经在管理层的计划和经营预算中提到，而其他事项则是非预期的。管理层评估可能对主体有重大影响的非预期的潜在事项以及预期事项的风险。

管理层既考虑固有风险，也考虑剩余风险。固有风险是管理层没有采取任何措施来改变风险的可能性或影响的情况下，一个主体所面临的风险。剩余风险是在管理层的风险应对之后所残余的风险。一旦风险应对已经就绪，管理层接下来就要考虑剩余风险了。

（一）估计可能性和影响

潜在事项的不确定性从可能性和影响两个方面进行评价。可能性表示一个给定事项将会发生的或然率，而影响则代表它的后果。可能性和影响是通常使用的术语，还有一些主体使用如概率、严重性、严重程度或后果等术语。有时这些词语有着更具体的含义，可能性表示一个给定的事项从定性的角度将会发生的或然率，如高、适中、低，或其他判断性的衡量尺度；而概率则表示一个定量的测度，如百分比、发生的频率或者其他的数量性尺度。

决定应该在多大程度上关注对主体所面临的一系列风险的评估很困难，而且具有挑战性。管理层认识到发生的可能性低且潜在的影响小的风险一般毋庸多虑。另外，发生的可能性高且潜在影响重大的风险则需要相当关注。介于这两个极端之间的情况一般需要艰难的判断，合理而仔细的分析是必要的。

评估风险的时间范围应该与相关战略和目标的时间范围相一致。因为许多主体的战略和目标着眼于短期到中期的时间范围，因此管理层自然就关注与这个时间范围相关的风险。然而，战略方向和目标的某些方面却延伸到较长的时期。因此，管理层需要认识到较长的时间范围，并且不能忽略那些可能延伸的风险。

管理层在确定目标的完成程度时常常采用业绩指标，并且在考虑风险对一项特定目标实现的潜在影响时通常采用相同的或适合的计量单位。

1. 数据来源

对风险的可能性和影响的估计值通常利用来自过去的可观察事项的数据来确定，它提供了一个比完全主观的估计值更加客观的依据。根据一个主体自己的经验内部生成的数据可能会反映较少的主观个人偏见，并提供比来自外部渠道的数据更好的结果。

但是，即使在内部生成的数据是主要输入的地方，外部数据作为一个印证或者对于增进分析可能很有用。例如，一家公司的管理层在评估由于设备故障所导致的生产中断风险时，先看它自己的制造设备先前发生故障的频率和影响，接下来用行业基准来补充数据。这样就能够对故障的可能性和影响进行更精确的估计，从而能够制订更有效的防护性维护计划。当利用过去的事项来对未来进行预测时，应该保持谨慎，因为影响事项的因素可能随着时间的推移而发生变化。

2. 视角

管理人员通常对不确定性做出主观判断，在做出行动时应该认识到固有局限。心理学研究表明，不同能力的决策者包括经营管理人员，都对他们的估计能力过度信任，而且没有认识到实际存在的不确定性的数量。这种在估计不确定性中过度信任的倾向可以通过有效地利用内部和外部生成的经验性数据来使其最小化。如果缺乏这些数据，对这种偏差的普遍性敏锐察觉能够帮助降低过度信任的影响。

关于决策的人性倾向可以用另一种方法来展示，那就是对于追求利得和避免损失，人们一般都会作出不同的选择。通过认识这些人性倾向，管理人员可以定格信息以增加风险容量和强化贯穿主体的行为。

（二）评估技术

一个主体的风险评估方法包含定性和定量技术的结合。在不要求进行定量化的地方，或者在定量评估所需的充分可靠数据实际上无法取得或者获取和分析数据不具有成本效益性时，管理层通常采用定性的评估技术。定量技术能带来更高的精确度，通常应用在更加复杂和深奥的活动中，以便对定性技术进行补充。

定量评估技术一般需要更高程度的努力和严密性，有时采用数学模型。定量技术高度依赖于支持性数据和假设的质量，并且与有着已知历史和允许作可靠预测的风险暴露高度相关。

为了采用定性评估技术获得有关可能性和影响的一致意见，主体可以使用与其在识别事项时所采用的相同的方法，如访谈和研讨。风险的自我评估过程通过使用描述性的或者数量性尺度，获取参与者对未来事项潜在的可能性和影响的观点。

一个主体不需要在所有的业务单元使用共同的评估技术。相反，对技术的选择应该反映对精确度的需要和该业务单元的文化。对固有风险和剩余风险进行评估，然后按照风险类型和每个业务单元的目标进行整理和分组。尽管采用了不同的方法，它们为促进整个主体的风险评估还是提供了足够的一致性。

当针对某个事项的所有个别风险评估都以定量方式表示时，管理层就能够获得该事项在整个主体范围内的定量影响指标。在定性和定量指标相混合的领域，管理层开发一种跨越定性和定量指标的定性评估，从而得出用定性的术语来表示的复合评估。在整个主体范围内确定共通的可能性和影响术语以及针对定量指标的共通的风险类别，有助于这些复合的风险评估。

（三）事项对评估的影响

如果潜在的事项并不相关，管理层就对它们分别进行评估。但是当事项之间存在相互关联，或者事项结合或相互影响产生显著不同的可能性或影响时，管理层就要把它们放在一起来评估。尽管单个事项的影响可能很轻微，但是事项的次序或组合的影响可能更大。

如果风险可能影响多个业务单元，管理层可以将它们归入共通的事项类别中，并且先分单元逐个考虑，然后再从整个主体的范围把它们放在一起加以考虑。

事项的性质以及它们是否相关联可能会影响所采用的评估技术。例如，在评估极端事项的影响时，管理层可以采用压力测试；而在评估多重事项的影响时，管理层可能会发现模拟或情景分析更加有用。

关注风险的可能性和影响之间的相互关系是管理层的一项重要责任。当然，有效的企业风险管理不仅要求针对固有风险进行风险评估，而且还要与风险应对相结合。

六、风险应对

在评估了相关的风险之后，管理层就要确定如何应对。应对包括风险回避、降低、分担和承受。在考虑应对的过程中，管理层评估对风险的可能性和影响的效果以及成本效益，选择能够使剩余风险处于期望的风险容限以内的应对。管理层识别所有可能存在的机会，从主体范围或组合的角度去认识风险，以确定总体剩余风险是否在主体的风险容量之内。

风险应对的类型有：①回避，指退出会产生风险的活动。风险回避可能包括退出一条产品线、拒绝向一个新的地区市场拓展，或者卖掉一个分部。②降低，指采取措施降低风险的可能性或影响，或者同时降低两者。它几乎涉及各种日常的经营决策。③分担，指通过转移来降低风险的可能性或影响，或者分担一部分风险。常见的技术包括购买保险产品、从事避险交易或外包一项业务活动。④承受，指不采取任何措施去干预风险的可能性或影响。

回避意味着所确定的应对方案都不能把风险的影响和可能性降低到一个可接受的水平。降低和分担把剩余风险降低到与期望的风险容限相协调的水平，而承受则表明固有风险已经在风险容限之内。

对于大部分风险来说，适当的应对方案是明显的和好接受的。而对于另外一些风险，可采用的方案可能不明显，需要调查和分析。

在确定风险应对的过程中，管理层应该考虑下列事项：潜在应对对风险的可能性和影响的效果，以及哪个应对方案与主体的风险容限相协调；潜在应对的成本与效益；除了应付具体的风险之外，实现主体目标可能的机会。

对于重大风险，主体通常从一系列应对方案中考虑潜在的应对。它使应对选择更具深度，并且对现状提出了挑战。

（一）评价可能的应对

分析固有风险和评价应对的目的在于使剩余风险水平与主体的风险容限相协调。通常，某些应对中的任何一个都将带来与风险容限相一致的剩余风险，而有时应对的组合能带来最优的效果。相反，有时一个应对能够影响多重风险，在这种情况下管理层可以决定不需要再采取其他的措施来处理某个特定的风险。

1. 评价对风险的可能性和影响的效果

在评价应对方案的过程中，管理层同时考虑对风险的可能性和影响的效果，认识到一个应对可能会对可能性和影响产生不同的效果。举例来说，一家公司有一个位于强暴风雨地区的计算机中心，它制订了一个经营持续性计划，这个计划尽管对暴风雨发生的可能性起不到任何效果，但是能够减轻建筑物损坏或人员不能上班的影响。另外，把计算机中心迁移到另外一个地区的选择不能降低同等暴风雨的影响，但是能够降低暴风雨发生的可能性。

在分析应对的过程中，管理层可以考虑过去的事项和趋势以及潜在的未来情景。在评价备选的应对时，管理层通常要利用与衡量相关目标相同的或适合的计量单位。

2. 评估成本与效益

资源总是有约束的，因而主体必须考虑备选风险应对方案的相关成本与效益。对实施风险应对所做的成本与效益计量的精确度水平各不相同。一般来说，处理方程式的成本一方比较容易，在很多情况下可以非常精确地予以量化，通常考虑与开展一项应对相关的所有直接成本，以及可以实际计量的间接成本。一些主体还将与使用资源相关的机会成本也纳入考虑。

但是，在某些情况下很难量化风险应对的成本，挑战来自估计与一个特定应对相关的时间和效果。

效益一方通常涉及更多的主观评价。然而，在许多情况下，一项风险应对的效益可以在与实现相关目标有关的效益背景下予以评价。

在考虑成本—效益关系时，把风险看作相互关联的，有助于管理层汇集主体的风险降低和风险分担应对。举例来说，在通过保险分担风险时，把风险组合到一个险种之下可能是有利的，因为把组合后的风险投保到一个财务协议之下通常可以降低定价。

3. 应对方案中的机会

在事项识别时关注机会，并反馈到战略或目标制定过程中。同样，在考虑风险应对时也可以识别机会。风险应对所考虑的内容不应该仅限于降低已经识别的风险，而且还应该考虑给主体带来的新的机会。管理层可以识别创新的应对，尽管它们仍然属于原类别，但是对于该主体乃至一个行业来讲可能完全是新的。当现有的风险应对方案正处在到达其有效性的极限时，以及进一步的改进可能只对风险的影响或可能性带来些许细微的变化时，这种机会可能会显现出来。一个例子是一家汽车保险公司针对在特定的道路交叉口所发生的大量事故的创造性应对，它决定投资增加交通信号灯，以降低事故投诉，进而提高毛利。

（二）选定的应对

在评价了备选风险应对的效果之后，管理层决定如何管理风险，如选择一个旨在使风险的可能性和影响处于风险容限之内的应对或者应对组合。应对并不是必须达到最低数量的剩余风险，但是如果一个风险应对会导致剩余风险超过风险容限，管理层就要对该应对进行相应的反思和修改，或者在特定的情形下，重新考虑既定的风险容限。平衡风险与风险容限是一个反复的过程。

评价针对固有风险的备选应对，要求考虑应对可能带来的附加风险。这也会导致管理层在完成决策之前，需要经过一个反复的过程，它要考虑这些附加的风险，包括一些可能不会立即显现出来的风险。

一旦管理层选择了一个应对，它就可能需要制订一项实施计划来执行该应对。实施计划的一个关键部分是确定控制活动以确保风险应对得以实施。

管理层认识到总是会存在一定程度的剩余风险，这不仅是因为资源是有限的，而且还因为所有的活动都固有未来的不确定性和局限。

（三）应对的组合观

企业风险管理要求从整个主体范围或组合的角度去考虑风险。管理层通常所采取的方法是从各个业务单元、部门或职能机构的角度去考虑风险，让负有责任的管理人员对本单元的风险进行复合评估，以反映该单元与其目标和风险容限相关的剩余风险。

通过对各个单元风险的了解，一个企业的高层管理层能够很好地采取组合观来确定主体的剩余风险和与其目标相关的总体风险容量是否相称。不同单元的风险可能处于各该单元的风险容限之内，但是放到一起后，风险就会超过该主体作为一个整体的风险容限，在这种情况下需要附加的或另外的风险应对，以便使风险处于主体的风险容量之内。相反，主体范围内的风险可能会自然地相互抵消，如一些单个单元的风险较高，而其他的则对风险厌恶，这样整体风险就在主体的风险容量之内，从而不需要另外的风险应对。

风险组合观可以用多种方式来描述，可以通过关注各个业务单元的主要风险或事项类别，或者该公司作为一个整体的风险，运用类似风险调整资本（Risk -

adjusted Capital）或风险资本（Capital at Risk）等标准来获取。在计量通过盈利、增长以及有时与已配置的和可利用的资本相关的其他业绩指标表述的目标的风险时，这种复合性指标尤其有用。这种组合观的指标能够为在业务单元之间重新配置资本和修改战略方向提供有用的信息。

如果从组合的角度看待风险，管理层就可以考虑它是否处于既定的风险容量之内。此外，它能够重新评价所愿意承担的风险的性质和类型。在组合观显示风险显著低于主体的风险容量情况下，管理层可以决定鼓励各个业务单元的管理人员去承受目标领域的更大风险，以便努力增进主体的整体增长和报酬。

七、控制活动

控制活动是帮助确保管理层的风险应对得以实施的政策和程序。后者是指人们直接或通过对技术的应用来执行政策的行动。控制活动贯穿整个组织以及各个层级、各个职能机构。它们包括一系列不同的活动，如批准、授权、验证、调节、经营业绩评价、资产安全以及职责分离。控制活动可以根据与其相关的主体目标的性质，如战略、经营、报告和合规进行分类。

一些控制活动仅仅与一个类别有关，但通常是交叉的。根据情况，一项特定的控制活动可能有助于满足主体的多个类别目标。例如，特定的经营控制也能帮助确保可靠的报告，对控制活动的报告能够帮助实现合规目标等。

（一）与风险应对相结合

选定了风险应对之后，管理层就要确定用来帮助确保这些风险应对得以恰当地和及时地实施所需的控制活动。

目标、风险应对和控制活动的关联可以通过下面的例子展示出来：一家公司设定的一项目标是达到或超过销售任务，并将不能获取对现在和潜在的客户需求之类的外部因素的充分了解识别为一种风险。为了降低这种风险发生的可能性和影响，管理层建立了现有客户的购买历史记录，并开展了新的市场调研活动。这些风险应对作为确定控制活动的焦点，包括根据既定的时间表跟踪客户购买历史记录发展的进展，以及采取措施确保报告数据的准确性。从这种意义上讲，控制活动直接建立在管理过程之中。

在选择控制活动的过程中，管理层要考虑控制活动是如何关联的。在一些情况下，一项单独的控制活动可以实现多项风险应对。在另一些情况下，一项风险应对则需要多项控制活动。还有一些情况，管理层可能会发现现有的控制活动足以确保新的风险应对得以有效执行。

尽管控制活动一般是用来确保风险应对得以恰当实施的，但是对于特定的目标而言，控制活动本身就是风险应对。例如，对于一项确保特定的交易被恰当授权的目标而言，应对可能就是类似职责分离和由监督人员审批等控制活动。

就像对风险应对的选择要考虑其恰当性和残留的或剩余的风险一样，对控制活动的选择或评审应该包含对与风险应对和相关目标的相关性和恰当性的考虑。这可以通过单独考虑控制活动的适当性来完成，也可以通过在风险应对和相关控制活动两者的背景下考虑剩余风险来完成。

控制活动是企业致力于实现其经营目标过程的一个重要部分。控制活动的实施并不仅仅是出于它们自身的缘故，也不仅仅是因为它看起来好像是要做的“正确的或恰当的”事情。在上面的例子中，管理层需要采取措施来确保销售任务得以实现。控制活动充当了对该项目标实现进行管理的机制。

（二）控制活动的类型

控制活动的类型包括预防性的、侦查性的、人工的、计算机的及其管理控制，也可以根据特定的控制目标来分类，如确保数据处理的全面性和准确性。以下列举一些通常所采用的控制活动。这些只是不同组织层级的人员所普遍实施的诸多程序中的一些，这些程序被用来强化对既定行动计划的坚持，以及保证主体在实现其目标的道路上前进。它们是用来展示控制活动的范围和多样性的，并不意味着任何特定的分类。而且，通常是执行一个控制组合来处理相关的风险应对。

1. 高层复核

高层管理层对照预算、预测、以前期间和竞争者来复核实际的业绩。主要的活动如营销冲刺、改进生产流程以及成本抑制或降低计划等，被反映到任务实现程度的计量指标上。并对新产品开发、合营企业或筹资计划的执行进行监控。

2. 直接的职能或活动管理

负责职能机构或活动的管理人员审核业绩报告。一位负责一家银行消费者贷款的管理人员审核按分行、地区和贷款（担保）种类区分的报告，核对摘要，识别趋势，并将结果与经济统计数据和任务进行对照。分行管理人员收到按贷款官员和地区客户分片区分的新业务数据，还要关注合规问题，审核监管机构对规定金额的新存款所要求的报告，根据集中为隔夜转账和投资所报告的净头寸，调节每日的现金流量。

3. 信息处理

实施一系列的控制来检查交易的准确性、完整性和授权。输入的数据要经过联机编辑核对（On - line Edit Checks）或与经批准的控制文件相匹配。例如，一个客户的指令只有在对照了经批准该客户文件信用限额之后才能被接受。对交易的数量化结果进行核算，对例外情况追查到底并报告给监督人员。对新系统的开发和现有系统的改变，以及对数据、文件和程序的进入都要加以控制。

4. 实物控制

对设备、存货、证券、现金和其他资产进行实物性的保护，定期盘点，并与控制记录上所反映的数额相比较。

5. 业绩指标

把不同系列的如经营的或者财务的数据彼此联系起来，与对相互关系的分析以及调查和矫正措施一起，构成了一项控制活动。例如，业绩指标包括各个单元的员工流动率。通过调查非预期的结果或异常的趋势，管理层可以识别由于没有足够的能力去完成关键的流程而意味着实现目标的可能性较低的情况。管理层如何利用这种信息，仅仅用于经营决策，或是还要追查报告系统中非预期的结果，决定着对业绩指标的分析是只能用于经营目的，还是也能同时用于报告控制目的。

6. 职责分离

把不同人员的职责予以分开或隔离，以便降低错误或舞弊的风险。举例来说，交易授权、记录和处理相关资产的职责就要分开。一位授权赊销的管理人员不能负责记录应收账款或处理现金回款。同样，销售人员无权修改产品价格文件或佣金比率。

（三）政策和程序

控制活动一般包括确定应该做什么以及实现政策的程序两个要素。很多时候政策是口头沟通的。如果政策是一项长期持续而且充分理解的惯例，或是在沟通渠道包括很少几个管理阶层且对员工有密切互动和监督的较小组织中，不成文的政策能很有效。但是不管是否成文，政策都必须仔细地、有意识地和一贯地执行。如果机械地执行，缺乏对政策所针对的情况的敏锐持续关注的话，程序就不会有用。此外，根据所观察的程序和所采取的适当的矫正措施来辨别情况也重要。后续措施可能会因企业的规模和组织结构而异。

（四）对信息系统的控制

出于对信息系统在经营企业和满足报告和合规目标方面的普遍依赖，需要对重要的系统进行控制。可以采用两个广义的信息系统类别：一是一般控制，适用于许多并非全部是应用系统的情形，并且有助于确保它们持续、适当地运行；二是应用控制，它在应用软件中包含计算机化的步骤，以便对处理过程进行控制。一般控制和应用控制在必要的时候与人工实施的控制结合起来共同起作用，以确保信息的完整性、准确性和有效性。

1. 一般控制

一般控制包括对信息技术管理、信息技术基础结构、安全管理和软件获取、开发和维护的控制。它们适用于所有的系统，从主机到客户/服务器到桌面和手提电脑环境。以下是在类别中的一些通用控制的例子：

（1）在信息技术管理方面，一个指导委员会提供对信息技术活动和改进行动的监督、监控和报告。

（2）在信息技术基础结构方面，将控制应用于系统的界定、获取、安装、配置、整合和维护。控制包括确定和强化系统表现的服务水平协议、保持系统有效性的业务持续性计划、跟踪运行失败的网络表现以及安排计算机运行的进程。信息技术基础结构中的系统软件要素包括下列控制，管理层或指导委员会对重要的新获取的复核和批准、限制对系统配置和运行系统软件的进入、自动调整从中间设备软件存取的数据以及对通信错误的奇偶数位侦查。系统软件控制还包括突发事件追踪、系统日志以及对数据更改设施的详细使用报告的复核。

（3）在安全管理方面，用类似安全密码等逻辑进入控制限制进入网络、数据库和应用层。用户账号和相关的进入特权控制有助于把经过授权的用户仅仅限制在完成其工作所需要的应用或应用功能上。互联网防火墙和虚拟私人网络能够保护数据免遭未经授权的外部进入。

（4）在软件获取、开发和维护方面，对软件获取和执行的控制要结合到一项既定的程序中，以管理变更事项，包括文件要求、用户接受测试、压力测试和项目风险评估。对源代码的进入通过代码库加以控制。软件开发者只能在隔离的开发/测试环境中工作，并且无权进入生产环境。对系统变更的控制包括变更请求所必需的授权，对其他信息技术要素的变更、批准、记录、测试和影响的复核，压力测试结果以及执行协议。

2. 应用控制

应用控制直接关注数据获取和处理的完整性、准确性、授权和有效性。它们有助于确保在需要时能获取或生成数据，可以利用支持性的应用，而且界面错误能够迅速被察觉。

应用控制的一个重要目标是防止错误进入系统，以及在错误发生时予以察觉和矫正。为了做到这些，应用控制通常包括计算机化的编辑核对，包括格式、存在性、合理性以及在开发的过程中植入应用内的其他数据核对。如果设计恰当，它们就能够提供对进入系统的数据控制。

以下是一些应用控制的例子。这些只是每天所执行的无数控制中的一部分，通过计算与比较，以便防止和侦查不准确、不完整、不一致或不恰当的数据获取和处理。

（1）在平衡控制活动方面，通过将人工或自动输入的数据调整为一个控制总和来侦查数据获取错误。一家公司自动地平衡所处理的和通过其联机订单入口系统的交易的总数与它的账单系统所接受的交易数量。

（2）在核对数位方面，通过计算来验证数据。一家公司的部分数据包含了一个核对数位，以便侦查和矫正来自供应商的不准确订单。

（3）在预先确定数据清单方面，向使用者提供预先确定的可接受数据清单。一家公司的局域网包括可供购买的产品下行（Drop - down）清单。

（4）在数据合理性测试方面，将所获取的数据与现有的或学到的合理性模式相比较。一家家居装修零售店向供应商所下的异常大额的板材订单，引起了一次复核。

（5）在逻辑测试方面，对范围限度或价值或混合符号测试的运用。一家政府机构通过检查所有输入的数据是否包含九位数字，来侦查社会保障数据的潜在错误。

（五）主体的特殊性

因为每个主体都有它自己的一套目标和执行方法，所以风险应对和相关的控制活动就会存在差别。即便两个主体有着同样的目标，并且在应该如何实现目标方面做出了类似的决策，它们的控制活动可能也有区别。每个主体由不同的人员进行管理，他们运用个人的判断来影响控制。此外，控制反映着一个主体经营所处的环境和行业，以及它的组织规模和复杂性、活动的性质和范围、历史、文化。

有着多元化活动的大型复杂组织可能比活动种类较少的小型简单组织面临更艰难的控制问题。一个分散化经营、强调地区自主性和创新的主体，面临与一个高度集中化的主体不同的控制环境。影响一个主体的复杂性乃至其控制的性质的其他因素包括位置和地理分布、经营的广泛性和复杂性以及信息处理方法。

八、信息与沟通

有关的信息以保证人们能履行其职责的形式和时机予以识别、获取和沟通。信息系统利用内部生成的数据和来自外部渠道的信息，以便为管理风险和作出与目标相关的知情决策提供信息。有效的沟通会出现在组织中向下、平行和向上的流动中。全部员工从高层管理层那里收到一个清楚的信息：必须认真担负起企业风险管理的责任。他们了解自己在企业风险管理中的职责，以及个人的活动与其他人员工作之间的联系，必须具有向上沟通重要信息的方法，与外部方面，如客户、供应商、监管者和股东之间也要有有效的沟通。

每个企业都要识别和获取与管理该主体相关的涉及外部和内部事项和活动的广泛信息。这些信息以保证员工能履行其企业风险管理和其他职责的形式与时机传递给员工。

（一）信息

一个组织中的各个层级都需要信息，以便识别、评估和应对风险，以及从其他方面去经营主体和实现其目标，要利用与一个或多个目标类别相关的大量信息。

来自内部和外部来源的经营信息，包括财务的和非财务的，与多个经营目标相关。例如，财务信息不仅用来编制财务报表以实现报告目的，还用于经营决策，如监控业绩和配置资源。可靠的财务信息对于计划、预算、定价、评价卖主的业绩、评估合营企业和联盟以及一系列其他的管理活动而言是十分重要的。

同样，经营信息对于编制财务和其他报告也是必不可少的。它包括常规性的活动，如购买、销售和其他交易，以及有关竞争者的产品投放或经济情况等，它们能影响存货和应收账款的估价。而合规目标所需的信息，如有关粉尘散发的信息或人员数据，也能满足财务报告目标。

信息来自内部和外部的许多来源，以定量或定性的形式出现，以便对变化的条件做出反应。管理层的一项挑战是处理和提炼大量的数据以形成可资行动的信息。这项挑战可以通过建立一套信息系统基础结构来追溯、获取、处理和报告相关信息的方式予以解决。这些信息系统通常被计算机化但同时也包含人工输入界面，常常被看作是处于处理内部生成数据的背景下。但是信息系统有很广泛的应用，处理与外部事项相关的信息，如表明对一家公司的产品或服务需求变化的特定市场或行业的经济数据，有关生产过程所需的物品和服务的数据，有关变动的客户偏好或需求的市场认识，有关竞争者的产品开发活动的信息以及立法或监管行动。

信息系统可能是正式的，也可能是非正式的。与客户、供应商、监管者和主体员工之间的交谈，常常能提供识别风险和机会所需的重要信息。同样，出席专业性或行业性的研讨会，以及在行会和其他协会中的会员资格，也能够提供有价值的信息。

当一个主体面临根本性的行业变迁、高度创新和快速变动的竞争者或者重大的客户需求变化时，保持信息与需要的一致性尤其重要。信息系统根据需要而变化，以便支持新的目标。它们识别和获取财务和非财务信息，并且以有助于控制主体活动的时机和方式去处理和报告这些信息。

1. 战略和整合系统

由于企业已经变得更具协作性，并且与客户、供应商和商业伙伴结合密切，一个主体与外部方面的信息系统构造之间的分界线越来越模糊，结果，数据处理和数据管理常常变成了多个主体共担的职责。在这种情况下，一个组织的信息系统构造必须足够灵活和敏捷，以便与相关联的外部方面有效地整合起来。

信息系统构造的设计和技术的取得是主体战略的重要方面，与技术有关的选择对于实现目标可能是至关重要的。与技术选择和执行有关的决策取决于许多因素，包括组织的目的、市场需求和竞争的需要。信息系统对于有效的企业风险管理十分重要，同时风险管理技术也有助于作出技术决策。

设计和利用信息系统的目的是支持经营战略。随着经营需要的变化和技术为战略优势创造新的机会，这项功能变得至关重要。在一些情况下，技术的变革降低了在先前配置中所获得的优势，从而催生了新的战略方向。例如，使旅行社易于取得航班信息的航空预订系统，后来变成了面向客户的互联网预订系统，大大降低或排除了传统旅行社的参与。

2. 与经营相结合

信息系统通常充分地结合经营的诸多方面。网络和基于网络的系统很普遍，许多公司有企业范围的信息系统，如企业资源计划（ERP）。这些应用有助于获得以前被职能机构或部门所截留的信息，使它可以用于广泛的管理用途。交易被实时地记录和跟踪，使管理人员立即更有效地获得财务和经营信息，以便控制经营活动。

为了支持有效的企业风险管理，主体获取和利用历史的和现在的数据。历史数据使主体能够对照任务、计划和期望来追踪实际的业绩。它们提供了有关在不同的条件下主体如何表现的认识，使管理层能够识别相互关系和趋势，并预测未来的业绩。历史数据还能够针对那些提请管理层注意的潜在事项及早地发出警告。

现在或当前状态的数据使一个主体能够确定是否保持在既定的风险容限之内。这些数据使管理层能对一个过程、职能或单元范围内现有的风险取得实时的认识，并确定偏离期望的差异。

信息系统的发展提高了许多组织在整个企业的层次上计量和监控业绩以及提交分析性信息的能力。随着新技术的兴起，组织利用新技术的能力随之提高，系统的复杂性和整合也在持续。但是，在战略和经营层次对信息系统不断加大的依赖，带来了必须整合到主体的企业风险管理之中的新的风险，如信息安全故障或网络犯罪。

3. 信息的深度和及时性

信息基础结构以与主体的需要相一致的时机和深度来追溯和获取信息，以便识别、评估和应对风险，并保持在它的风险容限之内。信息流动的及时性需要与主体的内部和外部环境的变动程度保持一致。

信息基础结构把原始数据转换成相应的信息，以帮助员工履行他们的企业风险管理和其他职责。信息以可资行动的、易于使用的方式和时机予以提供，并与所界定的责任相关联。

数据收集、处理和储存的进步导致数据量呈指数增长。更多的实时数据可供组织中更多的人利用，挑战在于通过确保正确的信息、以正确的形式、按正确的详细程度、在正确的时间流向正确的人，来避免信息超载（Information - overload）。在开发知识和信息基础结构的过程中，应该考虑各个使用者和部门不同的信息需求，以及不同的管理层级所需要的不同概略程度的信息。

4. 信息质量

随着对复杂信息系统和数据驱动的自动化决策系统和程序的依赖性与日俱增，数据的可靠性至关重要。不准确的数据可能会导致未曾识别的风险或拙劣的评估和糟糕的管理决策。

信息的质量包括关注：①内容是否恰当，即信息是否处于正确的详细程度？②信息是否及时，即需要时是否有信息？③信息是不是当前的，即是不是最新可利用的信息？④信息是否准确，即数据是否正确？⑤信息是否易于取得，即需要的人是否容易取得信息？

为了提高数据的质量，主体要建立整个企业范围的数据管理程序，包括相关信息的获取、维护和分配。如果没有这些程序，信息系统可能无法提供管理层和其他人员所需要的信息。

挑战是多方面的，包括各个职能机构的需求互相冲突、系统的约束以及未整合的流程可能会抑制数据的获取和有效利用。为了迎接这些挑战，管理层要建立一套战略计划，明确对数据可信度的责任和职责，并且执行经常性的数据质量评估。

及时和在正确的地方拥有正确的信息对于实现企业风险管理至关重要。这就是为什么尽管信息系统是企业风险管理的一个构成要素，还必须对其加以控制的原因。

（二）沟通

沟通是信息系统中内生的。信息系统必须把信息提供给恰当的人员，以便他们能够履行其经营、报告和合规职责。但是，沟通必须发生在广泛的范围，以便处理期望、个人和集团的职责以及其他的重要事项。

1. 内部

管理层应提供着眼于行为期望和员工职责的具体和指导性的沟通。它包括对主体的风险管理理念和方法的清楚表述以及明确的授权。有关流程和程序的沟通应该与期望的文化相协调，并支撑后者。

沟通应该有效地传达这些内容：①有效的企业风险管理的重要性和相关性；②主体的目标；③主体的风险容量和风险容限；④一套通用的风险语言；⑤员工在实现和支撑企业风险管理的构成要素中的职能与责任。

所有的员工，尤其是那些有着重要的经营或财务管理职责的人，需要从高层管理层那里收到一条清楚的信息：企业风险管理必须严格推行。这条信息的清楚性和沟通方式的有效性都很重要。

员工还需要知道他们的活动与其他人的工作有何关联。这种了解对于认识问题或确定其原因和矫正措施很有必要。而且，他们需要知道哪些行为被看作是可以接受的和不可接受的。在那些备受瞩目的欺诈性报告的例子中，管理人员在实现预算的压力下，误报经营成果。在大量的这类实例中，没有人告诉这些人这种误报会违法或者不当。它强调了信息在一个组织内部如何沟通的关键性质。一个指令下属去“实现预算——我不管你怎么做，就是要实现”的管理人员，可能会无意地传达错误的信息。

那些每天处理关键经营问题的一线员工，通常处在认识到所发生问题的最佳位置上，所以沟通渠道应该确保员工能够在各个业务单元、过程或职能机构之间平行地以及向上沟通基于风险的信息。例如，销售代表或账户经理可能会获悉重要客户对产品设计的需要，生产人员可能会意识到代价高昂的流程缺陷，而采购人员可能会面临来自供应商的不正当的诱惑。如果个人或单元被阻挠向其他人提供重要的信息，或者不具备提供信息的手段，就会发生信息障碍。员工可能会察觉重大的风险，但是不愿意或者不能够报告它们。

对于那些将要报告的信息，必须有畅通的沟通渠道和清晰的倾听意愿。员工必须相信他们的上级希望了解问题并且将会有效地处理它们。大多数管理人员清醒地认识到他们应该避免“打击报信者”。但是当陷入日常的压力时，他们可能不会接受给其提出合理问题的人。员工很快就会获得说出口或不说出口的信号：上级没有时间或兴趣来处理他们所揭示的问题。综合这些问题，不会接受的管理人员就是最后一个知道沟通渠道实际上已经闭塞的人。

在大多数情况下，一个组织中的正常报告途径就是恰当的沟通渠道。但是，在一些情况下，如果正常的渠道不起作用，就需要单独的沟通途径来充当自动防故障机制。许多公司在董事会或审计委员会监督之外还提供此机制，并且让员工知道，直接向首席内部审计师或法律顾问或其他能接近董事会的高层官员沟通的渠道，而法律和法规也日益呼吁公司建立这个机制。由于它的重要性，有效的企业风险管理需要这些替代的沟通渠道。没有畅通的沟通渠道和倾听的意愿，信息的向上流动就会被闭塞。

员工了解报告相关的信息不会遭到报复是十分重要的，存在鼓励员工报告对主体的行为守则的可疑违反机制，以及对报告员工的对待方式，能够传达一个清楚的信息。

一套相关和详尽的行为守则、辅以员工培训项目以及持续的公司沟通和反馈机制，与高层管理层的行为所树立的正确范例一起，能够强化这些重要的信息。

其中最关键的沟通渠道位于高层管理层和董事会之间。管理层必须让董事会了解最新的业绩、风险和企业风险管理的运行情况，以及其他的相关事项或问题。沟通越好，董事会就能越有效地履行其监督职责，在关键问题上为管理层充当一个能发表意见的董事会，监控它的活动，并提供建议、劝告和指导。同样，董事会也应该沟通其对管理层的信息需求，并提供反馈和指导。

2. 外部

不仅在主体的内部需要恰当的沟通，与外部之间也是如此。通过畅通的外部沟通渠道，客户和供应商能够提供有关产品或服务的设计与质量的重要信息，从而使一个公司能够关注变化中的客户需求或偏好。例如，客户或供应商有关发运、收货、账单或其他活动的投诉或查询通常能指出经营方面的问题，而且可能会指出欺诈性的或其他的不当做法。管理层应该迅速认识到这些情况的含义，并且加以调查和采取必要的矫正措施，关注它们对财务报告和合规以及经营目标的影响。

有关主体的风险容量和风险容限的顺畅沟通十分重要，对于与其他主体通过供应链联系起来的主体或电子商务企业而言尤其如此。在这种情况下，管理层要考虑如何使其风险容量和风险容限与其商业伙伴相协调，以便确保它不至于通过它的伙伴不经意地承受过大的风险。

与利益相关者、监管者、财务分析师和其他外部方面的沟通提供了与他们的需求相关的信息，这样就能够快捷地了解主体所面临的情形和风险。这些信息应该是有意义的、中肯的和及时的，并且符合法律和监管的要求。

管理层对与外部方面沟通的承诺，不管是公开的、随机的或密切追踪的还是其他的，也能在整个组织中传递信息。

3. 沟通的方式

沟通可以采取类似政策手册、备忘录、电子邮件、公告板通知、网络发布和录像带信息等方式。当信息在大型集会、小型会议或一对一会谈中以口头的形式传达时，发音的腔调和肢体语言强调了所说的内容。

管理层与员工打交道的方式能传达强有力的信息。管理人员应该记住用行动说话胜过语言。而他们的行动又受到主体的历史和文化的影响，得益于过去对其导师如何处理类似情况的观察。

一个有着诚信经营的历史、其文化被整个组织中的人员充分理解的主体，可能会发现沟通信息并不困难，而没有这种传统的主体就需要在沟通信息的方式上倾注更多的努力。

九、监控

对企业风险管理进行监控，随时对其构成要素的存在和运行进行评估，这些是通过持续的监控活动、个别评价或者两者相结合来完成的。持续监控发生在管理活动的正常进程中，个别评价的范围和频率主要取决于对风险的评估和持续监控程序的有效性。企业风险管理的缺陷应被向上报告，严重的问题报告给高层管理层和董事会。

一个主体的企业风险管理随着时间而变化。曾经有效的风险应对可能会变得不相关；控制活动可能会变得不太有效，或者不再被执行；主体的目标也可能变化。这些可能是由于新员工的到来、主体结构或方向的变化或者引入新流程所造成的。面对这些变化，管理层需要确定企业风险管理的运行是否持续有效。

监控可以通过持续的活动或者个别评价两种方式进行。企业风险管理机制通常被安排来进行持续的自我监控，至少在某种程度上是这样的。持续监控的有效性程度越高，就越不需要个别评价。管理层需要用来对企业风险管理的有效性形成合理保证的个别评价，其频率是一个管理层的判断问题。在做这种决定的过程中，要考虑所发生变化的性质和程度以及相关风险、执行风险应对和相关控制的员工的能力和经验，以及持续监控的成效。通常，持续监控和个别评价的组合会确保企业风险管理在一定时期内保持其有效性。

持续监控包含于一个主体正常的、反复的经营活动之中。持续监控被实时地执行，动态地应对变化的情况，并且植根于主体之中，因此，它比个别评价更加有效。由于个别评价发生在事后，所以通过持续监控程序通常能够更迅速地识别问题。许多主体尽管有着良好的持续监控活动，也会定期对企业风险管理进行个别评价。感到需要经常性的个别评价的主体，应该集中精力去改进持续监控活动。

（一）持续监控活动

在正常的经营过程中，许多活动可以起到监控企业风险管理有效性的作用。它们来自定期的管理活动，可能包括差异分析、对来自不同渠道的信息进行比较以及应对非预期的突发事件。

持续监控活动一般由直线式的经营管理人员或职能式的辅助管理人员来执行，以便对他们所接收的信息含义予以深入考虑。通过关注关系、矛盾或其他的相应含义，他们提出问题并追查必要的其他员工，以确定是否需要矫正或采取其他措施。持续监控活动应与经营过程中的政策所要求执行的活动区分开来。例如，作为信息系统或会计程序所要求的步骤来执行的交易审批、账户余额调节以及验证主要文件的准确性，最好界定为控制活动。

以下是一些持续监控活动的例子：

管理人员复核经营报告，以此来对经营业务进行持续性的管理，可能会发现错误或对照预期结果的例外情况。例如，分部、子公司和公司层次的接触经营活动的销售、采购和生产管理人员能够质疑显著偏离他们的经营知识的报告。及时和完整的报告以及对这些例外情况的解决能够提高该过程的有效性。

将用来评价潜在的市场波动对一个主体的财务状况影响的风险价值模型中所报告的信息的变动与所报告的财务性交易相关联，以便集中关注预期的关系。

来自外部方面的沟通能确证内部生成的信息或指出问题。客户通过支付账单，隐含地确证账单数据。相反，客户关于账单的投诉可能会指出销售交易处理过程中的系统缺陷。同样，来自投资经理的关于证券利得、损失和收益的报告，能够确证或显示主体（或管理人员的）记录中的问题。一家保险公司对安全政策和惯例的复核，能够提供有关经营安全和合规表现方面的信息。

监管者与管理层就合规或反映企业风险管理运行的其他问题进行沟通。

内部和外部审计师和顾问定期提供加强企业风险管理的建议。例如，审计师可能把相当多的注意力集中在关键风险和相关的应对以及控制活动的设计上；可能会确定潜在的缺陷，并向管理层建议备选的措施，并辅以在做成本—效益决断中有用的信息；内部审计师或执行类似复核职能的人员可能对于监控一个主体的活动特别有效。

培训研讨会、计划编制会以及其他的会议向管理层提供有关企业风险管理是否有效的重要反馈。除了可能显示风险的特定问题之外，参与者的风险和控制意识通常也会变得更加明显。

处在正常经营过程中的管理人员与员工讨论诸如他们对主体的行为守则的理解、如何识别风险以及在与控制活动的运行相联系时所出现的问题。这些讨论能确认企业风险管理要素的正常运行，或显示需要注意的问题。

（二）个别评价

尽管持续监控程序通常会提供有关企业风险管理的其他构成要素有效性的重要反馈，但是有时候采取一种新的思路直接关注企业风险管理的有效性可能是很有用的。它也能提供一个考察持续监控程序的持续有效性的机会。

1. 范围和频率

企业风险管理评价的范围和频率各不相同，取决于风险的重大性以及风险应对和管理风险过程中的相关控制的重要性。优先程度较高的风险领域和应对往往更经常被评价。对企业风险管理整体的评价一般比对特定局部的评估所需的频率更低，可能是由许多原因所促成的，如主要的战略或管理层更迭、收购或处置、经济或政治情况变化，或者经营或处理信息的方法的变更。当做出决定要对一个主体的企业风险管理采取全面评价时，应该将注意力引导到着眼于它在战略制定中以及相关的重大活动中的应用。评价的范围还将取决于要致力于战略、经营、报告和合规中的何种目标类别。

2. 由谁来评价

评价通常采取自我评估的形式，负责一个特定单元或职能机构的人员决定针对其活动的企业风险管理的有效性。例如，一个分部的首席执行官指导对其企业风险管理活动的评价，他或她亲自评估与战略选择和高层次目标以及内部环境要素相关的风险管理活动，而负责该分部的各项经营活动的人员评估与其职责范围有关的企业风险管理构成要素的有效性；直线式管理人员关注经营和合规目标；而分部的负责人则关注报告目标；高层管理层结合公司其他分部的评价，来考虑该分部的评估情况。

内部审计师执行评估通常是其常规性职责的一部分，有时则是应高层管理层、董事会或者子公司或分部管理层的特殊要求。同样，管理层在考虑企业风险管理的有效性时，可以利用来自外部审计师的工作。在执行管理层认为必要的任何评价程序时，都可以结合采用各种方式。

3. 评价过程

评价企业风险管理是在它自身之中的一个过程。尽管方法或技术各不相同，但是应该利用其中固有的特定基础，把一套规程引入这个过程中。

评价者必须了解所着眼的主体的每一项活动以及企业风险管理的每一个构成要素。关注企业风险管理是如何运行的，有时涉及诸如系统或程序设计，可能是有帮助的。

评价者必须确定系统实际上运行得怎么样。设计出来以特定的方式运行的程序随时可能会被修改以便以其他的方式运行，或者可能不再被执行。有时制定了新程序，但是那些讲述这些过程的人员并不知道，或者没有包含在可利用的文档之中。确定实际运行可以通过与执行或受到企业风险管理影响的人员进行讨论的方式来完成，也可以通过检查业绩记录的方式来完成，或者结合采用这些程序。

评价者分析企业风险管理过程的设计以及所执行的测试结果，这种分析要以管理层针对每个构成要素所制定的标准为背景来进行，其最终目的在于确定该过程是否为相关的既定目标提供了合理保证。

4. 方法

个别评价有一系列评价方法和工具，包括核对清单、调查问卷和流程图技术。作为评价方法的一部分，一些公司将它们的企业风险管理与其他主体相比较，或者以其他主体的企业风险管理作为标杆。例如，一个主体可能会对照那些因为拥有特别好的企业风险管理而著称的公司，来测度自己的企业风险管理。也可能会直接与另一家公司进行比较，或者在行业或产业协会的主导下进行比较。其他组织可能会提供比较的信息，而一些行业中的同业评审（Peer Review）职能机构能够帮助一家公司对照同业来评价其企业风险管理。需要注意的是，在进行比较时，必须考虑到目标、事实和情况总是会存在差别，记住企业风险管理的八个构成要素以及企业风险管理的固有局限。

5. 文档

一个主体的企业风险管理文档的范围因主体的规模、复杂性和类似因素而异。较大的组织通常有书面的政策手册、正式的组织结构图、书面的职位描述、操作指示、信息系统流程图等。较小主体的文档一般相对较少。企业风险管理的许多方面是非正式的和不成文的，但仍然被执行并且十分有效。对这些活动的测试可以采用与记入文档活动相同的方式。企业风险管理没有记入文档的事实，并不表明它们无效或者不能对它们进行评价。但是，适当水平的文档通常可以使评价更加有效或效率更高。

评价者可以决定记录评价过程本身，他或她通常会利用关于主体企业风险管理的现有文档，一般会用其他文档以及对在评价过程中所执行的测试和分析的描述来加以补充。

如果管理层打算针对企业风险管理的有效性编制一份给外部的报告，它应该考虑建立和保存文档以支持这个报告。如果这份报告后来遭到质疑，这些文档可能就更有用了。

（三）报告缺陷

一个主体的企业风险管理的缺陷可能会从多个来源表现出来，包括主体的持续监控程序、个别评价和外部方面。缺陷是企业风险管理中值得注意的一种情况，它可能表示一个察觉到的、潜在的或实际的缺点，或者一个强化企业风险管理以便提高主体目标实现的可能性的机会。

1. 信息的来源

有关企业风险管理缺陷信息的最佳来源之一是企业风险管理自身。一个企业的持续监控活动，包括管理活动和对员工的日常监督，能够产生来自那些直接参与主体活动的人的认识。这些认识被实时地取得，它们能够提供对缺陷的快速认定。缺陷的其他来源是对企业风险管理的个别评价。由管理层、内部审计师或其他职能机构执行的评价能够凸显需要改进的领域。

外部方面经常提供有关主体企业风险管理运行的重要信息，包括客户、卖主和其他与主体开展业务的人、外部审计师以及监管者，应该仔细地考察来自外部来源的报告对企业风险管理的影响，并且采取适当的矫正措施。

2. 报告什么

所有已经识别的影响一个主体制定和执行其战略以及设定和实现其目标的能力的企业风险管理缺陷，都必须报告给那些被安排来采取必要措施的人。所要沟通问题的性质会因个人处理所发生情况的权力以及监督者的监督活动而异。在考虑需要沟通什么时，有必要看看所发现问题的含义。关键在于不仅要报告特定的交易或事项，而且要重新评价潜在的过失所属的程序。

可能有人认为没有任何问题会比调查它的毫无根据的含义更加无关紧要。例如，一名从小额备用现金中拿了几美元用于个人用途的员工，从这个特定事项的角度看可能并不重要，而且从整个备用现金数额的角度看可能也不重要，但是，这种明显的对私自使用主体金钱的宽恕，可能会向员工传递一个错误的信息。

除了缺陷以外，所识别的提高主体目标实现的可能性的机会也应该报告。

3. 向谁报告

在经营活动的进程中产生的信息通常通过正常的渠道报告给直接的上级。他们会顺次在组织中向上或横向沟通，以便使信息最终到达能够和应该采取行动的人员那里。还应该存在其他的沟通渠道，以便报告类似非法或不当行径等敏感信息。所发现的企业风险管理缺陷通常不仅应该报告给负责所涉及的职能或活动的人员，而且还应该报告给该人员之上的至少一个层级的管理层。这个较高层级的管理层为采取矫正措施提供所需的支持或监督，并且要与组织中的其活动可能会受到影响的其他人员进行沟通。如果所发现的问题超出了组织边界，报告就也应该相应超出，并且直接呈交给足够高的层级，以确保采取适当的措施。

4. 报告指引

向适当的方面提供所需的有关企业风险管理缺陷的信息至关重要。应该制定规程，以便确定一个特定的层级为了有效地做出决策需要什么信息。

这些规程反映了一般的规则，管理人员应该收到那些影响他或她的职责范围之内的人员的行动或行为的信息，以及实现特定目标所需的信息。例如，一位首席执行官一般希望知悉对政策和程序的严重违反行为。他或她还希望获得有关重大财务影响或战略意义或者会影响主体声誉问题的支持性信息。

高层管理人员应该知悉影响其单元的风险管理和控制缺陷。例子包括具有特定货币价值的资产没有得到充分保护，员工的胜任能力欠缺或者没有正确地进行重要的财务调整等情形。从组织结构中越往下走，管理人员就应该越详细地知晓他们的单元中的缺陷。上级为下级规定报告规程，具体程度各不相同，通常在组织中的层级越低就越详细。尽管如果报告规程规定得太细致可能会制约有效的报告，但是如果具有足够的灵活性，它们就能改善报告。

沟通缺陷时董事会或审计委员会可能仅仅要求管理层或者内部或外部审计师沟通那些符合特定的严重性或重要性下限的缺陷。

十、职能与责任

一个主体中的每个人都对企业风险管理负有一定的责任。首席执行官负有最终的责任，并且应该假设其拥有所有权。其他管理人员支持风险管理理念，促使符合其风险容量，并且在各自的职责范围内根据风险容限去管理风险。其他人员负责根据既定的指引和规程来实施企业风险管理。董事会提供对企业风险管理的重要监督。诸多外部方面经常提供对实现企业风险管理有用的信息，但是他们对主体企业风险管理的有效性并不承担责任。

企业风险管理由诸多方面实施，每一方面都有重要的职责。董事会（直接地或通过其下属委员会）、管理层、内部审计师和其他人员都对风险管理做出重要的贡献。其他方面，如外部审计师和监管机构，有时与风险评估和内部控制有关联。但是，作为一个主体的企业风险管理过程的一部分方面与不属于该过程的方面之间存在着区别，尽管后者的行动能够影响该过程，或者能够帮助主体实现其目标。然而，直接或间接帮助一个主体实现其目标并不能使一个外部方面成为主体的企业风险管理的一部分，或者对其负责。

（一）主体的人员

董事会、管理层、风险官员、财务官员、内部审计师乃至一个主体中的每个人都对有效的企业风险管理有贡献。

1. 董事会

管理层向董事会或提供监控、领导和指引的受托人（trustees）负责。通过选择管理层，董事会对确定期望的诚信和道德价值观起着主要作用，而且通过它的监督活动，能够确定期望是否实现了。同样，通过在特定的关键决策上保留权力，董事会在制定战略、规划高层次的目标以及广义的资源配置方面发挥作用。

董事会通过下列方式提供针对企业风险管理的监督：①了解管理层在组织中建立有效的企业风险管理的范围；②知道并同意主体的风险容量；③审核主体的风险组合观，并对照主体的风险容量对其进行考核；④知悉最重大的风险以及管理层是否恰当地应对。

董事会是内部环境要素的一部分，它必须有使企业风险管理有效所必需的构成和关注的焦点。

有效的董事会成员是客观的、有能力的和好奇的。他们对主体的活动和环境有实际的了解，能够投入必要的时间来履行其职责。他们根据需要利用资源来进行特别调查，并且与内部审计师、外部审计师和法律顾问有着畅通的和不受限制的沟通。

董事会可以利用下属委员会来行使特定职责。通行的委员会是提名/治理、薪酬以及审计委员会，他们采用和关注的焦点因主体而异，各自集中关注企业风险管理的不同要素。例如，提名委员会确定和考察预期的董事会成员的资格；而薪酬委员会则考核报酬体系的恰当性，平衡健康的激励计划和避免对操纵薪酬因素（Drivers）的不必要诱惑的需要；审计委员会在外部报告的可靠性方面起着直接作用，而且必须识别与可靠的财务报告有关的关键风险。因此，董事会及其下属委员会是企业风险管理的重要组成部分。

2. 管理层

管理层直接对一个主体的所有活动负责，包括企业风险管理。自然，不同层级的管理层有着不同的企业风险管理职责。它们会因为主体特征的不同而有所区别，通常区别相当大。

在任何主体中，首席执行官对企业风险管理有着最终所有者的责任。这种责任最重要的方面之一是确保存在一个积极的内部环境。CEO 比所有其他人员或职能机构的责任更大，能从最高层次设定影响内部环境因素和企业风险管理其他构成要素的基调。CEO 还能通过他或她在确定新的董事会成员以及在确定范例和致力于吸引或阻止董事会候选人等方面所具有的各种影响，来影响董事会。董事会职位的候选人在决定是否接受提名时，越来越密切地关注高层管理层的诚信和道德价值观。潜在的董事还关注主体的企业风险管理是否具有确保其有效性所必需的诚信和道德价值观的重要基础。

首席执行官的责任包括恰当地建立企业风险管理的所有构成要素。CEO 通常通过下列方式来实现这项职责：①为高级管理人员提供领导和指引。CEO 与他们一起创建形成该主体企业风险管理基础的价值观、原则和主要的经营政策。CEO 和关键的高级管理人员制定战略目标、战略和有关的高层次目标。他们还制定广义的政策，构建主体的风险管理理念、风险容量和文化。他们针对主体的组织结构、关键政策的内容和沟通以及主体将要采用的计划和报告系统的类型采取行动。②定期与负责主要职能领域，如销售、营销、生产、采购、财务、人力资源的高级管理人员进行会谈，以便对他们的职责，包括他们如何管理风险进行核查。CEO 获得对经营中固有的风险、风险应对和必要的控制改进以及现状和正在进行的努力的了解。为了完成这种职责，CEO 必须清楚地确定他或她所需要的信息。

利用这些了解，CEO 就可以根据主体的风险容量对活动和风险进行监控。如果变化的情形、新生的风险、战略执行或预期的行动显示出与风险容量潜在的不协调，CEO 将会采取必要的措施使其恢复协调一致，或者与董事会讨论需要采取的进一步行动，或是否应该调整主体的风险容量。

掌管组织单元的高层管理人员有责任管理与其单元目标相关的风险。他们将战略转变成经营，识别事项和评估风险，并影响风险应对。管理人员知道其职责范围内企业风险管理构成要素的应用，以确保应用与风险容限一致。从这个意义上讲，存在着职责的下移，每个执行官实际上就是他或她的职责上的 CEO。

高级管理人员通常将企业风险管理具体程序的责任赋予特定流程、职能机构或部门的管理人员。相应地，这些管理人员通常在谋划和执行着眼于单元目标的特定风险程序，如事项识别和风险评估技术，以及在确定应对例如制定购买原材料或接纳新客户的规程方面发挥着更具实际可操作性的作用。他们还对相关的控制活动提出建议，监控应用，并与较高层级的管理人员会谈以报告控制活动的运行情况。这可能涉及调查外部事项或情况、数据输入错误或者出现在例外报告上的交易，寻找部门费用预算差异的原因以及追踪客户拖欠订单或产品库存状况。对于重大问题，不管从属于一个特定的交易还是一个需要更大关注的迹象，都要在组织中向上沟通。诸如人力资源、合规或法律等员工职能机构，在设计或塑造有效的企业风险管理的构成要素方面也起着重要的支持作用。人力资源职能机构可以设计和帮助执行有关主体的行为守则和通常牵涉业务单元领导的其他广泛的政策问题的培训计划。法律职能机构为直线式管理人员提供影响经营政策的新法律或监管方面的信息，它或者合规官员提供有关设计好的交易或规程是否符合法律或伦理要求的重要信息。

管理人员的职责应该既包括权利，也包含义务。每位管理人员应该就他或她分内的企业风险管理对上一个层级负责，而最终由 CEO 向董事会负责。尽管不同的管理层级有着不同的企业风险责任和职能，它们的行动应该融入主体的企业风险管理之中。

3. 风险官员

一些公司建立了一个集中化的协调点来推动企业风险管理。一些组织中的首席风险官或风险管理人员与其他管理人员一道致力于在其职责范围内建立有效的企业风险管理。由首席执行官设立并且在其支持下，风险官员拥有资源以帮助实现跨子公司、业务、部门、职能机构和活动的企业风险管理。风险官员可能有责任监控进展和协助其他管理人员在该主体中向上、向下或平行报告有关的风险信息。风险官员还可以作为一个补充的报告渠道。

一些公司把这项职能赋予其他的高级官员，如首席财务官、总法律顾问、首席审计官或首席合规官，另一些公司则发现这项职能和范围的幅度要求独立的职位设置和资源。

许多公司发现当清楚地确定其作为一名员工职能机构的职责时，这项职能最为成功，它为直线式的管理提供了支持和便利。要想使企业风险管理有效，直线式管理人员必须设定主要责任，并且负责管理各自领域内的风险。

风险官员的职责可能包括：①建立企业风险管理政策，包括确定职能与责任以及参与设定执行目标；②确定各业务单元对于企业风险管理的权利和义务；③提高整个主体的企业风险管理能力，包括推动企业风险管理专门技术的发展，以及帮助管理人员协调风险应对和主体的风险容限，并建立恰当的控制；④指导企业风险管理与其他经营计划和管理活动的整合；⑤建立一套通用的风险管理语言，包括围绕可能性和影响的共通测度指标以及通用的风险类别；⑥帮助管理人员制定报告规程，包括定性和定量的下限以及对报告过程的监控；⑦向首席执行官报告进展和暴露的问题，并建议必要的措施。

4. 财务官员

财务和主计岗位的执行官和他们的下属职员对于企业风险管理活动特别重要，他们的活动贯穿于所有的经营和业务单元。财务执行官通常参与制订主体范围的预算和计划，他们通常从经营、合规和报告的角度追踪和分析业绩。这些活动是一个主体的核心或法人机构的一部分，但是也负有监控分部、子公司或其他单元活动的虚线（Dottedline）职责。这样，首席财务官、首席会计官、主计长和财务职能机构的其他人员对于管理层执行企业风险管理的方式至关重要。他们在防止和侦查欺诈性的报告中起着重要的作用，作为高级管理层的一名成员，首席财务官帮助确立组织的伦理行为的基调，对财务报表负有主要责任，影响公司报告系统的设计、执行和监控。

在考察企业风险管理的构成要素时，很明显首席财务官和他或她的下属员工起着重要的作用。这个人在制定目标、确定战略、分析风险和做出如何对影响主体的变化进行管理的决策时扮演着关键的角色。他或她提供有价值的投入和指引，而且其职责在于关注监控和追踪所决定的行动。

因此，首席财务官应该与其他职能机构的负责人同样参与决策，管理层使他或她关注的面狭窄，如局限于财务报告和理财的主要领域等任何企图都会严重制约主体成功的能力。

5. 内部审计师

内部审计师在评价企业风险管理的有效性以及提出改进建议方面起着关键作用。内部审计师协会所制定的准则规定，内部审计的范围应该包含风险管理和控制系统。它包括评价报告的可靠性、经营的有效性和效率以及符合法律和法规。在履行这些职责时，内部审计师通过对主体企业风险管理的恰当性和有效性进行检查、评价、报告和提出改进建议，来协助管理层和董事会或审计委员会。

内部审计师协会的准则还强调内部审计的适当作用，清楚地指出内部审计师应该对他们所审计的活动持客观的态度。这种客观性应该反映在主体内的职位和权力以及恰当的内部审计人员配备上。内部审计师在组织中的职位和权力涉及一系列问题，如向一个拥有足够权力来确保恰当的审计涵盖范围、考虑事项和反应的人进行报告的途径；只有在董事会或审计委员会同意的前提下，才能选任和撤免首席审计官；能够接近董事会或审计委员会；追查所发现的情况和提出建议的权力。

6. 主体中的其他人员

企业风险管理在某种程度上是主体中所有人的责任，因此应该成为每个人的职位描述的一个明显的或隐含的部分。这可以从两个方面来证实：一是事实上所有人员在实现风险管理中都起着某种作用。他们可能会生成在识别和评估风险中所利用的信息，或者采取其他实现企业风险管理所需的行动。对实施这些活动的关注直接影响一个主体企业风险管理的有效性。二是所有人员都有责任支持企业风险管理中所固有的信息与沟通流程。它包括向组织中的较高层级沟通任何经营中的问题、不符合行为守则或对政策的其他违反或非法行径。企业风险管理依靠牵制和制衡包括职责的分离以及不会“睁一只眼闭一只眼”（故意朝另一边看，Looking - the Other Way）的员工。员工应该了解抵抗来自上级的参与不当行为的压力的必要性，组织也应该存在除正常报告途径之外的准许报告这些情形的渠道。

企业风险管理是所有人的事情，因而所有员工的职能与责任都应该被很好地界定和有效地沟通。

（二）外部方面

许多外部方面能对实现一个主体的目标做出贡献，有时所采取的行动是与主体内部所采取的行动相并行的。在其他情况下，外部方面可能会提供对主体的企业风险管理活动有用的信息。

1. 外部审计师

外部审计师为管理层和董事会提供一个独特的、独立的和客观的看法，它有助于主体实现其对外财务报告目标以及其他目标。

在财务报表审计中，审计师就财务报表符合公认会计原则（GAAP）的公允性发表意见，从而有助于主体的对外财务报告目标。审计师进行财务报表审计，可以通过提供对管理层履行其与风险管理有关职责的有用信息，来进一步促成这些目标。这些信息包括：①审计所发现的问题、分析性信息以及对为实现既定目标所需行动的建议；②有关审计师所注意到的风险管理和控制的缺陷方面的发现以及改进的建议。

这些信息常常不仅与报告有关，还与战略、经营和合规活动有关，并且能够对主体在所有的这些领域实现其目标做出重要的贡献。这些信息被报告给管理层，以及取决于其重要性的董事会或审计委员会。

认识到这一点很重要：财务报表审计自身通常并不包括对企业风险管理的重大关注，因而并不是在所有的事项中审计师都能够最终对主体的企业风险管理形成意见。但是，在法律或法规要求审计师评价一家公司关于财务报告内部控制的认定以及这些认定的支持性依据的场合下，针对这些领域的审计工作的范围就会扩大，从而要获取额外的信息和保证。

2. 立法者和监管者

立法者和监管者通过建立风险管理机制或内部控制的要求，或是通过对特定主体的检查，影响着许多主体的企业风险管理。许多相关的法律和法规主要针对财务报告的风险和控制，有的适用于政府组织的也针对经营和合规目标，许多主体长期受制于对内部控制的法定要求，监管机构直接对负有监督职责的主体进行检查，这些机构提出建议并采取执法行动。

因此，立法者和监管者通过两种方式影响主体的企业风险管理：即制定规则以促使管理层确保风险管理和控制系统满足最低的法定或监管要求；根据对特定主体的检查，提供对主体应用企业风险管理有用的信息和建议，有时还向管理层提供与所需的改进有关的指引。

3. 与主体互动的各方

客户、卖主、商业伙伴和其他与一个主体开展业务的人，是企业风险管理活动中所使用的信息的一个重要来源。信息可能是各种各样的，而且对于主体实现其战略、经营、报告和合规目标极其重要。主体必须具有接收这些信息的机制，并且能采取适当的行动，所需的行动不仅包括着手处理所报告的特殊情形，而且还包括调查问题的根本来源并修正它。

除了客户和卖主之外，其他方面如债权人，也能够针对实现一个主体的目标提供监督。例如，一家银行可能会要求有关一个主体符合特定债务条款的报告，它还可以推荐业绩指标或其他期望的目标或控制。

4. 外包服务提供者

许多组织将业务职能外包，把日常管理委托给外部提供者。有时出于获取更高能力和更低成本的服务的目的，将行政、财务或内部业务外包。尽管这些外部方面为了或代表主体来完成活动，管理层也不能放弃管理相关风险的职责，并且应该执行一项计划来监控这些活动。

5. 财务分析师、债券评级机构和新闻媒体

财务分析师和债券评级机构考察与主体是否值得投资有关的多种因素，如分析管理层的战略和目标、历史财务报表和预计财务信息、为应对经济和市场情况而采取的行动、短期和长期成功的潜力以及行业表现和同业比较。印刷和广播媒体尤其是财经记者，也会进行类似的分析。

这些方面的调查和监控活动能够就其他人如何看待主体的业绩、主体所面临的行业和经济风险、可能会改善业绩的创新性经营或理财策略、行业趋势提供见解。这些信息有时以该方面与管理层面对面会谈的方式提供，或者通过为投资

者、潜在的投资者和公众所做的分析间接地提供。无论是哪种情况，管理层都应该考虑那些可能会增进企业风险管理的财务分析师、债券评级机构和新闻媒体的观察和见解。

第三节 其他风险管理程序、方法

一、七段法

七段法风险管理程序主要包括风险识别、风险衡量、风险评价、选择风险管理技术、风险决策管理、风险管理方案实施和风险管理绩效评价七个阶段。这七个阶段周而复始，构成了风险管理周期循环的过程。

（一）风险识别

风险识别是对风险的感知和发现，有助于企业及时发现风险因素、风险源，减少风险事故的发生。企业通常关注五种潜在损失风险：①财产的物质性损失风险以及额外的费用支出；②因财产损失而引起的收入损失、其他营业中断损失以及额外费用开支；③因损害他人利益而引起的诉讼，导致企业遭受损失的风险；④因欺诈、犯罪和雇员不忠诚行为给企业造成损失的风险；⑤因高级主管人员死亡和丧失工作能力给企业造成损失的风险。

（二）风险衡量

风险衡量是指在风险识别的基础上，通过对大量、过去损失资料的定量分析，估测出风险发生的概率和造成损失的幅度。风险衡量以损失频率和损失程度为主要预测指标，并据此确定风险的高低或者可能造成损失程度的大小。风险衡量是极其复杂的一项工作，风险的高低不能单靠损失频率的高低或者损失程度的大小来衡量，必须将两方面的因素结合起来考察。

（三）风险评价

风险评价是指在衡量风险的基础上，对引发风险事故的风险因素进行综合评价，以此为依据确定合适的风险管理技术。风险评价的目的是为选择恰当的处理风险的方法提供依据。风险评价也是风险管理部门对风险综合考察的结果。

（四）选择风险管理技术

在对风险进行衡量、评价以后，风险经理必须选择适当的处理风险的技术，即根据风险评价选择风险管理技术。风险管理技术选择的原则是选择所付费用最小、获得收益最大的风险管理办法（见表5-4）。一般来说，风险规避、损失控制、风险自留和风险转移这四种技术可供企业单选或组合使用。

表 5-4　风险管理技术的选择

风险类型	损失频率	损失程度	风险管理技术选择
1	低	小	风险自留、损失控制
2	高	小	风险自留、超额保险、损失控制
3	低	大	风险转移
4	高	大	风险规避、风险转移

此外，风险管理需要资金，企业为管理风险而筹措资金的方式即风险融资方式，风险融资可以分为风险自留融资、保险融资和非保险融资。风险融资的方式不同，获得风险管理资金的渠道也不同，融资的成本也就不同。选择合适的风险管理技术可以减少风险事故的发生、控制和/或降低损失、节约风险管理费用。

（五）风险决策管理

风险决策管理是风险管理的重要步骤，是风险管理者在众多风险管理方案中选择最佳方案的过程。例如，在存在消防隐患的地方，可以提出整改方案，其方案有三种：①如果企业选择风险自留，就可以选择建立风险管理基金。②如果企业选择非保险转移风险，就需要拟定保护自身权益、合法有效的合同。③如果企业选择对某一风险进行保险，风险管理人员应当及时选择保险人，选择适当的保险责任限额。

风险决策管理就是在成本—收益分析的基础上，权衡利弊，确定适合企业实际情况的风险管理方案。

（六）风险管理方案实施

风险管理方案的实施是风险管理的重要步骤，也是风险管理理论付诸实践的重要步骤。只有实施风险管理措施，风险管理方案才能得以贯彻实施。风险管理方案的有效实施，需要完善的管理制度和工作程序，需要在实施过程中进行检查和监控，以便发现问题，及时解决。

（七）风险管理绩效评价

在风险管理方案付诸实施后，企业需要对风险管理绩效进行评价，因为：①风险管理的过程是动态的。风险是不断变化的，新的风险产生，原有的风险可能消失或降低，所制定的风险管理方案会发生偏差或不适用。定期进行风险管理绩效评价可以及时发现新的风险，调整风险管理方案。②风险决策管理的正误需要通过检查和评价来确定。评价风险管理的效果，可以及时发现风险管理中的问题并加以纠正，这是提高风险管理绩效的重要环节。③风险管理评价标准会不适应风险管理的需要。风险管理评价标准是根据以往风险管理的经验制定的，风险评价标准为风险管理提供重要的参考，但是，这些标准也有不适合新风险、新状况发展要求的情形，需要根据风险管理的实践不断地修改风险评价的标准。

风险管理绩效评价可以提高风险管理工作的效率、提高风险管理资金的使用效率、确保组织财产和人员的安全。

二、领结形结构图

风险管理的结构图通常能以最直观的方式将风险管理过程展现在大家面前。图5-6所显示的就是一张简单的风险管理活动的领结形结构图，左列是特定危险因素的来源，体现企业所采用的风险来源的划分标准；右列是这些风险发生所带来的后果；中间栏所列明的是风险事项。

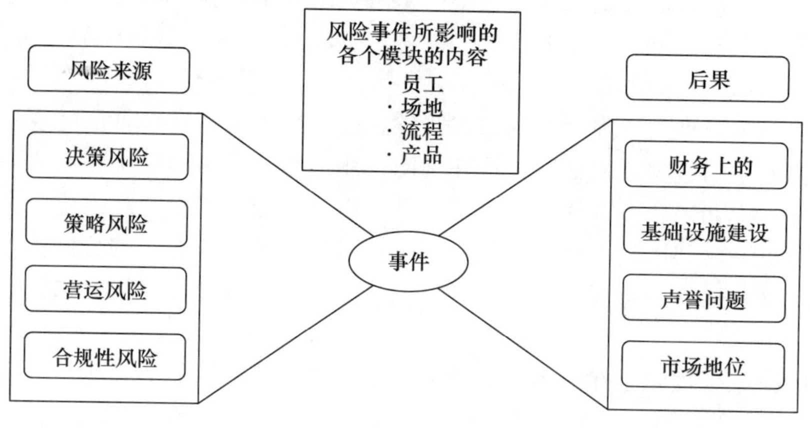

图5-6 风险管理及领结形结构

领结形结构图能够深入浅出地分析风险所涉及的方方面面，展示企业所采用的风险分类系统及风险发生所能带来的无穷后患。首先，将风险的具体内容填入最中间。其次，将风险的诱发因素及阻止风险发生的预防措施记录完整，垂直列于领结形结构图的左侧。最后，风险可能带来的后果。根据这些可能出现的后果便能找到合适的应对措施，拯救手段可以出现在领结形结构图的右侧，减少风险发生带来的影响。

相应地，我们可以从左、中、右三个方向上采取控制措施。损失控制一般包括损失预防、损失管制及成本控制三部分内容，如图5-7所示。损失预防关注降低不利情况发生的可能性，或者如果不利情况确实发生，它能够降低风险事件可能带来的负面影响。损失管制主要关注风险发生所带来的影响水平。如果提前做好规划，在风险发生的第一时间加以落实，那么损失管制的效果将达到最理想的状态。成本控制所关注的是降低风险事件可能带来的影响及风险发生带来的后果，其目标在于大幅降低维修、救援、恢复和重建所需成本，确保资产受损之后，企业还能在第一时间恢复正常运营（业务连续性）。

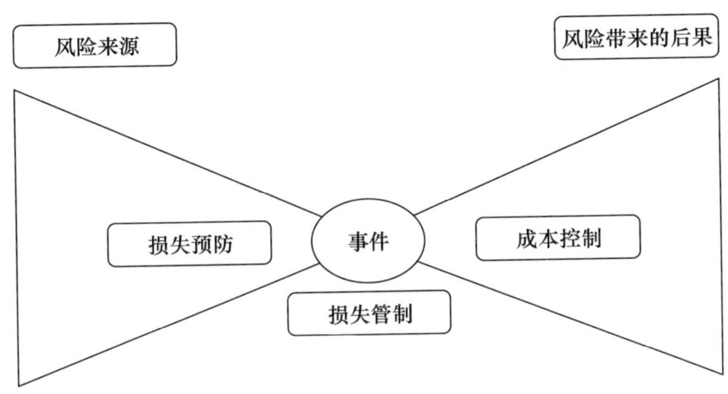

图 5－7　损失控制及领结图

（一）损失预防

对于危险因素风险而言，按照可考历史来了解特定风险发生的可能性。企业可以按照其固有风险水平，也可以按照当前风险水平完成对风险发生可能性的衡量。当然，当前风险水平是将现有的控制措施因素考虑在内的。另外，降低危险因素风险的影响力水平也是非常重要的。影响力水平是风险发生的内生性严重程度，可以通过降低意外事件（负面）发生所带来的总体影响力水平或者后果来实现对风险发生所带来后果的内生性严重程度。

不同类型的危害因素风险所对应的损失预防技巧不尽相同。对于健康与安全风险，损失预防的目标在于彻底消除风险发生的可能性。例如，确保整个流程当中不会出现任何危险的化学物质。对于建筑业而言，损失预防技巧涉及多种控制措施，包括火源、可燃物及易燃物品的彻底消除及对这些材料的控制及分离等。损失预防技巧还包括禁烟政策，及其他能够降低建筑工人发生危险的可能性的规章制度等。对于诈骗及盗窃风险而言，损失预防技巧还应当包括贵重物品的单独有效及安全标记责任。诈骗预防技巧可能需要涉及员工入职前的背景调查。

（二）损失管制

对火灾风险的损失管制已经存在非常完善的参照体系。例如，喷洒灭火系统用以控制火灾发生之后带来的危害程度的大小，楼宇消防隔离、防火百叶窗及其他能够在关键时刻有条不紊地搬运、分离或者保护贵重物品的设置等。对健康及安全标准及其他预防性活动的关注度也较高，特别是针对工伤提供充足到位的急救措施的做法可以被视为损失管制活动，如企业为员工配备了合适的急救设备。对于某些高风险岗位而言，场地中便可发现专业医疗设施。

损害管制同样也是企业声誉风险管理的重要特征之一。

（三）成本控制

尽管企业投入大量时间完成损失预防及损失最小化（损失管制），危险因素风险依然可能出现事故发生的局面，此时，开展成本控制行为刻不容缓。事故发生之后的成本控制通常以企业的业务连续性计划（BCP）或者灾后重建计划（DRP）为基准。业务持续性计划应当详细说明事故发生之后的成本控制办法的相关内容。这两个计划应当在事故发生之前落实到位。业务连续性计划（BCP）或者灾后重建计划（DRP）的高效实施能够确保企业将意外事故所引发的成本控制到最低水平。例如，重大火灾的成本控制活动中就包括抢救财货，及对带有水渍或者被烟熏的特殊物品的清洁去污措施的安排，专业修复服务的提供等。

此外，灾后的成本控制中，还要明确保险公司的“上浮运营成本”是何含义。绝大多数物质损失、营业中断保险的保单都涵盖上浮运营成本的理赔项目。这种情况主要牵涉那些将某些生产活动外包给其他公司，或者将制造活动放在其他地理位置相距较远的工厂中完成的企业。

保险是风险转移或者风险共享应对措施，不失为风险成本控制事后的应对方法。对于发生可能性较低、影响力水平较高的风险，保险的重要性是不言而喻的。这类风险通常包括资产毁损或者负债成本的支付（法律所要求的责任保险或者可能出现毁灭性损失的情况）等。正如资产修复，企业可以从保险中获取灾后重建计划及商业连续性规划的施行所需的成本。企业还可以购买保险，支付企业运营过程中所需的越来越多的成本。

第六章　组织风险管理

第一节　保险公司风险管理

保险公司是经营风险的高风险企业，不仅经营管理各种静态风险，而且还面临着各种动态风险。保险公司作为集合风险和分散风险的专业管理机构，承保各种自然灾害、意外事故等风险所造成的损失。

一、保险公司风险的特点

保险公司经营预期内的损失，并不构成保险公司的风险；保险公司经营预期以外的损失，才构成保险公司的经营风险。

经营风险是指在保险公司经营的过程中，由于各种因素，如风险选择、费率厘定、市场竞争、通货膨胀、投资市场波动、法律变更、国内外政治经济形势变化等方面的影响，使实际经营结果与预期值发生偏差，保险公司有遭受损失的风险，其经营的状况直接影响投保人的利益。

保险公司是风险管理的重要单位，保险是组织规避风险的重要方式。如果保险公司的经营出现问题，势必会影响组织的风险转移，造成组织无法获得相应补偿等问题。

保险公司经营的风险具备一般风险的特征，即客观性、不确定性和损失性。但是，由于保险公司经营的特殊性，其经营风险还具有潜伏期长、反应滞后、隐蔽性强以及危害严重三方面的特征。

（一）潜伏期长、反应滞后

保险业务尤其是寿险业务大多是长期性的业务，其保险期限少则 10 年、20 年，多则 30 年、50 年甚至承保被保险人终身。对于保险经营业务的风险，保险公司在承保时有时可以通过核保发现，但是，有些风险直到保险责任产生时才能够被发现，由此，决定了保险风险的潜伏期较长，风险暴露并被保险公司重视起来也滞后。

（二）隐蔽性强

保险费率的厘定、责任准备金的提存、红利的分配等都是建立在保险精算基础上的，由于保险产品设计的专业性强，其潜伏的风险很难被发现。例如，在确定保费时，保险的成本是无法预知的，这样，不受调控的保险公司有可能将保费定得过低或保险费率定得过低必然会导致被保险人购买保险所获得的保障丧失，而定得过高则会让保险公司获得不正当的利益。可见，保费的厘定是复杂的，其隐藏的风险很难被发现。这时，如果政府部门的监管不到位，就会使保险公司面临的风险隐蔽起来，不能被及时发现、处理。

（三）危害严重

保险公司是集中和分散风险的专业机构，通过聚集大量的风险，根据风险在大数中分散的原则，向被保险人提供风险保障。如果保险公司经营不善、承担的风险密度过大，就会造成保险公司的偿付危机，会影响被保险人的生产和生活，也会影响整个社会的稳定和安全。

二、保险公司面临风险的种类

保险公司的经营风险不仅直接来源于保险公司的经营活动和制定经营决策的全过程，而且还间接来自保险市场、资本市场以及社会环境的变化，保险公司面临损失的风险大体可以分为环境性风险、经营性风险、人为性风险等。

（一）环境性风险

环境性风险是指由于保险公司外部环境的变化，包括宏观经济环境、市场环境、经济政策的调整、经济体制的变革等，给保险公司经营带来损失的风险。环境性风险主要包括经济周期风险、市场竞争风险、政策性风险、监管风险、巨灾风险等方面：

1. 经济周期风险

经济周期风险是指在一个国家或地区经济周期的不同阶段，对保险公司的经营产生重大影响的风险。一般来说，在经济繁荣时期，社会生产力和居民收入会大幅度地提高，居民对于保险产品的需求也会随之膨胀，保费收入会大幅度地增加，保险公司聚集了大量的保险基金，可以增强保险公司的抗风险能力；在经济萧条时期，保险公司的财务能力随之削弱，通货膨胀和利率的变动越大，对保险公司稳定经营的影响也就越大。

2. 市场竞争风险

市场竞争风险是指由于市场主体的增加而导致保险公司原有客户流失，同时，由于各家保险公司为了在激烈的市场竞争中占据有利的地位，采取不正当的竞争手段而导致的风险。市场竞争不仅会损害被保险人的利益，而且也会影响保险公司的财务稳定和偿付能力。

3. 政策性风险

政策性风险是指国家政策、宏观经济政策的变化以及相关法律的调整，特别是国家对保险行业政策调整的变化，影响到保险公司的稳定经营。例如，税收政策、利率政策、汇率政策以及国家对保险基金运用的限制政策等方面的变化，都会影响保险公司的稳定经营。

4. 监管风险

监管风险是保证保险市场有效、规范运作和保护被保险人利益的重要措施。世界各国政府都非常重视对保险市场的监管，这是保证保险公司稳定经营的制度保障。一般而言，监管部门对保险业务的监管放松，保险业务的发展就快，保险公司面临的经营风险就大；相反，监管部门对保险业务的限制越多，监管越严格，保险业务的发展就越慢，保险公司面临的经营风险就小。

5. 巨灾风险

巨灾风险是指洪水、地震、飓风等巨灾，造成一定地域范围内大量保险标的同时受损、引发巨额保险索赔的风险，巨灾风险对保险公司的稳定经营带来的影响较大。

（二）经营性风险

经营性风险是指保险公司在市场预测、产品设计、产品营销、承保、理赔、资金运用等方面，因为管理水平不高或者经营决策不当，给保险公司经营带来损失的风险。经营性风险贯穿保险企业内部经营活动的各个环节，是保险公司面临的最重要的风险。经营性风险主要包括业务管理风险、准备金风险、投资风险、财务管理风险、决策风险等。

1. 业务管理风险

业务管理风险是指保险公司在营销、承保、理赔的过程中，由于缺乏风险意识、管理不严、实务操作不规范而影响经营稳定的风险。业务管理风险主要包括展业风险、承保风险、理赔风险、分保风险、退保风险等方面。

（1）展业风险。指保险公司在展业过程中缺乏对保险标的风险的评估和选择经验而产生的风险。展业风险产生的原因主要有以下三个方面：

1）保险市场不完善，市场竞争不规范。保险公司为了抢占市场份额，以保费收入作为业绩考核的重要指标，忽视业务质量和业务结构的合理性而导致的风险。

2）一些保险代理人受个人经济利益和短期行为的驱使，片面追求业务数量，而不注意风险选择，对不符合承保条件的标的也予以承保，而给保险公司带来的经营风险。

3）保险公司不顾及自身的承保能力、资金、技术和人员等客观条件的限制和制约，盲目地接受业务，致使保险公司遭受损失或者破产的风险。

（2）承保风险。指保险公司按照保险条款规定的内容履行责任的风险。保险公司缺乏严密的核保制度和完善的核保管理系统，对保险标的没有进行严格的风险选择和承保控制，是保险公司面临承保风险的主要原因。造成保险公司面临承保风险的原因主要有以下几个方面：

1）保险费率确定不合理。风险衡量的偏差，是保险费率确定不合理的一个重要原因。一般来说，保险费率是根据风险衡量的结果确定的，对于风险可能造成损失的程度估计不足，会使保险产品定价过低。在未来发生风险事故时，会使保险公司面临入不敷出的局面，造成公司经营的亏损。

2）市场竞争促使保险公司降低保险费率。保险市场与其他市场一样，是一个竞争的市场，各保险公司为了在市场上处于有利地位，获得较大的市场份额，很可能利用价格来进行竞争，降低保险产品价格是一些保险公司参与市场竞争的策略，但是，这同时也使保险公司面临着巨大的承保风险。

3）利差损带来的承保风险。利差损对于传统固定利率的保险产品影响较大，严重影响保险公司的偿付能力。例如，我国自 1996 年以来 7 次降息后，一年期存款利率由原来的 9.18% 下调至 2.25%，但是，这一时期保险公司售出的固定利率保险产品的预定利率曾一度高达 7% ~9% 的复利，这意味着，在未来相当长的一段时间里，保险公司需要按照原有的高利率履行给付责任，保险公司利差损的扩大可能直接导致保险公司偿付能力的恶化。

（3）理赔风险。指由于保险公司在理赔过程中缺少有效的核赔手段和对各种骗赔行为的鉴别能力低下而导致的给付风险。理赔风险产生的原因主要有以下两个方面：

1）内部理赔风险，即保险公司由于缺乏健全的理赔制度，为核赔核损人员虚假理赔和以赔谋私提供了机会。

2）保险欺诈风险，即投保人、被保险人、受益人以欺诈手段伪造损失或者夸大损失来获得不合理赔款的违法行为。保险欺诈已经成为跨国界、跨地区的普遍现象，也是保险公司经营过程中不可忽视的外部风险因素。保险欺诈主要有故意导致保险事故、捏造保险事故、扩大事故范围三类。保险欺诈风险发生的原因主要是保险公司内部管理混乱，缺乏有效的核保核赔机制，致使保险欺诈有机可乘。保险欺诈也严重影响着保险公司的稳定经营。

（4）分保风险。指保险公司在运用再保险手段规避风险时，由于分保不当而导致保险公司面临重大损失的风险。

（5）退保风险。指被保险人在保险期满之前提出退保，而给保险公司带来损失的风险。退保不仅会影响保险公司的资金运用，而且还会影响保险公司正常的财务计划，削弱保险公司的市场竞争能力，严重影响保险公司的财务稳定和正常运营。

2. 准备金风险

准备金风险是指保险公司没有准确计提和提足各项准备金，而影响保险公司对未来赔付责任顺利履行的风险。由于保险经营的特殊性，保费收取和保险金赔付之间存在着时间差，再加上保险年限和会计核算年度的不吻合，保险公司为保证将来保险金的赔付，必须在年终会计决算时准确计提各项准备金。如果保险公司未按规定计提准备金，就有可能引发偿付能力不足的风险。

3. 投资风险

投资风险是指保险基金在运用的过程中，受到投资者、投资对象和投资环境等不确定性的影响，而导致赔本或者投资收益率过低的风险。一般来说，投资者面对的风险分为系统性投资风险和非系统性投资风险两类。

（1）系统性风险。指由于经济或者政治的变动而造成所有投资品价格波动的风险。例如，国家对资本市场的监管、宏观经济政策、政治环境的变化等，都会引发保险基金投资的系统性风险。

（2）非系统性风险。指由个别投资产品的因素变化而造成个别投资品价格波动的风险，个别投资品价格波动有可能造成保险基金的损失。例如，股份公司公告亏损、股份公司投资失误等，都会引发保险基金投资的非系统性风险。保险公司面临的投资风险会使保险公司出现变现、坏账、倒闭等风险，这些风险的存在，也会影响保险公司的稳定经营。

4. 财务管理风险

财务管理风险是指保险公司不遵守国家有关的财经法规、会计准则的规定，忽视对财务规章制度的健全、稽核和审查，导致汇集、核算数据虚假，无法真正反映保险公司的经营状态，从而可能造成保险公司损失的风险。

5. 决策风险

决策风险是指保险公司高级管理人员由于自身素质，如管理能力、管理经验、洞察力、风险评估等方面的局限，在制定保险企业未来发展的重要决策时，出现偏差或者失误而导致保险公司面临的经营风险。例如，保险公司高层管理人员对企业定位、发展战略、营销策略、投资组合、险种定位等重大决策的失误，会影响保险公司经营稳定的风险。

（三）人为性风险

人为性风险是指由于投保人、被保险人、受益人以及保险公司从业人员的人为因素而导致保险公司遭受损失的风险。人为性风险主要包括道德风险、心理风险和逆选择风险三个方面。

1. 道德风险

道德风险是与人的道德品质有关的风险，主要是指被保险人、投保人或者受益人为了谋取保险金故意制造保险事故而导致的赔款风险，道德风险影响保险公司的稳健经营，是保险公司在承保和赔付时都要注意防范和控制的风险。在保险公司的风险管理中，如果不注意风险的审核和选择，就会造成严重的人为性风险。

一般来说，滥用保险保障的情况主要有以下几种：

（1）获得不正当的赔偿。例如，被保险人没有过失而获得汽车责任的赔款；故意纵火而获得财产保险的赔款等。

（2）滥用保险服务。例如，被保险人滥用保险服务，通过保险机制扩散本应由自己承担的损失，造成保险公司利润的损失。

（3）索要超额费用。一些单位向被保险人提供服务时，向保险人索要超额费用。例如，一些医院或者汽车修理厂向保险人索要的费用超过这些单位实际上向被保险人提供服务的费用，这会造成保险公司经营费用的扩大，影响保险公司的稳定经营。

（4）承担过重的给付责任。在责任诉讼中，因被告参加保险而给予原告较多的补偿。在责任诉讼中，法官的判决往往因被告参加保险而给予原告较多的补偿，保险公司承担过重的给付责任，影响保险公司的稳定经营。

2. 心理风险

心理风险是与人的心理素质有关的风险，主要是指投保人或者被保险人在参加保险后产生松懈的心理，不注意防范风险致使风险事故发生，或者风险事故发生后不采取积极的施救措施，造成损失的扩大。尽管投保人或者被保险人的心理风险并不触犯法律，但是也会影响保险公司的利益，影响保险公司的稳定经营。

3. 逆选择风险

逆选择风险是指保险标的的损失概率高于保险公司平均损失概率，造成保险公司损失的风险。逆选择会使具有高风险的被保险人（或保险标的）按一般承保条件承保，这会使保险公司承担的赔付责任超过预期的水平，造成保险公司利润的下降，进而影响保险公司的稳定经营。

三、保险公司规避风险的策略

保险公司作为金融市场的重要组成部分，本身并不能完全避免风险，加强保险公司的风险管理，也是风险管理的重要内容之一。保险公司在经营中面临的风险主要有展业风险、理赔风险、投资风险等，这些风险的存在影响保险公司的持续稳健经营，也就决定着保险公司必须对自身面临的各种风险进行识别、衡量，并采取相应的风险管理措施应对风险。

保险公司的风险识别，不仅要确定保险公司经营中存在的风险、了解保险公司风险的一般特征，而且还要找出引发风险的主要原因。只有识别风险，才能采取相应的措施管理风险。面对风险，保险公司需要选择合理的风险管理手段，进行风险管理。同时，保险监管部门也应该发挥其应有的作用，预防或减少风险事故造成的损失。

按照风险的可控程度，可以分为完全不可控风险、部分可控风险和基本可控风险。完全不可控风险是指由于保险公司无法预测的因素，且对这些因素变动事先无法有效防范而引起损失的风险，如政治风险、巨灾风险等都属于完全不可控风险。部分可控风险是指由于事先采取防范措施，在一定程度上可以控制的风险，如市场竞争风险等就属于部分可控风险，是可以通过政府监管和行业自律等措施加以控制的风险。基本可控风险是指那些通过制定和实施科学严密的工作规章、制度，基本上可以加以控制的风险，如经济管理风险、准备金风险等。

保险公司规避风险的策略主要是针对部分可控制风险和基本可控制风险进行风险管理的。以下分别针对环境风险、经营风险、人为性风险三大类 10 个风险小类分别说明。

（一）环境风险管理

保险公司识别、规避环境风险的策略主要有以下几个方面：

1. 预测经济周期的变化，制定适合经济发展的策略

在经济繁荣时期，尽管保险公司的保费收入会增加，保险公司抗风险的能力也会增强，但是，仍然要警惕因盲目扩张业务而带来的给付风险的增加。相反，在经济萧条时期，尽管保险公司的保费收入会减少，保险公司抗风险的能力也会减弱，但是，保险公司提供的风险保障，能够分散组织面临的风险。

2. 了解市场竞争风险，确定适合的发展规划

在保险公司发展的过程中，应根据本公司的实力、市场竞争力等，确定适合本公司情况的发展规划，避免因盲目竞争陷入入不敷出的状况。

3. 预测国家政策的变化，确定适合本公司的经营规划

保险公司在确定本公司经营规划的过程中，应当根据国家政策、宏观经济政策的变化以及相关法律法规的调整，制定适合本公司长远发展的经营规划，避免因规划不当造成人力、物力和财力的损失。

4. 严格执行监管部门的规定，规避监管风险

保险公司在发展过程中，应当严格执行监管部门制定的规章制度，规避违反

国家有关规定造成的损失。

5. 了解经营风险的变化，规避巨灾风险造成的损失

保险公司是风险比较集中的经营单位，了解本国、本地区风险的变化趋势，可以规避巨灾风险造成的损失。当前，我国一些地区出现的暴风雨、洪水、雪灾等自然灾害造成的损失越来越大，巨额的经济损失已经严重影响保险公司的稳定经营。

（二）经营风险管理

针对保险公司面临的经营风险，可以采取以下几个方面的措施进行风险管理：

1. 展业风险管理

展业风险管理是指保险公司在保险产品营销的过程中加强对风险的识别、衡量和控制，避免承保过高的风险。保险公司展业风险管理的核心是保险代理管理。保险代理管理是指通过签订和履行保险代理合同，对保险代理人的代理行为以及代理业务的数量和质量进行的管理，其管理主要包括以下几个方面的内容：

（1）认定代理人的资格条件。一般来说，保险代理人必须达到法定工作年龄、具有一定程度的学历、具有相关机构认定的保险资历、通过保险代理资格考试。

（2）限定保险代理人的代理权限。保险代理人必须在保险代理合同授权的范围内行使权力，进行相关的展业代理和理赔代理，保险代理人不得超越授权，代理授权以外的业务；否则，保险代理人需要承担相应的法律责任。

（3）检查、监督保险代理人的展业情况。保险代理人的展业情况反映保险代理的业务风险，发现问题、及时解决问题，可以促进保险公司的业务发展，扩大保险公司的经营成果。

（4）加强对保险代理人的培训。加强对保险代理人的培训，可以提高保险代理人的素质，帮助代理人掌握有关展业、承保、防损等方面的相关知识，促进保险业务的进一步扩展。

2. 承保风险管理

承保风险管理是指保险公司在展业风险选择的基础上，对可承保的保险标的进一步分析、审查，确定接受承保的条件，以此来保证保险标的的质量、风险、控制责任和保额，避免风险的过度集中，影响保险公司业务的质量，进而影响保险公司的稳定经营。核保风险选择由事前风险选择和事后风险选择两部分构成。

（1）事前风险选择。事前风险选择包括对人的选择，即对投保人或者被保险人的选择，也包括对物的选择，即对保险标的及其利益的选择。投保人对保险标的是否具有保险利益、投保人的品格、行为等，都将直接影响保险事故发生的

可能性和损失程度的大小，因此，保险公司在承保前必须了解投保人的品格、资信状况、管理能力等，保险公司依据对投保人调查的结果决定是否承保。

（2）事后风险选择。事后风险选择就是淘汰那些超出可保风险条件和范围的保险标的。保险公司采取的措施主要有：一是保险合同期满后不再续保；二是按照保险合同规定的事项予以注销合同；三是保险人若发现被保险人有明显的误告或者欺诈行为，可以中途终止承保，解除保险合同。

3. 理赔风险管理

保险事故发生后，保险公司应该按照保险合同规定的有关事项进行理赔。保险理赔管理的内容主要包括审核保险责任、进行损失调查、赔偿给付保险金等方面。

（1）审核保险责任。保险公司收到损失通知后，应该立即审核索赔案件是否属于保险人的责任，其审核主要包括以下内容：

1）审核保险单是否具有合法性和有效性。主要审核合同是否合法有效，是否生效或者期满，是否存在失效、失权的情况，是否可以依法解除，其内容是否因违法而无效，是否转让或者质押等。

2）审核损失是否由所承保的风险引起。主要审核风险事故发生的地点、日期、经过、原因、事故结果、施救情况、损失程度等，审核损失的财产是否为保险财产。

3）审核保险关系人情况。主要审核投保时是否符合保险利益原则，被保险人的年龄、健康状况、工作单位、工作性质、生活习惯等方面的情况，受益人的身份证明及与被保险人的关系证明，受益人的范围与变更，受益人的受益权有无丧失等。

4）审核保险索赔是否存在欺诈等。常见的隐匿除外责任的情况主要有：一是报案材料上无索赔人签名及联系地址、联系电话；二是索赔无书面的事故经过报告；三是无证明材料原件；四是证明材料不全，如交通事故裁决书、责任认定书、死亡鉴定书等一些专业材料提供不全；五是证明内容不全。

（2）进行损失调查。保险公司审核责任后，应派人到出险现场进行实际调查，了解事故情况，以便分析损失的原因，确定损失金额和赔付金额。对于一些技术性问题，有时还要依靠专家提供咨询服务或者请有关部门做出技术鉴定。

（3）赔偿给付保险金。保险事故发生后，经过调查属实并估算赔偿金额后，保险人应该立即履行赔偿给付的责任。在理赔的过程中，保险公司要防范理赔风险，就要做到以下几点：

1）制定系统、规范的理赔章程。在保险理赔中，保险公司要以《保险法》和相关的法律、法规为准则，制定系统、规范的理赔章程，严格遵守理赔程序，提高保险公司理赔的质量。

2）加强核赔权限管理。保险公司应当以赔偿金额和保险责任为依据，划定各级理赔人员的核赔权限，各级核赔人员对各自权限范围内的理赔案件可以自行审理，经过复核后赔付；对于超过核赔权限范围的理赔案件，需要报上级主管部门审批后才能予以赔付。保险公司领导在核批给付案件时，应该注意案件中各证明材料是否齐全，复印件上有无审核原件人的签名，有无索赔人的联系电话和地址等。有疑问时，应派人查证，同时，要同公安机关建立良好的关系。

3）健全相互制约的责任制度。对于理赔过程中出现的人情赔款，一是要加强对理赔人员的职业道德教育，培养理赔人员的责任心，廉洁自律、按章办事、受制于法；二是要在核赔机制上实行勘查—定损办案交叉制、复核—稽查—审批把关制、结案—审批—付款分离制。对于现场勘查不及时，造成无法准确确定损失金额的，要追究相关人员的责任。保险公司除了要加强核赔人员的职业道德教育外，还要从管理体制上进行改革和创新，应在经营区域内合理设置理赔中心，并为核赔人员配备先进的交通工具和通信工具。

4. 投资风险管理

保险基金的投资收益与保险公司的偿付能力密切相关。如果保险基金的投资策略失误，不仅会影响保险公司的偿付能力，而且还会导致保险公司的破产、倒闭。因此，各国政府大多对保险基金的投资进行严格的监管，其监管的内容主要包括限制保险基金投资的范围、限制保险基金投资的比例、限制投资资产对负债的比例、限制保险基金投资金融衍生工具等方面。

（1）限制保险基金投资的范围。为了保证保险基金投资的安全，各国的保险监管机关一般以立法的形式对保险基金投资的范围进行严格的限制。例如，我国《保险法》明确规定，保险投资范围为银行存款、政府债券、金融债券和国务院规定的其他投资方式，保险公司的资金不得设立证券经营机构和向企业投资。我国《保险法》还对保险资金投资证券投资基金的比例也进行了限制，保险公司投资基金占总资产的比例不得超过保险公司可投资于基金资产的20%，对单一证券投资基金的投资比例不得超过该基金份额的10%。

（2）限制保险基金投资的比例。即限制保险基金投资于某项资产的最高比例和对某一项资产投资的最高比例限制。由于各国金融市场的投资工具不同和证券市场发育的程度不同，各国监管机构对保险基金投资比例的规定也有差异。

（3）限制投资资产对负债的比例。这是保险基金投资监管的一个重要方面。资产与负债的匹配一般是指投资资产与投保人负债之间期限结构的配比关系，对于这种配比关系各国监管机构大多以告示的形式引导保险公司，实现保险基金投资的合理组合。

（4）限制保险基金投资金融衍生工具。为了防范保险基金的亏损，许多国家限制保险基金投资于金融衍生工具。例如，瑞士、日本等国家不允许寿险公司将责任准备金投资于金融衍生工具，即使是规避风险的套期保值，也是严格禁止的；而对于责任准备金以外的保险资金，如资本金、总准备金等，则允许投资于金融衍生工具。

5. 财务风险管理

面对保险公司的财务风险，可以从资本金管理、准备金管理、资金运用管理、偿付能力管理等方面进行。

（1）资本金管理。保险公司申请开业，必须具有一定数量的资本金，达不到法定最低资本金限额者，不得开业。保险公司组织开业的资本金为一定金额的资本，开业资本金为一定金额的基金。监管资本金与保险责任的比例，可以预防保险公司经营风险的过度集中。

（2）准备金管理。保险准备金是保险人根据政府有关法律规定或业务的需要，从保费收入或盈余中提存一定金额的资金，准备金是保险企业的一种负债。加强对准备金的管理可以防范保险公司的财务风险。

（3）资金运用管理。保险资金运用是保险公司经营的主要业务范围，是保险公司的重要利润来源。保险资金主要来源于自有资金和外来资金两个方面。前者包括资本金、公积金、公益金和未分配利润；后者包括未满期保费准备金、责任准备金、赔款准备金和特别准备金。加强对保险公司资金运用的管理，可以增强保险公司的经营实力，提高资金运用的流动性，维持保险公司的变现能力。

（4）偿付能力管理。偿付能力是指保险公司承保后，其承担赔偿责任或者给付保险金的能力。保险公司偿付能力的大小取决于保险公司的实际资产减去负债的余额大小，余额越大，偿付能力就越强；相反，则偿付能力就越弱。偿付能力是保险公司财务支付能力强弱的重要标志。保险公司加强偿付能力的管理，可以确保被保险人的权益不受损害。

规避保险公司偿付能力风险的重要方式是监管保险公司建立风险准备金制度。风险准备金主要有两种：一是用以应付常规损失赔付的技术准备金；二是应付非常规损失赔付的偿付准备金。

技术准备金建立的基础是保险期间的损失期望，损失期望的估算是经过保险精算的估计建立起来的，与保险公司预期的赔付责任相匹配，属于保险公司正常的财务收支。具体来说，如果在保险期内损失总是等于技术准备金，那么，保险公司只要将总资产维持在与技术准备金相等的规模，就足以偿付全部的责任赔款。但是，由于保险经营的风险性，实际损失与期望损失之间总是存在偏差，当保险公司技术准备金不足以赔付时，就要动用自有资金来履行赔付义务。

保险公司在任何时候都必须在总资产与技术准备金构成的被保险人的负债之间保持足够量的资金，以应付可能发生的实际损失大于期望损失时的赔付责任，这个量就是保险公司的偿付能力边际，即偿付准备金。保险公司的偿付准备金由资本金、总准备金和未分配盈余三部分构成。一般来说，保险公司的偿付准备金越多，应付超常损失的能力越强；反之，则应付超常损失的能力就越弱。

影响保险公司偿付能力的因素主要有保险赔付率、投资收益率、费用水平、业务增长率、红利分配等。

1）保险赔付率。指赔款支出与保费收入的比率，是衡量保险公司经营状况的重要指标。如果保险公司的赔付率相对较低，那么，这一年度的利润就会增加，即以资本金、总准备金、未分配盈余构成的赔付准备金也将增加，偿付能力就会增强；反之，准备金就会减少，偿付能力就会减弱。

2）投资收益率。其高低直接影响保险公司的经营成果，从而影响偿付准备金的提存金额和偿付能力的大小。保险公司的利润来源于承保利润和投资收益。由于保险业竞争的不断加剧，保险公司的承保范围和承保责任也不断地扩大，而许多保险公司的保险费率往往确定在成本线以下，导致保险公司承保业务盈利甚少，甚至出现业务亏损，投资收益成为保险公司的主要利润来源。高投资收益率不仅可以弥补承保业务的亏损，维持保险公司的持续生存，而且还可以扩大保险公司的利润，增加保险公司的偿付能力和经营的稳定性。因此，确定科学合理的投资组合有利于减少投资风险，增加投资收益，增强保险公司的抗风险能力。

3）费用水平。费用是控制业务流量和盈利水平的重要杠杆。保险公司费用水平的高低，直接影响保险公司的利润高低，进而影响保险公司偿付能力的大小和经营的稳定。保险费由纯保费和附加保费两部分构成，纯保费主要包括损失赔付费，是保险公司估计的被保险人损失期望；附加保费则由费用附加和安全附加两部分构成，其中，安全附加中包含了风险附加和预期盈利部分，它们都是偿付准备金的来源。因此，提高保险公司的经营管理水平，降低费用是改善保险公司经营的良好途径。

4）业务增长率。评估保险公司偿付能力是否充足，不能单纯考察偿付准备金的多少，还必须同保险公司的业务量相联系，按照偿付准备金与净保费收入的比率来衡量保险公司偿付能力的大小。一般来说，业务的增长可以使企业的资本净值增加，然而，对于保险公司来说则不同，业务的稳定增长虽然能促使利润的增加，但是，也会导致未到期责任准备金的迅速扩大，造成利润的外流，从而影响保险公司的偿付能力和财务的稳定。

5）红利分配。分红保单的开发是世界各国寿险公司规避利率风险、保证自身稳健经营的有效途径。按照分红保单的要求，保险公司在每一年度末将盈利的一部分以红利的方式返还给保单持有人。对于某家保险公司而言，税后利润通常按照下列顺序分配：被没收的财务损失，支付各项税收的滞纳金和罚款以及央行对企业因少交或延迟缴纳准备金的利息；弥补公司以前的亏损；按照税后利率10%提取法定公积金；提取公益金，主要用于职工集体福利设施；红利分配，以往年度未分配的利润可并入本年度向投资者分配。显然，红利分配影响了保险公司偿付准备金的提存和偿付能力的大小。

6. 决策风险管理

针对保险公司经营决策失误的风险，保险公司应当经常对经营计划的执行情况进行检查、考核、评价、分析和处理，其目的在于通过对保险公司经营活动的测定，与计划目标和实现计划的原则相对比，发现偏差、找出问题，采取措施，及时纠正，使保险活动符合保险经营规律的要求。

（三）人为性风险管理

一般来说，保险公司会通过控制保险金额和赔偿程度，来防范被保险人从保险中额外获利，从而达到避免或者减少道德风险的目的。

1. 道德风险管理

针对道德风险的发生，保险公司可以采取以下措施来防范：

（1）控制保险金额，避免高额保险。在人身保险中，保险公司可以不接受过高的保险金额，以此来规避道德风险的发生；在财产保险中，保险公司规定，投保人为了牟取不正当的利益蓄意超额投保，那么，保单无效。

（2）控制赔偿程度。对于不定值保险，保险公司在保险条款中明确规定，按财产发生的实际损失赔偿，不得超过保险金额。对于不足额保险，保险公司只赔偿损失的一定比例，这个比例就是保险金额与保险标的物的保险价值之间的比例；对于超额保险，超过部分无效。

2. 心理风险管理

保险公司控制心理风险的措施主要有责任控制、规定免赔额、共同保险、续保优惠、其他优惠等方面。

（1）责任控制。保险公司通过对风险的分析和评估，确定保险责任范围，通过制定相应的保险条款，明确保险公司所承担的赔偿责任。一般来说，对于常规风险，保险人通常按照基本条款与协议承保，对于一些具有特殊风险的保险标的，保险人需要与投保人充分协商保险条件、免赔数额、责任免除和附加条款等内容后特约承保，特约承保是根据合同当事人的特殊需要，在保险合同中增加一些特别约定，其作用主要有两个方面：一是为了满足被保险人的特殊要求，以加收保险费为条件适当扩展保险责任；二是在基本条款上附加限制条款，限制保险责任。通过保险责任的控制，将使保险人所支付的保险赔偿额与其预期损失额接近。

（2）规定免赔额。有些风险造成的损失，保险公司往往规定了一定的免赔额，只有超过免赔额部分的损失，保险公司才承担赔付责任。

（3）共同保险。对于一些不易控制、造成损失较大的风险，保险公司采取共同保险的方式，由保险人和被保险人各自承担一定比例的风险责任，来约束投保人。

（4）续保优惠。对无赔款发生的保户，其续保时可以享受无赔款优惠。

（5）其他优惠。对于配备消防设施、防灾防损工作管理较好的单位，可以在保险费率上给予优惠。

3. 逆选择风险管理

保险人控制逆选择的方法是加强核保管理，对不符合承保条件者不予承保或者有条件承保。例如，投保人就自己易遭受火灾的房屋投保火灾保险，保险人就会提高保险费率承保。又如，投保人患有超出正常危险的疾病，保险人就会不同意他投保定期死亡保险的要求，而劝他改投两全保险，这样，保险人既接受了投保，又在一定程度上抑制了投保人的逆选择。

四、保险公司经营的政府监管

保险公司提供的保险服务大多需要预先付费，而受益却要等到将来，而且在很多情况下受益人和被保险人是完全不同的两个人，合同签订时受益人并不在场，不能保护自身的利益。加强对保险公司经营的监管是政府依法保护投保人、被保险人和受益人的有效措施，对此，各国政府都出台了有关法律、法规，规范保险公司的经营行为，监管保险公司的运作。政府对保险公司的监管主要包括组织监管、经营监管、财务监管等方面。

（一）组织监管

组织监管的形式主要有申请设立的许可、组织形式的限制、从业人员资格的认定、停业监管等方面。

1. 申请设立的许可

创设一家保险公司，需要经过以下程序：

（1）申请核准。申请人申请设立保险公司时，必须得到主管机关的批准，并向主管机关递交有关文件，以证明申请人具备从事保险经营的资格。

（2）营业登记。保险公司在开始营业之前，必须依法进行营业登记，并申请发给营业执照。一般来说，保险公司申请营业发给营业执照，除了依照《保险法》的规定外，还适用于《公司法》等其他法律的有关规定。

（3）缴存保证金。保险公司在设立时，应该按照资本或基金实收总额的一定比例缴存保证金，以确保保险人的承保能力。

（4）领取营业执照。保险公司的营业登记经主管机关核准后，即发给营业执照。申请设立者只有在领到营业执照后，才能开始营业。

2. 组织形式的限制

保险人以何种形式经营业务，各个国家根据本国国情做出具体规定。美国政府规定，保险组织形式有股份有限公司和相互公司两种。我国政府规定，保险公司采取股份有限责任公司和国有独资公司的形式。

3. 从业人员资格的认定

保险从业人员是指保险企业的高层管理人员和保险专业部门的经营人员。保险经营的专业性、技术性、风险性，要求保险公司具有经营决策权的领导必须具备一定的条件，不符合国家规定的条件者不能担任保险公司的领导职务；不能达到法定数量的合格领导人数，不允许开业。此外，保险公司还必须具有一定数量的专业人员，主要包括核保员、理赔员和精算师等。

4. 停业监管

保险公司经营不当、财务发生危机时，政府一般采取扶助政策，帮助企业渡过难关。但是，如果保险公司违法经营或有重大失误，以致不得不破产时，政府会以监督者的身份，责令其停业或者发布解散令，选派精算员，直接介入清算程序。

（二）经营监管

经营监管的形式主要有经营范围的监管、保险条款的监管和保险费率的监管等方面。

1. 经营范围的监管

经营范围监管是指政府通过法律或者行政命令，规定保险企业所能经营业务的种类和范围，其内容主要包括两个方面：

（1）保险企业是否可以兼营保险以外的其他业务，非保险人是否可以兼营保险或类似保险的业务。

（2）同一保险企业可否经营性质不同的数种保险业务。例如，我国《保险法》规定，保险公司只能在被核定的业务范围内从事保险经营活动，对于违反《保险法》规定、擅自设立保险公司或者非法从事商业保险业务活动的，依法追究刑事责任，并由保险监管部门予以取缔。

2. 保险条款的监管

保险合同是一种专业性强的技术合同，投保人不可能对合同中的每一条款充分了解，这在客观上要求保险监管机关对保险合同及其条款进行审定。这样，可以避免投保人接受不公平的条件，保护被保险人和受益人的利益；可以限制保险人对投保人作出不合理的承诺，保证保险人的偿付能力。

3. 保险费率的监管

保险费率的厘定和执行是国家对保险市场监管的重要内容，其目的在于确定保险费率管理的政策及其制定的原则，规范保险费率的管理范围。国家对保险费率的监管不在于有没有差别，而在于确定的不同保险费率能够真正反映保险公司承保业务的风险。例如，人寿保险中的被保险人的年龄、性别、职业不同，死亡率就不同，与此相关的保险费率也有所不同。

（三）财务监管

财务监管的形式主要有资本金的监管、准备金的监管、资金运用的监管和偿付能力的监管等。

1. 资本金的监管

保险公司申请开业必须有一定数量的资本金，达不到法定最低资本金限额者，不得开业。保险公司组织开业的资本金为一定金额的资本，相互组织的开业资本金为一定金额的基金。监管资本金与保险责任的比例可以预防保险公司承担过高的风险。

2. 准备金的监管

保险准备金是指保险人根据政府有关法律规定或业务需要，从保费收入或盈余中提存一定数量的资金，准备金是保险企业的一种负债。政府对准备金的监管主要体现在提取准备金的种类和数额上。一般来说，财产保险业提存的准备金主要有未满期责任准备金、赔款责任准备金和特别准备金；人身保险业提存的准备金主要有责任准备金、未满期保费准备金和特别准备金。保险准备金反映着保费、赔款和安全系数之间的相互关系，是三者关系的综合。

3. 资金运用的监管

保险资金的运用是保险公司经营的主要业务范围，是保险公司的重要利润来源。保险资金来源于自有资金和外来资金两方面。自有资金包括资本金、公积金、公益金和未分配利润；外来资金包括未满期保费准备金、责任准备金、赔款准备金和特别准备金。

政府对保险资金运用进行监管的主要内容有：监管保险资金运用的限额、范围、投资方向和比例。其目的是保证保险基金的安全，提高资金运用的收益，并提供充分的流动性，在保险公司需要时，可以通过出售资产来偿付索赔，维护公司的偿付能力。例如，世界各国政府大多规定了保险资金投资于普通股的比例，这是维护保险资金安全的重要方面。

4. 偿付能力的监管

偿付能力的监管既是国家对保险业监管的首要目标，也是保险公司监管的核心内容。偿付能力是保险公司偿还债务的能力，具体表现为，保险公司是否有足够的资产来抵偿其负债。一般来说，只要企业拥有的资产能够偿还债务，就具有了偿付能力。但是，对于保险公司来说，保险公司的偿付能力是指保险公司对所承担的风险超过正常年景的赔偿和给付的能力，这就要求保险公司的资产不仅能够偿还负债，而且还要超过负债一定的额度，即达到金融监管部门最低偿付能力的要求。一家保险公司偿付能力的强弱，归根结底取决于资产负债状况，即保险公司自有资本和保险准备金的提留是否能够满足其承担的责任。

各国保险法对保险公司偿付能力监管的目的是确保被保险人的权益不受损害。当保险公司发生偿付能力问题时，有足够的缓冲时间来调整经营方向，为评估机构提供评估，并检查保险公司偿付能力的标准。保险公司的偿付能力不仅反映公司的经营能力，而且还反映投保人、被保险人、受益人的风险状况，既是各国政府监管当局关注和监管的焦点，也是企业进行风险转移必须考察的指标。

第二节 公共风险与政府风险管理

一、公共风险的概念

公共与公共以外的其他组织形态（营利组织、个人和家庭）作为社会的组成部分，是纷繁社会中的两种状态，所有人类活动都具有不同程度的公共性和私有性。公共部门管理和公共以外的其他组织管理来源于同一管理科学体系，包括通用的管理技术、管理实践和管理知识等。

从绝对意义上说，风险就是风险，无论是公共部门还是其他组织都要面对。然而，在公共部门的环境中，风险又有其自身的特点。首先，面对风险的组织具有特殊性，公共部门与其他组织相比，拥有很多独特的法律、社会、政治属性；其次，公共风险具有特殊性，只能由公共部门来应对。

公共风险，是与那些关于由于维护公共利益事务而产生的问题或过程相关的风险。所谓公共利益事务，主要指与保护个人权利、均衡利益和保证政治过程中的公正等有关的事务。

尽管公共风险并不意味着一定需要政府的干预，除非面临风险的对象为政府实体。但是，公共风险出现后，真正要考虑的是政府实施风险管理的可能性。政府的角色既可以是被动的，也可能是主动的，政府经常采取间接方式管理公共风险，也就是说，政府通过制定政策命令其他部门对那些具有公共性，但又在政府直接干预范围之外的公共风险加以管理。

对于公共风险的管理，有别于其他组织的风险管理，其管理主体主要是政府，这也是政府的基本职能之一。政府对公共风险的管理称为政府风险管理，一方面代表的是政策领域，另一方面侧重的是风险管理实践。

二、公共风险类型与特征

（一）公共风险的类型

公共风险可以归结为社会风险和组织风险两大类。社会风险影响的是社会的一部分或整个社会，如传染病、外国入侵和自然灾害等。组织风险是公共机构内部的风险，如判决有误的错案、公共场所的火灾、养老基金或其他金融风险等。这两大类风险存在某些重叠的部分，只要改变法律上的责任界定标准，有些风险就可能成为社会和组织的双重风险。政府对两者都负有责任，但是，公共部门同时还包含很多其他机构。尽管政府不直接处理所有公共风险，但最后进入公共范围的风险都带有明显的挑战性。

（二）公共风险的特征

公共风险一般具备以下一个或多个特征：①风险不能在保证政治公正的前提下分配给有责任并有能力承担风险的部门；②风险产生了外部性特点（或受外部性影响），而外部性是不能用市场价格体系有效计算的；③风险通过政治过程得以显现（典型的例子是革命风险）；④风险注重保护个人权利；⑤风险必然伴随较高水平的不确定性；⑥风险暴露是公共性的。

另外，由于公共风险的承担者政府的不同，公共组织风险与其他组织风险也不可能一样。

公共风险的特性也会发生变化，如对市场失灵的回应，渗透于不同的政治层面等。因此，公共风险有与其他组织风险完全不同的特点。

三、政府风险管理的概念

政府对公共风险的管理是现代政府的重要职责之一。灾害和危机是人类生产与社会生活的一部分，自然灾害、人类活动造成的种种灾害往往会给整个社会带来巨大的经济损失，而面对种种祸及大众的风险事故，单个人的力量往往是微不足道的，人类只有依靠组织化的力量，才能有效地抗击危机与灾难。政府对公共风险的管理是比较重要的公共管理事务，作为公共事务的主要管理者——政府必然要担当起应对、治理各种灾害和危机的重任。

政府风险管理是指在社会遭遇严重自然灾害、疫情或者出现大规模混乱、暴动、武装冲突、战争等风险，社会秩序遭受严重破坏，人民生命财产和国家安全遭受直接威胁的非正常状态下，政府在风险意识和风险管理理念的指导下，运用政治、法律和经济的管理办法，对已经发生或者可能发生的风险事故进行信息搜集、信息分析、问题决策、计划制订、措施实施和经验总结的系统管理过程。

政府风险管理的目的是：预防重大风险事故的发生，或者是在尽可能短的时间内控制灾害的事态和发展，降低风险事故造成的损失；在灾害事故发生后，提供救援和灾后恢复工作；同时，通过有关媒体做好与民众的沟通、交流工作，获得社会公众的理解、支持，维护社会的稳定和政府的信誉。

政府风险管理体现了政府对社会风险的应急能力、处理能力和控制能力，政府风险管理是公共事业管理的重要方面。

四、政府风险管理的特点

政府的风险管理除了具有一般风险的特点外，还具有自身的特点，主要表现在政治性、复杂性和影响大等方面。

（一）政治性

公共风险事件的发生和发展往往受到某些政治团体的背后操纵，风险事件是国际或者国内的某些政治势力、政治图谋的体现。例如，恐怖袭击、武装冲突、暴力抗法等就是一些社会集团试图达到其政治目的而采取的极端行为的表现，具有较强的政治性。

（二）复杂性

公共风险事件的发生往往具有复杂的社会背景、历史原因和经济背景，涉及政治、经济、文化等诸多方面的因素。例如，战争的发生是国家之间各种矛盾的集中反映，其背后有政治、经济、文化等诸多方面的冲突和不平衡。又如，政治危机的发生是社会政治、经济、文化和社会各阶层矛盾聚集的结果，这使政府风险管理也具有较强的复杂性。

（三）影响大

相比于企业、个人和家庭面临的风险而言，公共风险事件的发生往往比企业、个人或者家庭遭受的风险造成的损失要大、影响的范围要广泛。例如，自然灾害、瘟疫流行等风险事故的发生，造成的破坏性影响就比较广泛。又如，政治危机造成的破坏性影响较大，其影响的范围广泛。

由于公共风险事件的发生往往会带来重大的人员和财产损失，并造成巨大的社会影响，正是公共风险的巨大危害决定了政府必须尽快处理风险，以减轻风险事故给社会带来的巨大经济损失和不可估量的政治后果。

五、政府风险管理的意义

公共风险不仅对国家的经济发展和社会稳定带来威胁，而且对政府的管理体制和管理能力的提高提出了巨大的挑战。加强政府风险管理，提高政府风险管理水平，具有重大意义。

（一）减轻风险事故造成的损失

公共风险事故的发生往往造成大量的财产、人力资源的损失，并造成极为不良的社会影响。例如，暴雨、洪水、暴雪、台风等自然灾害的发生及其造成的巨大损失，亟待政府提供人力、财力的支持。加强政府风险管理可以减轻风险事故造成的损失，可以控制损失的扩大，有利于保护社会财产和人身安全，有利于整个社会资源的优化配置。

（二）增强社会抵抗风险的心理

人类在重大风险事故面前往往是无能为力的，单个人的力量更是微不足道。例如，人类无法控制和预测地震的发生，对于地震造成的损害只能采取事后控制措施，尽可能地减少地震造成损失的程度。社会风险带给公众的心理影响也很复杂，某一社会风险事故的发生往往带来一连串的问题，会产生连锁反应，影响整个社会公众的心理和行为。例如，瘟疫的流行首先带来的是社会劳动力资源和医疗资源的损失；其次还会引起人们心理上的不安和恐惧，进而引发社会的经济危机、政治危机等。政府风险管理的意义在于，增强社会公众抵抗各种风险的能力，消除人们对于风险事故的恐惧心理，增强公众的安全感，增强社会公众解决风险事故所造成危害的信心。

（三）提高政府的信誉

在风险管理中，政府扮演着风险事故管理者、组织者和决策者的角色。如果政府能够采取积极措施，有效地控制风险或者降低风险事故造成的损失，就可以增强社会公众战胜困难的信心，提高人们对政府的信任，进而提高政府的信誉。

六、政府风险管理的目标

政府风险管理的目标是政府进行风险管理所要达到的目的，政府主动、直接参与风险管理是为了要达到风险管理的目标。政府风险管理的目标主要包括以下几个方面。

（一）维护社会公共安全

政府风险管理的主要目标之一是维护公共安全。公共安全是指社会和公民个人从事和进行正常生活、工作、学习、娱乐和交往所需要的稳定状态以及维护稳定的外部环境和秩序。公共安全包括经济安全、生产安全、工作场所安全、环境安全、公共卫生安全和治安安全等。

（二）提高政府风险管理的能力

政府管理风险的能力不仅反映政府管理公共事业的效率，而且可以减少风险事故的发生。政府风险管理的目标之一是提高政府风险管理能力，这主要表现在政府对于风险管理政策、战略和决策的有效性上。及时、有效率、正确地处理风险是政府风险管理能力提高的具体体现，对此，政府的有关风险管理部门应该做好风险的预防、教育和学习活动，设立风险的预警机制、应对机制和对策传导机制，提高政府管理风险的能力，增进整个社会抗风险的能力。

（三）降低生命和财产的损失

政府风险管理的另一个目标是降低生命和财产的损失。对此，政府风险管理部门的具体目标是提供完备的信息，确保国家最薄弱的环节受到周全的保护，减少生命和财产的损失，调动所有的力量，确保所有可以调用的资源能够及时到位。对于已经发生的风险事故，应该能够做到按照计划处理灾难，进行良好的风险决策管理和调整，制定并执行全面的风险决策管理，降低灾害事故造成的生命和财产的损失。

（四）维护社会的稳定

维持社会稳定并不是政府风险管理的直接目标（而是间接目标），这主要是因为，并不是所有的风险事件都会危及社会的稳定，只是在风险事故引起社会政治、经济出现不稳定的状况时，政府风险管理的目标才是维持社会的稳定。政府制定法律规范各单位和个人在风险管理中的权利和义务，对违反法律、法规的行为分别予以处分、处罚和刑罚，这间接起到了维护和稳定社会秩序的作用。

七、政府风险管理的范畴

政府管理风险的种类较全面、管理的范围较大，管理的内容也较多。这就决定了对风险造成损失的评估是困难、复杂的。针对以上特点和问题，政府风险管理的职责是加强政府风险管理，防止或者减少巨大损失的发生，以维护社会公众的利益。

（一）政府风险管理的风险种类

政府管理部门需要识别的公共风险主要有自然灾害风险、技术灾难风险、环境恶化风险、社会风险等。

1. 自然灾害风险

自然灾害可以分为地质、水文气象和生物学等方面的自然灾害。例如，地震、火山爆发等灾害事故属于地质方面的风险；洪涝灾害、飓风、台风、泥石流、海啸等灾害事故属于水文气象方面的风险；瘟疫、流行病、传染病等则属于生物学方面的风险。一般来说，对于自然灾害风险人类无法通过消除引发风险事故的原因来控制风险事故的发生，只能采取控制损失的措施来降低风险事故造成的危害。个人在控制自然灾害造成损失方面的作用是微不足道的，需要政府运用国家强制力来调动全社会的人员和物资，抵御自然灾害造成的损失。

2. 技术灾难风险

技术灾难是指来自技术或者工业事故等方面的损失风险。例如，爆炸、火灾、矿井坍塌、污染、辐射、泄漏、产品质量不合格等导致的死亡、受伤、财产受损或者环境恶化等风险。一般来说，技术灾害是可以预防的，人类可以通过强化风险管理措施，预防和控制风险事故的发生。

3. 环境恶化风险

人类行为导致的环境和生物圈的破坏，这种破坏反过来又会影响人类的生存，产生环境恶化风险。例如，空气、土地、水污染会危害人类的生存环境和身体健康；森林大火、物种绝种、资源破坏等方面的环境恶化，也会危害到人类的生存。一般来说，对于人类活动所导致的环境恶化，也可以通过政府风险管理预防和控制风险事故的发生。

4. 社会风险

社会风险主要是指社会出现大规模混乱、暴动、武装冲突、战争、恐怖活动等严重破坏社会秩序、人民生命财产和国家安全的事故。社会风险是由于社会矛盾引起的，需要通过政府的利益平衡、谈判等措施解决矛盾，平衡社会各方的利益，维护社会的稳定。

（二）政府风险管理的程序

风险事件的发生，需要经历事件发生前、事件发生期和事件发生后三个阶段。通常，人们把风险事件发生前称为事件征兆期。在事件征兆期，有一些迹象或者异常的变化，这些变化表明风险事故可能发生。通常，在风险事件发生时，会发生伤害性事件，并产生持续的影响，造成各种各样的财产和人员损失。风险事件发生后，事件造成的损失在减少，但是需要对事件的后果进行处理。根据风险事件发生的阶段性，政府风险管理也需要经过以下程序开展相应工作。

1. 风险事件发生前

在风险事件发生前，政府风险管理工作主要是：①对征兆性事件予以重视，识别可能发生的风险事故；②收集各种风险因素信息，并对风险事故发生的概率做出科学的预测和判断，做到防患于未然；③做好应对风险事故的准备工作和预案。

2. 风险事件发生期

在风险事件发生期，政府风险管理工作主要是：①采取措施，努力维护内部和外部环境的稳定；②根据已经发生的风险事故启动应急方案，力争在较短的时间内控制事态或者防止事态的进一步恶化；③提高政府风险管理工作的效率，尽可能地减少公众的生命财产损失，减少风险事故给正常生产、生活秩序带来的巨大破坏。

3. 风险事件发生后

在风险事件发生后，政府风险管理工作主要是：①尽可能迅速地恢复内部和外部环境的稳定，恢复正常的生产、生活秩序；②妥善处理风险事故造成的经济和政治影响，提供必要的资金支持；③及时总结风险管理工作中的经验和教训，避免类似问题的发生；④完善政府风险管理机制，促使风险管理机制更有效率。

（三）政府风险管理的措施

政府实施风险管理的措施是多方面的，主要有组织制度建设措施、自然规划措施、设计与工程措施、经济性措施、社会性措施等方面。

1. 组织制度建设措施

组织制度建设措施是指政府组织在风险事故发生前，就创建消除与减缓风险事故的组织机构和管理体制，确定相关管理单位的职责，制定完善的法律法规体系和操作程序，以此来规范风险管理者的行为。组织制度建设措施的作用是使风险管理行为制度化和长期化，并使政府的风险管理具有稳定性和可预见性。

例如，风险管理法律、法规就是国家机关制定的，依靠国家强制力执行的，规定着国家风险管理部门、国家机关、社会团体、企事业单位和公民有关风险管理权利和义务的法律规范的总和。目前，我国政府出台的与风险管理相关的法律主要有《刑法》《民事诉讼法》《国家安全法》《国家赔偿法》《行政处罚法》《防洪法》《安全生产法》《职业病防治法》《消防法》《劳动法》《交通法》《建筑法》《防震减灾法》《合同法》《保险法》等，这些法律、法规对防范风险、维护国家安全发挥了积极作用。

2. 自然规划措施

政府的自然规划措施主要适用于基础设施、城市规划、土地使用等。自然规划措施是对风险高发地区的确认和回避，其宗旨主要是降低社会、组织和个人的脆弱性，通过科学合理地规划和使用资源，改善危及人类的自然、人文状况，降低风险和灾害暴发的可能性。例如，政府有关管理部门将容易产生爆炸、火灾的企业规划在远离城市、人口稀少的地区。

3. 设计与工程措施

设计与工程措施主要是指通过改善普通建筑、基础设施以及硬件设施的设计、结构与质量，提高其抵抗风险和灾害破坏的能力。例如，直接设计、建设专门用于预防与抵抗风险的硬件设施，如建设堤坝、水库等防洪工程设施，可以预防和降低水灾给人类生命和财产造成的危害。

4. 经济性措施

经济性措施主要是指风险管理者通过调整宏观经济结构，改进经济发展战略，促进经济结构的优化与经济体系的良性运转，以降低风险可能对经济发展造成的危害。例如，国家运用财政、货币等宏观工具调控经济，不仅可以提高企业的抗风险能力，而且可以预防、缓解经济危机可能给企业、个人乃至国家造成的不良影响。

5. 社会性措施

政府风险管理不仅仅是政府的行为，还与全社会所有的风险管理利益相关。有效的政府风险管理离不开社会各方面力量的聚合与参与。政府风险管理的社会性措施就是指旨在推进社会公众参与风险管理过程的具体活动。具体来说，主要包括三个层次：

（1）创造以风险管理为目的的非政府组织网络。通过范围广泛的非政府组织网络可以获得群众的支持，及时发现引发风险事故的风险因素，并防患于未然。

（2）建立社会基础的风险管理机制。通过社会基础的风险管理机制可以有效地组织各层次的风险管理，提高政府风险管理的效率。

（3）通过对公众的教育与训练，创造安全文化。政府风险管理的重要措施之一就是宣传、教育公众，提高公众防范风险的意识，减少人为因素引发的风险事故。

（四）政府风险管理体系

政府风险管理体系是指政府风险管理的若干系统构成的有机统一的整体。建立政府风险管理体系有助于推进管理的全面化、全局化和法制化，政府风险管理体系主要包括分析与规范系统、执行与控制系统、监测与评价系统等方面。

1. 分析与规范系统

在对风险源的类型、特征、危害性进行分析的基础上，政府风险管理部门需要针对不同风险源、危害程度分别制定不同的行动方案，其步骤大致包括以下几个方面。

（1）确定风险等级。以风险可能造成损失的程度为基本维度，确定风险等级。一般来说，风险等级越高，危害越大；反之，危害越小。

（2）确定可接受的损失程度。政府风险管理决策者必须从实际出发，确定什么程度的损失属于可以接受的范围、什么程度的损失属于不可以接受的范围。当损失程度低于可以接受的水平时，通常不采取专项的风险管理措施；反之，政府风险管理部门必须制订风险管理规划、实施风险管理措施，将可能发生的损失降低到可以接受的水平。

（3）做出风险管理决策和规划。政府风险管理部门应根据风险源类型、危害程度等制定风险管理目标，对风险控制措施、资源调配等做出总体规划与安排，以减少风险事故造成的损失。

2. 执行与控制系统

政府执行风险管理规划与实施风险管理措施的目标是降低损失。在紧急状态下，政府风险管理部门可以依法、果断地采取措施，最大限度地降低危害造成的损失。例如，采取市场管制、交通管制、通讯管制和新闻管制等措施，规范和约束组织或个人的行为，使个人利益服从社会利益，使局部利益服从整体利益。

3. 监测与评价系统

为了尽可能地降低损失，政府风险管理部门应持续地监测风险管理措施执行情况，并对风险管理效果进行分析、评估。政府风险管理部门采取的评价分析方法主要有成本—收益评价、比较风险评价等。建立风险管理监测与评价系统可以为更好地调整、完善与更新风险管理措施提供依据。

（五）政府风险管理的绩效评价标准

政府风险管理的效果可以通过风险管理的绩效评价反映出来，提供一套政府风险管理绩效评价指标，既有利于政府提高风险管理的效率，又有利于减少风险事故造成的损失。政府风险管理的绩效评价是对各级政府、政府职能部门和公务员在风险管理中的行为和成绩进行评估。政府风险管理效果的评价对政府风险管理起着监测和督促作用，它可以为以后的风险管理提供依据，政府风险管理绩效可以通过定量指标体系和定性指标体系反映出来，也可以采取定性和定量结合的方式。联合国专门为政府风险管理设计了五项绩效评价标准，可以将其大致概括为以下五个方面。

1. 长期稳定性

政府风险管理措施的长期稳定性是评价风险管理绩效的首要标准。成熟政府的风险管理模式必须是连续的、不间断的循环管理，这种管理必须具备持续性和长期稳定性。相反，如果政府风险管理的措施不具有长期稳定性，则往往造成管理的缺位，并造成较大的损失。因为风险事件往往会在管理不到位的情况下突然发生，进而影响政府风险管理的效果，所以，风险管理措施是否具有长期稳定性是衡量政府风险管理绩效的一个重要指标。

2. 明确的绩效标准

政府风险管理绩效标准应该具有明确的评价标准和专业标杆，并且，这些绩效标准具有可测性。一般来说，政府风险管理部门可以根据上一年发生风险事故的频率、造成损失的程度等指标，确定下一年风险管理绩效指标。如果量化指标低于政府规定的警戒指标，就可以评价为达标；相反，如果高于政府规定的警戒指标，就可以评价为不达标，需要进一步加强风险管理。

3. 绩效指标月内或年内可以实现

政府风险管理绩效指标月内或者年内是否可以实现，也是衡量政府风险管理绩效的重要标准。如果政府规定的可量化标准在规定的时间内无法实现，则说明政府的风险管理还存在着许多问题，需要进一步改进风险管理措施。在风险管理实务中，政府的风险管理部门大多寻找影响绩效指标实现的因素，改变影响因素发生作用的条件，以期实现政府预期的风险管理指标。

4. 满足不同情形的相关性

政府的风险管理措施应当具有一般性，能够满足不同情形下风险预防、损失控制等方面的需要，应该具有应付不同风险事故发生的能力，根据某一风险事故的发生，预见到可能发生的其他风险事故，并及时采取相应的处理风险事故的措施。

5. 在明确的时间内完成项目的及时性

完成项目的及时性是衡量政府风险管理效果的重要内容。政府风险管理措施在一定时间内得到及时实现，则风险管理制度和传导机制是有效率的；相反，如果政府的风险管理措施经过较长一段时间或者超过预期的时间限制无法获得实施，则风险管理制度和传导机制就是缺乏效率的。

第七章　个体和家庭风险管理

第一节　个体和家庭风险的概念

家庭是个人赖以生存的基础，家庭也是社会的细胞，是社会的基本单位。家庭同样也面临着各种各样的风险，危害着家人的安全。正确识别、衡量、评价个体和家庭所面临的风险，并采取切实可行的措施处理风险，是个体和家庭风险管理的核心（以下简称家庭风险）。

家庭风险管理是风险管理理论的重要内容之一。分析并处理好家庭面临的风险，对于预防风险、化解风险、防止损失具有积极的作用，有利于社会的稳定。随着社会的不断发展、科学技术的进步，家庭结构、家庭消费方式和家庭活动的变化等，家庭面临的风险也处在不断的变化之中，风险管理学科在关注企业风险的同时也关注家庭所面临的风险，并采取必要的风险管理措施，保障家庭财产和人身的安全。

一、家庭风险的种类

每个家庭都拥有自己的财富，家庭财富由于面临各种风险，会存在遭受损失的可能性。家庭财富面临的风险主要有财产风险、人身风险和责任风险等，这些风险都会直接或者间接地导致家庭财富的损失。

（一）财产风险

现代家庭的财产主要有房屋、家具、家用电器、现金、有价证券、交通工具以及其他一些贵重物品。一般来说，家庭拥有的财产价值越大，遭受损失的风险越大，一旦遭遇损失，损失的价值也就越大；反之，则损失的风险就越小，损失的价值也越小。

造成家庭财产损失的风险是多种多样的，可以由自然灾害引起，如火灾、地震等；也可以由人为因素引起，如盗窃、纵火、破坏、爆炸、资产投资等。在现代家庭中，还面临着投资损失的风险，家庭投资股票、基金、权证等都会面临财产损失的风险。

家庭财产损失的风险直接导致家庭财产的减少，引起直接损失；同时，为了恢复财产的用途或者更换新的用具所需要的费用、时间等，就是家庭财产的间接损失。例如，随着汽车进入家庭，家用汽车不仅面临着损坏、被盗等直接损失风险，而且还面临着汽车维修等方面的费用。

（二）人身风险

家庭人身风险是指家庭成员因为生、老、病、残、死等而导致个人遭受损失的风险。一般来说，人类遭遇死亡、疾病和其他意外事故的损失，同家庭财产遭遇的风险一样，都会造成家庭财富现在或者未来的损失。造成人身损失的风险既可以是自然灾害引起的，如地震、水灾、飓风等；也可以是人为因素引起的，如人的犯罪行为、过失行为等。

从短期来看，一个家庭在某段时间内是否发生风险事故是不可预测的；从长期来看，人身风险损失的发生也是不可避免的，因为死亡、疾病等人身风险是任何家庭都无法回避的风险。正是因为死亡、疾病是不可避免的，也就需要个人未雨绸缪，及早做出风险管理计划，应付未来可能发生的损失。

（三）责任风险

家庭成员的行为有时会给他人带来人身或者财产的损失，并因此承担法律所要求的赔偿责任，即责任风险。家庭成员在日常活动中面临责任风险的种类较多，例如，小孩玩火引起邻居家发生火灾。又如，自家养的宠物咬伤邻居的孩子，需要承担宠物造成他人损失的责任。这些责任损失的风险有时是故意的，有时是过失、无意造成的。例如，故意伤人造成的责任损失，肇事者需要赔付他人医疗费、误工费等损失的风险；过失伤人造成的责任损失，也需要赔付他人医疗费、误工费、营养费等损失的风险，如驾车过程中出现交通事故造成他人财产和人身损失，需要依照道路交通管理部门的有关规定，给予他人的财产和人身损失进行赔偿。

二、家庭风险的特点

家庭面临的风险不同于企业和政府面临的风险，具有以下几个方面的特点：

（一）家庭风险管理相对比较简单

相对于企业、政府风险管理来说，家庭风险管理是比较简单的风险管理，有些家庭虽然没有比较具体、详细的风险管理计划，但是却也在进行着一些简单的风险管理。例如，出门前检查水、电开关和煤气阀是否已经关闭，检查防盗门是否锁好等，就是比较简单的家庭风险管理。尽管家庭风险管理比较简单，但是，仍然需要有计划地安排风险管理的措施，预防家庭风险事故的发生。

（二）家庭风险管理的风险度比较低

相对于企业、政府风险管理来说，家庭风险的风险度较低，损失发生的概率较低，造成的损失较小。由此，在财产保险中，家庭财产的风险度最低，投保家庭财产保险需要缴纳的保险费率也较低。

（三）家庭风险管理的效果取决于风险管理者的管理能力

家庭风险管理的效果、水平、技术等，取决于家庭成员的管理能力和收入水平。一个细心的、善于管家的人和一个粗心的、管理能力较差的人相比，管理家庭风险的效果也是不同的。同样，家庭收入水平不同，其家庭管理风险的技术选择也不同。例如，家庭收入较高的家庭，可能将发生损失较大的风险转移出去，而家庭收入较低的家庭，即使预见到可能发生的损失，也无法采取比较有效的风险管理措施。

（四）家庭风险管理的效果受到当地治安、交通等环境的影响

一个地区的治安环境、交通环境等，对于家庭风险管理的影响较大。如果一个地区的治安环境较差，发生偷窃的事件较多，那么，造成家庭财产损失的可能性就较大；反之，则造成家庭财产损失的可能性就较小。同样，如果一个地区的交通环境较好，发生人身、财产和责任损失风险的可能性就较小；反之，发生人身、财产和责任损失的可能性就较大。可见，家庭风险管理的效果离不开一定的社会治安管理环境。

第二节　家庭风险管理

一、家庭风险管理方式

家庭风险管理的方式多种多样，既可以采取事前预防的措施，也可以采取事后控制损失的措施。事前预防是指在可能引发的风险事故发生以前，就采取防范家庭可能发生的一切风险事故。事后控制损失的措施是指在风险事故发生以后，采取防范家庭损失进一步扩大的措施。家庭风险管理的方式大致有以下几种：

（一）养成管理风险的生活习惯

家庭日常生活琐碎繁杂，养成风险管理的生活习惯，就可以避免许多风险事

故的发生。养成管理风险的生活习惯主要包括以下一些内容：使用煤气时，不外出、不做其他与做饭无关的事情；出门时，检查家里的电、水开关，外出办事要锁门；不将易燃易爆的物品带回家；避免使用伪劣、假冒的家用电器等。养成管理风险的生活习惯，可以避免许多不该发生的悲剧。

（二）安装并正确使用防范风险的设施

安装防范风险的设施，也是家庭风险管理的方法之一。例如，安装防盗门、防盗窗、保险柜、报警器等，就可以防范盗窃风险的发生。又如，某高层建筑中，每单元每层楼居住一户，为了增加家庭居住面积，各家将走廊的安全门堵死作为房间使用，一旦发生火灾、地震等风险，电梯不能使用，每层楼设置的安全通道形同虚设，安全隐患较大。这个案例说明，设置、安装防范风险的设施固然重要，正确使用这些防范风险的设施也很重要。

（三）利用合同或者具有法律效力的文书

在家庭风险管理中，利用合同或者具有法律效力的文书管理风险，也是重要的风险管理方式，不仅可以获得有关法律的保护，而且可以转移风险事故造成的损失，获得适当的经济补偿。例如，王某因丈夫有外遇而离婚，王某在乘飞机去某地讲课的途中因飞机失事死亡。她留下的房子、遗产、单位和航空公司给予的补偿费用大约160万元由女儿继承。但是，王某的女儿年仅10岁，不具有管理这部分遗产的能力。在这种情况下，王某的父母具有代理这部分遗产的权利，但是，王某的父母已经去世，王某的这部分遗产由其前夫管理，而王某的兄弟、姐妹则没有权利管理这部分遗产，此时，王某的遗产就面临被其前夫挥霍的风险。可见，利用法律文书管理风险是十分必要的。如果王某在乘飞机之前留下具有法律效力的文字，交代自己遭遇不测，家庭财产如何处理、由谁代理等一系列的问题，就可以避免自己死后留下的财产由其前夫管理的问题。

（四）家庭风险管理组合的选择

家庭风险管理组合选择的目的是寻求最佳的风险决策管理方案，实现家庭财富管理效益的最大化。家庭风险管理组合选择需要注意以下几点：

1. 依据风险度的不同，确定风险管理方案

依据家庭的风险度不同，确定不同的风险管理方案。风险度较高的风险需要优先决策选择，风险度较低的风险可以暂不考虑。例如，从事工作风险度较高的人，其家庭风险决策管理应优先考虑人身风险损失，其次再考虑家庭财产风险。又如，某人是出租车司机，其家庭风险管理应优先考虑责任风险带来的损失，其次再考虑车辆被毁坏、偷窃等风险带来损失的处理。依据风险度不同确定的风险管理方案，可以正确处理风险，避免低风险采取较高成本的风险管理方式，而高风险却家庭自留等错误的管理方式。

2. 以最小的成本获得最大的安全保障

在各种风险处理技术中，应该优先选择风险管理成本较低、获得保障范围较大的风险管理组合，以确定最佳的风险管理方案。保险能够将家庭面临的重大损失风险转化为一笔笔小额固定的开支，是家庭财物安全的重要保证。

3. 家庭应当寻求多层次、多样化的风险管理组合

在进行风险管理方案选择时，家庭应该注重寻求多层次、多样化的风险管理组合。例如，在保险产品的选择过程中，应该选择保险公司资信较高、保障范围广泛、保费低廉的保险产品，通过不同类型保障方式的选择、组合，争取获得最大的安全保障。

二、家庭财产风险管理

家庭财产的风险管理与其他组织的风险管理的基本原理一致，按照风险识别、风险衡量、风险评价与处理技术和风险决策管理等步骤进行。

（一）财产风险的识别

家庭财产随时都可能遭受损失，可以通过列出家庭财产风险清单、分析引发风险事故的原因等措施来识别风险。

1. 列出家庭财产风险清单

首先，列出家庭财产的名称、价值、放置的位置；其次，对照《风险损失清单表》，列出家庭财产可能遭遇的各种风险；最后，按照风险可能造成家庭财产损失程度的不同，列出家庭财产的风险损失清单。列出的家庭财产风险损失清单越详细，越能够识别风险。例如，依据家中的储蓄存款情况，就可以列出一个储蓄存款清单，清单的内容可以包括储蓄银行名称、账号、储蓄余额、储蓄期限、到期日期、结余额等。一旦家庭财产遭遇火灾或者偷窃风险，损失或者丢失某一存折，家庭财产的损失清单就可以显示家庭储蓄的余额，丢失存折的开户行、账号和储蓄余额。

2. 分析引发风险事故的原因

以家庭住房为例，需要分析引发住房损失的原因，主要有自然灾害和人为事故。对于自然灾害造成房屋的损失，如地震、洪水、台风等，需要分析房屋所处的地理环境，是否处在地震多发地带，建筑结构是否防风、防震，是否靠近河流，是否处于低洼地带等。对于人为事故造成房屋的损失，如火灾、爆炸等，需要分析房屋是否靠近加工易燃易爆品的工业区，房屋周围的街道是否畅通，房屋建筑材料、装潢材料是否具有防火性能，一旦发生火灾是否具有蔓延的可能性，是否有消火栓等防火设备，附近救火水源是否及时，房屋内是否有易燃易爆的风险源，屋内哪些设施使用不当将会造成损失等。

（二）财产风险的衡量

一般而言，家庭财产分为动产和不动产。例如，家具、家用电器、汽车、计算机等属于动产，房屋则属于不动产。家庭财产损失主要包括两部分：一是直接损失；二是间接损失。家庭财产损失的衡量可以按照如下方式进行：

实际损失 = 直接损失 + 间接损失

直接损失 = 受损财产的价值 - 实物折旧 + 可能的残余价值

间接损失 = 重置受损财产所需费用 + 额外费用支付

上述公式只是粗略地说明了实际损失的计算方法，在家庭风险管理实务中，家庭财产损失的衡量是复杂的，是需要进行细致计算的。

（三）财产风险的评价与处理技术

根据家庭风险识别、风险衡量的结果，需要依据风险可能造成损失的程度评价风险。对于造成损失较大、损失频率较低的风险，需要采取措施及时处理，必要时可以采取风险转移的方式。对于造成损失较小、损失频率较大的风险，可以采取风险自留的方式，在日常的生活中需要注意防范风险。

家庭财产风险的处理技术主要有风险自留、风险回避、风险转移和损失控制四种。

1. 风险自留

风险自留主要适用于发生频率较高或者较低，但是造成损失较小的风险。风险事故一旦发生，家庭可以运用当前的收入或者以往的储蓄来弥补损失。

2. 风险回避

风险回避主要适用于造成损失较大的风险。例如，为了防止房产受损，家庭成员经过协商后决定卖掉房子，以放弃由于拥有房屋的所有权而带来的损失风险。在进行风险回避决策时，需要考虑的因素是放弃房屋产权获得的收益和拥有房屋产权而承担房屋损失的成本，如果收益大于成本，则采取风险回避的对策是有益的；反之，则采取风险回避的对策是失误的。

例如，某家庭在房价快速上升的过程中，卖出其拥有的房产，其回避风险的同时，也损失了房价上升带来的增值收益。又如，家庭成员在决定是否将储蓄投入股市时，需要考虑两方面的因素：一方面要承受资金进入股市受损的风险；另一方面可以获得较高的投资收益回报。为了避免资金投入股市受损的风险，家庭成员决定不将储蓄投资股市，这实际上就是采取了股市风险回避的策略。

3. 风险转移

风险转移是把家庭某种财产损失的风险转移给单位或者个人来承担，风险转移适用于造成损失较大的风险。例如，通过购买保险将家庭财产遭受火灾、偷窃损失的风险转移给保险公司承担，个人需要为转移风险支付一定的费用，即缴纳保险费。

财产保险是保险人对被保险人的财产及其利益在发生保险责任范围内的风险事故而遭受经济损失时给予补偿的保险。在家庭财产风险管理中，并不是家庭所有的财产都可以进行风险转移的，只有符合条件的家庭财产才能够通过风险转移的方式转移风险。

财产损失保险是指保险人承保因自然灾害和意外事故引起直接经济损失的保险。财产损失保险产品主要有家庭财产综合险、家庭财产两全险、盗抢险、机动车辆险、个人抵押贷款房屋保险等。

4. 损失控制

损失控制是指家庭财产发生风险事故时采取一切可能的措施，抢救受损的财产，防止风险事故的发生，降低风险事故可能造成的损失。一般来说，家庭财产风险无法通过风险回避的措施规避风险时，只能采取损失控制的措施。例如，发现煤气泄漏时，关闭煤气管道，及时开窗通风，降低室内煤气的浓度，防止煤气爆炸。又如，火灾事故发生后，及时关闭煤气管道，隔离易燃易爆物品，及时切断家用电器的电源，抢救古董、字画等价值高的物品，这些处理风险事故的措施也是损失控制。

（四）财产的风险决策管理

家庭财产的风险决策管理需要注意以下内容：

1. 价值较高的财产应该优先做出风险管理的方案

价值高的财产一旦损坏，给家庭造成的损失较大，因此，价值较高的财产应该优先做出风险决策管理方案，避免财产的损坏给家庭生活带来较大的影响。房屋、汽车等是价值较高的家庭财产，应该优先做出风险决策管理。例如，运用保险的方式转移风险事故可能造成的损失。

2. 审慎的选择保险人

家庭在选择保险人的过程中，应该选择财务状况稳定、资信度较高、售后服务较好的保险公司投保家庭财产保险，避免保险公司出现财务危机，被保险人的家庭财产损失无法获得相应的补偿。

3. 熟悉相关的法律或者操作程序

在运用保险以外的其他风险管理方式管理家庭财产风险的过程中，应该了解、熟悉相关的法律问题，规范操作风险度较高的设备。例如，在使用高压锅的时候，应该经常检查减压阀是否安全、不随意丢弃擦拭易燃品的抹布等。

三、家庭人身风险管理

（一）人身风险的识别和衡量

家庭成员人身风险主要表现为死亡、伤残与疾病、年老和失业四种形式。例如，获得家庭主要收入的人死亡会造成家庭收入来源的损失，因为死亡、伤残与疾病和年老会使家庭收入中断或者减少，这会使家庭成员陷入贫困的状态。

如果获得家庭主要收入的人是因工（或者因公）死亡或者伤残，则受损家庭可以获得社会或者企业的补偿，其家庭成员贫困化的困境会有所减弱。

如果获得家庭主要收入的人非因工死亡或者非因工伤残，其家庭成员就有可能陷入贫困化的困境。同时，对于发生疾病或者非因工伤残者的家庭来说，未来治病需要花费大量的医疗费用。

如果发生疾病或者非因工伤残的人员是社会医疗保险或者公费医疗的参加者，其医疗费用就会由企业或社会承担大部分，个人自负一定比例的医疗费；相反，则其全部医疗费用都将由家庭承担。如果医疗费用超出家庭的承受能力，也会使家庭因病、因残致贫。

当前，中国医疗产品的价格不断上涨，而且超过了在职职工工资增长率，疾病、伤残带给家庭的负面影响越来越大。不享受社会保险保障人员的家庭对于疾病、伤残保障的需求更加迫切。

家庭人身风险带来损失的衡量是复杂的，也是难以衡量的。例如，风险事故造成家庭成员残疾，不同的伤残等级需要支付的医疗费用是不同的，因而也使风险事故给家庭造成损失程度的衡量是难以估计的。

（二）人身风险的处理

人身风险产生的原因是意外事故、年老、疾病、工伤、自然灾害等，这些风险事故的发生都会造成收入的减少或费用支出的增加。一般来说，人身风险的大部分是由国家管理的，社会保障制度是国家管理人身风险的重要方式之一，国家强制举办的养老保险、医疗社会保险、工伤保险、生育保险等都是对人身风险提供的安全保障。此外，企业、个人也管理着一部分人身风险。例如，企业自愿举办的企业年金、个人投保的商业保险是国家举办的社会保险的补充保障。

在家庭人身风险的处理中，主要有风险自留、风险预防、风险控制和风险转移等方式。

1. 风险自留

家庭人身风险自留大多是通过家庭预先准备财富和做出心理准备，对付有可能发生的收入损失和医疗费用支出。一般来说，风险自留只能处理家庭暂时、短期的人身风险损失，如短期的收入损失和医疗费用支出，而对于长期的收入损失和巨额的医疗费用支付，家庭则无力承担。

家庭人身风险自留主要适用于：①家庭成员发生短期收入损失或者造成的损失较小的情况。②家庭成员可能发生长期收入损失或者造成的损失较大，需要采取相应的措施转移风险，但是，由于无法将家庭承担的损失转移出去，只能采取风险自留的办法处理损失。③家庭无力承担或者不愿承担转移风险的成本，家庭人身风险造成的损失只能由家庭承担。不同家庭的收入状况不同，因而能够承担的人身风险损失也不同。对于不愿承担转移风险成本的家庭来说，其人身损失的风险就只能由家庭承担，即采取风险自留的处理办法。

2. 风险预防

人身风险损失的预防主要是预防人身风险事故的发生。预防人身风险损失需要考虑：①创造安全的社会环境，是预防家庭人身风险损失的首要因素；②创造安全的家庭环境；③提高家庭防范风险的意识，加强家庭成员特别是未成年子女的安全和健康意识，有助于防范各种人身风险事故的发生。

3. 风险控制

人身风险损失的控制主要是指控制已经发生的风险事故。家庭一旦发生人身风险事故，就应该立即采取措施控制损失，防止损失的进一步扩大。例如，家庭成员一旦患病，及时治疗就可以避免病情加重，造成损失的进一步扩大。又如，在车上放置灭火器，可以抑制汽车着火造成损失的扩大。

4. 风险转移

人身风险的转移主要是指将风险事故造成的损失转移给他人承担，人身保险是家庭转移人身风险的重要方式之一。例如，家庭通过投保人身保险的方式将风险转移给保险公司承担。一旦发生保险责任范围内的人身风险事故，所造成的损失由保险公司承担。又如，为家庭成员投保健康保险等，可以降低医疗费用增长带来的损失。

（三）人身保险的分类与特征

1. 人身保险的分类

人身保险按照保障范围可分为人寿保险、人身意外伤害保险和健康保险；按照实施方式可分为自愿保险和强制保险；按照能否分红可分为分红保险和不分红保险；按照风险程度可分为标准体保险和次健体保险。

2. 人身保险的特征

人身保险作为保险的重要内容，由于标的的特殊性，具有不同于财产保险的各种特性，主要表现在以下几个方面：

（1）保险标的具有不可估价性。人身保险的保险标的是人的生命或者身体，不具有商品性质，因此，不能用货币来衡量其实际价值的高低。

（2）保险金具有定额给付性。在人身保险中，当保险事故发生后，其损失金额除医疗费支出可以估价外，其余均无法估价，因此，人身保险金额给付除了医疗费用外，均采取定额给付的方式。在人身保险中，若发生第三方造成被保险人死亡、伤残等事故，则保险人和第三方应各自分别对被保险人承担责任。保险人依据定额保险金额给付保险金，第三方依据民事损害赔偿的规定支付赔偿金，因此，代位追偿原则不适用于人身保险。

（3）保险利益具有特殊性。人身保险只要求有保险利益，而对保险利益没有金额的规定。另外，在人身保险中，只要求投保人在投保时对被保险人具有保险利益，此后即使保险利益发生变化，并不影响保险合同的效力和保险人给付保险金的条件，发生保险事故后，保险人仍要给付保险金。

（4）保险产品具有保障性和储蓄性。人身保险产品不仅能够提供经济保障，而且大多数人身保险还兼有储蓄性质。当发生保险合同约定的风险事故时，保险人给付约定的保险金，对人身疾病、伤亡提供经济保障。同时，还本险还能够在保险期满后全额退还保险金，客户在期初所交的储金经过一个保险期间，能够得到如期归还，具有银行储蓄的作用。

（5）保险期限具有长期性。在人身保险中，虽然保险的期限长短不一，但是有很大一部分保险合同属于长期合同，特别是人寿保险合同，短则三五年，长则几十年或者十几年，人身保险的期限具有长期性。

（四）人身风险的管理决策

家庭人身风险管理中，需要注意以下几个问题：

1. 家庭人身损失的风险是不可避免的

从长期发展来看，家庭人身损失风险的发生是不可避免的，例如，疾病、年老的风险是不可避免的，由此，需要家庭及早制订预防风险的计划，应付未来可能发生的各种人身风险。

2. 对于造成损失较大的风险应该采取风险转移的管理决策

例如，对于家庭从事风险等级较高职业的人员可以投保商业保险，将可能遭遇的风险转移出去。又如，家庭中不存在从事风险等级较高的职业人员，可以考虑选择以死亡、疾病为给付条件的人身保险。

3. 对于收入较高的家庭可以购买投资型保险

这样既可以为被保险人提供保险保障，从而防范日常生活中的风险，又可以满足家庭投资的需要。例如，我国国内的分红保险、投资联结保险和万能寿险等都是家庭投资理财、规避风险的工具。但不同的保险产品，投保人承担的风险和获得的收益也不同。家庭在规避人身风险和投资理财组合的过程中，可以根据自身的投资取向、财务状况和投资风险的承受能力，选择适合家庭需要的保险产品。一般来说，投资联结保险产品的投保人承担的投资风险较高，获得的投资收益也不稳定；传统保险产品的投保人承担的投资风险较低，获得的投资收益也较稳定。

4. 价格水平相同的条件下，选择保障范围宽泛、保险金额较高的保险产品

例如，家庭发生人身风险事故的种类较多，而发生的风险事故往往不在保险

责任范围内，这就会使遭遇风险的家庭得不到保障，因此，在家庭人身风险的管理决策中，应广泛了解有关人身保险的各种产品，在保险产品价格水平相同的条件下，选择保障范围较宽泛、保险金额较高的保险产品。

四、家庭责任风险管理

家庭成员的行为有带来他人损失的风险可能，从而引发家庭责任风险。

家庭责任风险的产生来源于家庭成员的行为。在日常生活中，家庭成员由于疏忽、过失等行为会对他人造成人身伤亡或者财产损失，需要依法承担民事损害赔偿责任。民事责任是指公民或法人在不履行自己的民事义务或者侵犯他人的民事权利时，按照民法的规定而产生的法律后果。

（一）责任风险的识别

一般来说，家庭责任风险主要有违约责任风险、侵权责任风险和违反其他民事责任风险等。违约责任又称违反合同的民事责任。侵权责任又称违反法律规定的民事责任。违反其他民事责任风险，如返还不当得利的责任风险等。

（二）责任风险的衡量

针对家庭责任风险的家庭风险管理，首先，应该预见、识别可能对他人造成的责任损失，尽量避免可能给他人带来的损失。其次，需要衡量责任风险给他人造成的损失。对于可能给他人造成损失较大的风险，应该采取措施转移。对于可能给他人造成损失较小的风险，可以采取风险自留的方式，运用家庭储蓄补偿受害人的损失。保险是转移家庭责任风险的主要方式之一。责任保险的保险标的是被保险人在法律上应负的民事赔偿责任。

（三）责任保险

责任保险是以保险客户的法律责任赔偿风险为承保对象的保险，属于广义的财产保险的范畴，适用范围广泛。其特点主要表现在以下方面：

1. 责任保险与一般财产保险具有共同的性质，即都属于赔偿性保险

保险公司承保时，均需遵循财产保险的可保利益原则，发生索赔时均需运用财产保险的赔偿原则，当责任事故是由第三者造成时适用权益转让原则等，既可以满足被保险人的风险转嫁需要，又不允许被保险人通过责任保险获得额外利益。

2. 责任保险承保的风险是被保险人的法律风险

一般以法律法规规定的民事损害赔偿责任为承保风险，但也可以根据保险客户的要求并经特别约定后，承保其合同责任风险。这种风险与一般财产保险和人寿保险所承保的风险有根本区别。

3. 责任保险以被保险人在保险期内可能造成他人的利益损失为承保基础

首先表现为他人的利益，其次才是这种利益损失因有关法律、法规的规定应

当由被保险人承担的损失。

（四）责任风险的管理决策

家庭责任风险的管理需要注意的问题有：①规范自身的行为，避免责任风险；②对于造成损失较大的责任风险，可以采取措施，转移可能造成的损失；③了解国家政策、法律的有关规定，避免可能发生的责任风险。不了解国家政策、法律的有关规定，容易引发责任损失的风险。例如，某人为朋友担保贷款，结果引发责任风险，造成家庭财产的损失。

第八章　职业标准与职业道德

第一节　风险管理师职业标准

国家职业标准属于工作标准。国家职业标准是在职业分类的基础上，根据职业（工种）的活动内容，对从业人员工作能力水平的规范性要求。它是从业人员从事职业活动，接受职业教育培训和职业技能鉴定以及用人单位录用、使用人员的基本依据。国家职业标准由人力资源和社会保障部组织制定并统一颁布。

一、职业标准概述

国家职业技能标准包括职业概况、基本要求、工作要求和比重表四个部分，其中工作要求为国家职业技能标准的主体部分。

（一）职业概况

职业概况是对本职业基本情况的描述，包括职业名称、职业定义、职业等级、职业环境条件、职业能力特征、培训要求、鉴定要求等内容。

（二）基本要求

基本要求包括职业道德和基础知识，其中职业道德是指从事本职业工作应具备的基本观念、意识、品质和行为的要求，一般包括职业道德知识、职业态度、行为规范；基础知识是指本职业各等级从业人员都必须掌握的通用基础知识，主要是与本职业密切相关并贯穿整个职业的基本理论知识、有关法律知识和安全卫生、环境保护知识。

（三）工作要求

工作要求是在对职业活动内容进行分解和细化的基础上，从技能和知识两个方面对完成各项具体工作所需职业能力的描述。包括职业功能、工作内容、技能要求、相关知识。其中职业功能是指一个职业所要实现的活动目标，或是一个职业活动的主要方面（活动项目）。根据不同职业的性质和特点，可按工作领域、项目或工作程序来划分。工作内容是指完成职业功能所应做的工作，可以按种类划分，也可以按照程序划分。每项职业功能一般包含两个或两个以上的工作内容。技能要求是指完成每一项工作内容应达到的结果或应具备的技能。相关知识是指完成每项操作技能应具备的知识，主要指与技能要求相对应的技术要求、有关法规、操作规程、安全知识和理论知识等。

（四）比重表

比重表包括理论知识比重表和技能比重表。其中，理论知识比重表反映基础知识和每一项工作内容的相关知识在培训考核中应占的比例；技能比重表反映各项工作内容在培训考核中所占的比例。

2015 年新修订的《中华人民共和国职业分类大典》将“风险管理师”纳入了第四大类社会生产服务和生活服务人员职业。但截至目前，国家尚未颁布相应的风险管理师国家职业标准。

二、风险管理师职业概况与基本要求

在 2015 版《中华人民共和国职业分类大典》中，风险管理师的定义为：从事整体风险评估、监测、预警，进行风险管理活动督导、协调、控制并提供咨询服务工作的人员。

（一）风险管理师职级

风险管理师职业设助理风险管理师、风险管理师和高级风险管理师三个等级。职业要求各级能力是依次递进的、高级涵盖低级别的要求，具体如下：

1. 助理风险管理师

助理风险管理师应具备的专业能力：具有风险管理的思维，掌握一定的风险管理方法和工具，具备一定的专业协调能力和沟通能力，能够整理或出具特定的风险报告。在上级的指导下，参与风险信息管理，参与风险评估、风险控制、风险监测和危机处理等专业工作，参与风险管理解决方案的策划，具备一定的风险管理执行力。

2. 风险管理师

风险管理师应具备的专业能力：具有风险管理的整体思维，掌握系统性的风险管理方法和工具，具备良好的专业协调能力和风险沟通能力，能够出具或审核相关的风险报告。能够组织或指导风险评估、风险预警、风险控制、风险监测和危机处理等风险管理专业工作，组织或指导风险管理解决方案的策划，具备风险管理专业的策划、执行、指导和评价综合能力。

3. 高级风险管理师

高级风险管理师应具备的专业能力：具有风险管理的整体思维，掌握系统性的风险管理方法和工具，具备良好的专业协调能力和沟通能力，能够审核重要的风险报告。能够全方位指导风险管理专业工作，能够审核或主持重大事项的风险决策，具备风险管理专业的综合指导和评价能力。

（二）风险管理师职位

在组织的不同层级，风险管理师有不同的职位和职位名称。在一个大中型企业中，风险管理岗位专业人员一般分为首席风险官（或风险总监）、风险经理、风险责任人和风险管理员四类。但作为一类职业可以统称为风险管理师。

1. 首席风险官

首席风险官（CRO）是负责主持或管理日常企业风险管理职能或职责的最高层长官，首席风险官有时也被称为风险总监。在企业实施全面风险管理新的实践中，CRO 往往是这一变革中的核心人物之一。CRO 的存在便于 ERM 基础结构的建设和实践的推动、企业实施跨部门和跨业务的风险沟通、企业的上下或平行关系的风险信息报告和企业在实施全面风险管理方面的凝聚力、领导力和推动力。

虽说由于历史发展的原因，不同企业设置 CRO 的方式有专职的也有兼职的，然而实践证明具有专职 CRO 的企业 ERM 的推动或实施效果最成功。特别是在企业开始步入 ERM 的时期，CRO 帮助企业建立和沟通 ERM 的愿景和战略目标，协助企业做出在 ERM 基础建设等方面决策和进一步按计划落实决策，CRO 为企业策划和建立起一套方法、技术、手段和工具整体系统，CRO 在岗任职也使得企业很快在风险评估或监控关键性风险等方面的进步能有显著的起色。

在企业度过了 ERM 的创始阶段后，CRO 的工作步入常规循环阶段，其常规的职责包括：

（1）建立和优化企业风险管理政策，确定目标和职责，任命风险经理或风险责任人等。

（2）确立每个业务单元对风险管理的权利和义务。

（3）帮助管理层梳理风险偏好和确认风险容忍度，建立和完善企业内部控制体系。

（4）促进风险管理与企业经营管理计划和活动的相结合。

（5）建立风险管理共同语言，设定清晰的和标准化的风险指示指标。

（6）强化多风险报告的管理与监控。向首席执行官报告进展和暴露的问题，向风险管理委员会定期报告工作。

2. 风险经理

风险经理一般负责某业务单元或部门层面的综合风险管理的事务，比 CRO 低一个或几个层次，其岗位可专职也可兼职。现代意义上的风险经理也是 ERM 时代的产物。

在集中风险管理程度较高的企业，风险管理职能部门本身有时也会配置一些风险经理来分管不同区域或不同领域的风险事务。风险经理直接接受所服务业务单元或部门负责人的领导并向其报告工作，同时接受 CRO 的直接业务指导并向其直接报告工作。而在中小企业中，风险经理就是风险管理负责人（并不称为 CRO），而且，从岗位设置的成本出发也可能以兼职为主。

总之，无论专职还是兼职，风险管理的岗位职责是清晰和独立的。风险经理的日常职责范围与 CRO 相似，不同的是处于企业风险管理行政级别，其职责管辖范围不同。

3. 风险责任人

风险责任人是指企业岗位责任中已明确其具体负责某种、某类、某几类或者某一过程的风险，该负责人就是风险责任人。有些企业的岗位职责中甚至规定风险责任人应对相应风险所产生的损失负责。一般而言，风险责任人的岗位分布有以下几种情况：

（1）在企业的某一相关部门工作。如质量风险负责人在质量部门、信贷风险负责人在信贷部门。

（2）企业中某些风险可能仅涉及某一业务单位而不具有企业通有性，风险责任人的工作岗位可能就设置在相关的业务单位层面。

（3）负责企业某一过程风险管理的责任人的工作环境分布在相应的过程环境之中，这种情况下风险责任人往往给过程相关的每一个人进一步分配风险管理的细化责任。

（4）企业往往对某一业务或者某一项目指定风险责任人（也可能是兼职），该风险责任人关注的是影响业务目标或者项目如期保质完成的综合性风险。从风险管理的具体实施和操作层面来讲，过程风险责任人更关注与操作过程相关的综合纯风险管理，而业务或项目风险责任人既关注实施过程中的纯风险，也关注与业务或项目相关的投机性风险的管理。

（5）风险责任人在风险管理部工作。在集中风险管理程度较高的企业，某些风险责任人的日常工作岗位可能由于风险管理部的成立而发生变动，或者风险责任人已从过去任职的部门调整到风险管理部门，但可能仍然分管过去所负责的特定风险管理工作。

过去，上述各类风险责任人的工作报告一般直接报告给其服务的部门领导，然后由部门领导报告给 CEO。在 ERM 时代，他们要将风险状况在报告给部门领导的同时还应直接向 CRO 报告，并在 CRO 的领导或指导下开展工作。

4. 风险管理员

企业无论规模大小都对风险管理员有着广泛需求。在典型的大型企业中风险管理员的工作岗位分布在 3 ~4 个管理层面，在风险管理师或者风险经理的指导下每日具体执行风险管理的特定任务；而在小企业中风险管理员可能被直接委任为专职/兼职的风险经理或风险责任人。在大型企业中，风险管理员的岗位描述主要是：第一，担当企业层面风险管理部内各种风险管理专业岗位负责人员的助手。第二，作为企业业务单位风险经理的助手。第三，作为企业风险责任人的工作助理，包括担任企业特定风险责任人的助理，或是担任某一过程、项目、任务风险责任人的助理。

（三）职业能力特征

风险管理师的职业能力主要包括：一是具备识别、分析、判断和评价风险的能力；二是具有较强的表达能力、沟通能力、协调能力、咨询能力、应变能力和组织能力；三是具备一定的计算能力和信息处理能力；四是具有一定的风险警觉性和敏感性，视觉和听觉正常，色觉敏锐。

（四）主要工作任务

在 2015 版《中华人民共和国职业分类大典》中，风险管理师的主要工作任务有：①传播风险管理文化，建立风险管理环境，制定组织的风险准则；②识别、分析和评价风险；③提供风险应对决策的参考意见；④跟踪、监测风险信息；⑤建立、维护风险信息档案；⑥审查合规性、策划、实施风险信息披露；⑦制订风险预警和控制、应对危机的应急预案；⑧组织、协调、检查、督导、评价风险管理工作。

（五）基础知识要求

1. 风险管理基础知识

风险管理基础知识主要包括全面风险管理概念与发展、风险管理工具和方法、风险信息管理、风险评估、风险管理方案策划与实施、风险管理监督与评价六个方面的内容。

2. 风险管理法律法规及标准规范基础

风险管理法律法规及标准规范方面的基础知识主要包括以下三个方面：

一是《中华人民共和国突发事件应对法》《中华人民共和国安全生产法》《中华人民共和国刑法》《中华人民共和国环境保护法》《大型群众性活动安全管理条例》《国家突发公共事件总体应急预案》《中华人民共和国审计法》等法律、

法规和条例的相关知识。

二是《企业内部控制基本规范》以及配套指引、《行政事业单位内部控制规范》《中央企业全面风险管理指引》等国内标准、规范的相关知识。

三是ISO31000《风险管理原则和指南》、ISO/IEC Guide 73：风险管理术语、ISO/IEC31010《风险管理风险评估技术指南》、COSO《内部控制—整合框架》、SA8000《社会责任标准》、AARCM《企业风险管理人员职业标准》等国际标准、规范的相关知识。

3. 风险管理量化基础

风险管理量化基础主要包括风险评估量化基础、最优决策量化基础、风险模型量化基础、风险审计量化基础等方面的基础知识。

4. 风险控制与预警管理基础

风险控制与预警管理基础主要包括风险控制理论、风险信息控制、风险系统控制、社会风险控制、组织风险内部控制、风险预警管理等方面的基础知识。

5. 公共风险管理基础

公共风险管理基础主要包括公共风险管理概念，发展管理与公共风险管理的关系，公共风险治理框架，公共风险管理政策、手段与方法，公共风险管理案例等方面的基础知识。

6. 组织风险管理基础

组织风险管理基础主要包括组织风险管理的概念，组织风险治理结构，营利组织的风险管理，非营利组织的风险管理，组织风险管理策略、工具和方法，组织风险管理案例等方面的基础知识。

7. 危机/应急管理基础

危机/应急管理基础主要包括危机/应急管理的概念、公共应急管理、组织危机管理策略、危机应对与沟通、危机评估与善后、危机/应急管理案例等方面的基础知识。

8. 事件导向风险预防及应对知识

事件导向风险预防及应对知识包括但不限于：公共卫生事件、公共场所安全事件、食品/药品安全事件、网络/信息安全事件、恐怖事件等方面的基础知识。

三、风险管理师工作要求

根据2015版《中华人民共和国职业分类大典》的规定，风险管理师分为助理风险管理师、风险管理师和高级风险管理师三个职级。不同级别的风险管理师有不同的工作内容，相应地，其知识要求和技能要求也不尽相同，具体如下：

（一）风险管理师知识要求

1. 风险信息管理知识要求

表 8－1　风险信息管理知识要求

工作内容	助理风险管理师	风险管理师	高级风险管理师
风险信息采集	①信息调查基本知识 ②信息采集基本知识		
风险信息统计和分析	①风险信息统计方法 ②风险信息风险方法	风险信息分析方法	
风险信息系统管理	①风险信息库管理知识 ②风险管理信息系统使用和维护知识	①风险信息管理知识 ②风险管理信息系统知识	风险管理信息系统知识
信息沟通和传递	①沟通管理知识和技巧 ②信息传递方法	沟通管理知识和技巧	沟通管理知识和技巧

2. 风险评估知识要求

表 8－2　风险评估知识要求

工作内容	助理风险管理师	风险管理师	高级风险管理师
风险评估的策划和组织	ISO31010 《风险管理风险评估技术》	ISO31010 《风险管理风险评估技术》	ISO31010 《风险管理风险评估技术》
风险识别	①风险识别方法 ②组织和协调方法	风险识别方法	风险识别方法
风险分析	①风险分析方法 ②数据和档案管理方法	风险分析方法	风险分析方法
风险评价		风险评价方法	风险评价方法
风险评估报告	ISO31010 《风险管理风险评估技术》	ISO31010 《风险管理风险评估技术》	ISO31010 《风险管理风险评估技术》

3. 风险管理方案和策划知识要求

表8-3 风险管理方案和策划知识要求

工作内容	助理风险管理师	风险管理师	高级风险管理师
确定风险管理应用领域和范畴	①策划风险管理实施方案的知识 ②文档管理知识	①风险管理知识 ②ISO31000《风险管理原则和指南》	
确定风险管理的实施框架、过程和环境		①ISO31000《风险管理原则和指南》 ②领会政府和组织自身特别定义的框架和过程 ③确定风险环境的知识	ISO31000《风险管理原则和指南》
风险管理最优方案评价和选择	①文案归档知识 ②最优决策选择知识	①ISO31000《风险管理原则和指南》 ②风险管理策略、工具和方法知识 ③风险预警与应急知识与技巧 ④控制活动的知识与技能	①风险管理知识 ②ISO31000《风险管理原则和指南》
风险管理资源配置和预算		①风险管理知识 ②成本与收益评价知识 ③预算知识	①风险管理知识 ②资源配置评价知识 ③成本及预算知识
风险管理最优方案评价和选择		①最优决策选择知识 ②决策的量化技术知识	最优决策选择知识
制定框架、过程和方案实施工作计划	规划/计划撰写技巧	①风险管理知识 ②组织/计划撰写技巧	

4. 风险管理职能履行知识要求

表8-4 风险管理职能履行知识要求

工作内容	助理风险管理师	风险管理师	高级风险管理师
组织实施风险管理计划	①风险管理知识 ②组织与协调方法	①风险管理知识 ②组织与协调方法 ③效率和进度管理方法	效率和进度管理方法

续表

工作内容	助理风险管理师	风险管理师	高级风险管理师
指导/监督一线部门/岗位开展管理风险的日常工作	①检查和监督方法 ②沟通和协调方法	①检查和监督方法 ②工作评价指南 ③沟通和协调方法	①检查和监督方法 ②工作评价指南
沟通、协商、联络相关方（内/外）	沟通和协调方法	沟通和协调方法	沟通和协调方法
针对重大风险的风险监测、风险预警、风险提示、趋势预测	①风险预警技术和方法 ②风险监测技术和方法 ③风险提示方法 ④趋势预测方法	①风险预警技术和方法 ②风险监测技术和方法 ③风险提示方法 ④趋势预测方法	①风险预警技术和方法 ②风险监测技术和方法 ③风险提示方法 ④趋势预测方法
风险报告	风险报告方法	风险报告方法	风险报告方法
审核风险攸关性文件		①风险管理知识 ②法律知识	①风险管理知识 ②法律知识
实施风险应对—可控风险应对	①控制学知识 ②《企业内部控制规范》 ③《行政事业单位内部控制规范》	①控制学知识 ②《企业内部控制规范》 ③《行政事业单位内部控制规范》	①控制学知识 ②《企业内部控制规范》 ③《行政事业单位内部控制规范》
实施风险应对—不可控风险应对	①风险管理知识 ②应急管理知识	①风险理财知识 ②风险应对知识 ③管理学、经济学及法学等知识	①风险理财知识 ②风险应对知识 ③管理学、经济学及法学等知识
危机/应急事件处理	①危机管理知识 ②应急管理知识	①危机管理知识 ②应急管理知识	①危机管理知识 ②应急管理知识
决策支持		管理学知识	管理学知识
风险管理状况诊断		诊断和评价知识	诊断和评价知识
培训和指导		①风险管理专业知识 ②编写计划和教材知识 ③案例分析和实战演练技巧	①风险管理专业知识 ②编写计划和教材知识 ③案例分析和实战演练技巧

5. 评价考核与改进知识要求

表 8－5 评价考核与改进知识要求

工作内容	助理风险管理师	风险管理师	高级风险管理师
评价一线部门/岗位合规状况		合规评价知识	
评价控制体系		风险体系评价知识	风险体系评价知识
评价风险管理框架、过程以及综合方案的实施效果		①风险管理框架、过程策略、工具和方法论评价知识 ②风险管理方案实施效果评价知识	风险管理框架、过程策略、工具和方法论评价知识
风险管理绩效考核	绩效考核知识	①风险管理知识 ②绩效考核知识	①风险管理知识 ②绩效考核知识
持续改进	ISO3100《风险管理原则和指南》	ISO3100《风险管理原则和指南》	ISO3100《风险管理原则和指南》

（二）风险管理师技能要求

1. 风险信息管理技能要求

表 8－6 风险信息管理技能要求

工作内容	助理风险管理师	风险管理师	高级风险管理师
风险信息采集	①能够发放和收回调查问卷 ②能够通过合理渠道或媒介采集内外部风险信息		
风险信息统计和分析	能够实施基础的和某些特定的风险信息的统计和分析	能够实施特定目标或重点的风险信息	
风险信息系统管理	①能够在权限内操作风险管理信息系统 ②能够在权限内输入、查询和更改风险管理信息库 ③能够使用风险管理信息系统执行特定的风险管理数据查询和处理任务 ④能够正确维护风险管理信息系统	①能够实际改进风险管理信息系统的运行方案 ②能够知道信息系统的建设	能够对风险管理信息系统的运行方案提出改进建议或提出新思路

续表

工作内容	助理风险管理师	风险管理师	高级风险管理师
信息沟通和传递	①能够充分了解信息沟通和传递的职责 ②能够及时和正确地沟通/传递/报告风险信息	①能够及时和正确地沟通/传递/报告风险信息 ②能够监督信息沟通和传递状况 ③能够定期撰写和提交信息沟通的报告	能够审阅信息沟通报告并提出意见

2. 风险评估技能要求

表 8-7 风险评估技能要求

工作内容	助理风险管理师	风险管理师	高级风险管理师
风险评估的策划和组织	能够参与组织风险评估的实施	①能够策划风险评估活动 ②能够组织风险评估的实施	①能够审定风险评估活动策划方案 ②能够指导风险评估工作的实施
风险识别	①能够完成风险识别活动中的某些准备工作和协调工作 ②能够记录和整理风险识别结果	①能够识别对目标产生影响的风险源、事件、原因、潜在后果以及影响范围 ②能够出具风险识别清单	能够审阅风险识别清单
风险分析	①能够使用某些基础方法实施一定程度的定性和定量风险分析 ②能够协助风险分析的数据整理工作	①能够评估现行控制措施 ②能够使用得当的定性和定量分析法实施后果分析和可能性分析 ③初步判断风险等级	①能够指导风险分析活动 ②能够解析风险分析中的特殊问题和疑难问题
风险评价		①能够评价并确定风险等级 ②能够提出未来行动建议，包括某个风险是否需要应对，风险应对的优先次序，是否应开展某项应对活动，应该采取哪种途径	①能够指导风险评价活动 ②能够确认风险评价结果
风险评估报告	①能够按要求整理风险评估报告 ②能够将风险评估报告发送给正确的人	能够出具风险评估报告	能够审定风险评估报告，并提出相关建议

3. 风险管理方案和策划技能要求

表 8-8 风险管理方案和策划技能要求

工作内容	助理风险管理师	风险管理师	高级风险管理师
确定风险管理应用领域和范畴		①确定风险管理两个实践应用领域，包括公共风险管理和组织风险管理 ②确定风险管理任务的应用范畴，包括整体、区域或局部	
确定风险管理的实施框架、过程和环境		能够按照风险管理的应用领域，确定与目标实现相匹配的风险管理实施框架、实施过程和实施环境	能够审核风险管理实施框架、过程和环境布局的合理性
风险管理最优方案评价和选择	①能够准备用以支持决策的部分文案 ②能够运用基础的和部分数学方法支持决策选择	①能够策划结构/体系导向解决方案，其中包括策划治理结构和内部控制体系 ②能够策划目标/事项导向解决方案 ③能够策划单一/专项风险解决方案，其中包括能够策划专项/重大风险的预警体系和应急预案体系 ④能够策划匹配的风险应对策略、方法和工具，其中包括策划控制活动系列	①能够审定风险管理实施方案 ②能够给出方案实施的改进建议
风险管理资源配置和预算		①能够提出风险管理的资源配置方案 ②能够估算风险管理成本及提出预算方案	①能够审定风险管理的资源配置方案 ②能够审定风险管理成本及预算方案
风险管理最优方案评价和选择	①能够准备用以支持决策的部分文案 ②能够运用基础的和部分数学方法支持决策选择	①能够评价各类解决方案 ②能够采用决策模型辅助决策 ③能够选择最优解决方案	能够确认最优实施方案
制定框架、过程和方案实施工作计划	能够协助起草有关框架、过程和解决方案在内的风险管理实施计划	①能够起草包括框架、过程和实施方案在内的风险管理实施计划 ②能够确认风险管理计划的可操作性	

4. 风险管理职能履行技能要求

表 8-9　风险管理职能履行技能要求

工作内容	助理风险管理师	风险管理师	高级风险管理师
组织实施风险管理计划	①能够参加组织实施风险管理计划 ②能够参与策划和组织围绕着风险管理计划实施的相关活动	①能够组织实施风险管理计划 ②能够策划和组织围绕着风险管理计划实施的相关活动 ③能够实施计划变更	能够监督和检查风险管理计划的实施
指导/监督一线部门/岗位开展管理风险的日常工作	能够参与针对一线部门/岗位风险管理状况实施指导或监督检查的活动	①能够检查一线部门/岗位风控文案和合规操作水平 ②能够审阅一线部门/岗位的风险报告 ③能够组织针对一线部门/岗位风险管理状况实施指导或监督检查的其他活动 ④能够指导一线部门开展各项风险管理相关活动	①能够考察或抽查一线部门/岗位内部控制措施的落实状况，以及核验内部控制的有效性 ②能够给出审核评价意见
沟通、协商、联络相关方（内/外）	能够有效进行对内风险沟通，一定程度地参与对外风险沟通	①能够使用风险沟通的共同语言和得当方式，有效进行对内沟通和对外沟通 ②能够与各方利益相关者保持良好关系	能够与各方利益相关者保持良好关系
针对重大风险的风险监测、风险预警、风险提示、趋势预测	能够参与执行对部分重要风险实施风险预警、风险监测和追踪、风险提示或风险趋势预测	能够组织和指导对重要风险实施风险预警、风险监测和追踪、风险提示和风险趋势预测	能够重点检查和监督对重大风险实施风险预警、风险监测和追踪、风险提示和风险趋势预测的情况
风险报告	①能够为风险报告的撰写收集支持素材 ②能够整理风险报告	①审阅一线提交的相关风险报告，监控一线风险报告线路和时效的正确性 ②能够撰写和向上级提交多种风险报告，包括特定项目/新项目风险评估报告、风险状况报告、风险事件报告、风险披露报告、内部控制披露报告等	①能够审阅风险报告并给出专业意见 ②能够向高级决策层出具重要的风险报告

续表

工作内容	助理风险管理师	风险管理师	高级风险管理师
审核风险攸关性文件		能够从风险管理的角度审核各类重要的对外报告、报表、合同和其他法律文件	能够从风险管理的角度审核各类重要的对外报告、报表、合同和其他法律文件
实施风险应对—可控风险应对	①能够参与建立和维护公共/组织的控制体系 ②能够参与监督检查控制/内部控制体系的运行状况 ③能够执行内部控制活动的实施	①能够建立和维护公共/组织的控制体系 ②能够监督检查控制/内控体系的运行状况 ③能够合理和有效开展针对可控风险的管理，以落实控制政策、控制活动和控制工具等为手段应对可控风险 ④能够实施控制/内部控制体系运行有效性的自我评价	①能够对控制/内部控制的有效执行实施监督 ②持续研究和优化可控风险的控制手段
实施风险应对—不可控风险应对	①能够参与金融工具和合同工具等风险应对工具的管理 ②能够协助和跟踪风险应对政策的落实	①能够运用得当的金融财务工具应对不可控风险，包括保险和衍生工具等 ②能够运用得当的合同方式风险管理工具应对、转移或对冲某些不可控风险 ③能够提议和推动采用其他经济、法律、行政、技术、教育等风险管理政策，应对不可控风险	①能够对不可控风险应对手段选择的正确性和充分性提出建议 ②持续对某些不可控风险实施追踪和研究 ③能够识别和倡导应用新的和更有效的针对不可控风险的应对策略和应对工具
危机/应急事件处理	①能够参与危机/应急事件的处理 ②能够协助撰写危机事件调查报告	①能够指导/组织正确启动应急预案 ②能够正确和快速组织危机评估 ③能够策略实施内外部沟通及应对媒体 ④能够撰写危机事件调查报告和提出善后方案	①能够正确指导和组织危机/应急事件处理 ②能够向高级决策层出具危机事件报告
决策支持		①能够提供确定性与不确定性的决策信息依据 ②能够追踪决策，并及时提供决策追踪报告 ③能够发表风险管理专业角度决策意见	能够发表风险管理专业角度决策意见
风险管理状况诊断		①能够实施特定领域风险管理状况诊断和分析评价 ②能够实施风险管理状况诊断和分析评价	能够实施风险管理状况诊断和分析评价

续表

工作内容	助理风险管理师	风险管理师	高级风险管理师
培训和指导		①能够制订针对助理风险管理师和风险管理员的培训计划 ②能够制定针对各岗位/全员的风险管理培训方案 ③能够编写教案或教材 ④能够指导助理风险管理师、风险管理员和一线岗位人员	①能够制订针对助理风险管理师和风险管理师的培训计划 ②能够编写教案或教材 ③能够指导助理风险管理师和风险管理师的工作

5. 评价考核与改进技能要求

表 8－10 评价考核与改进技能要求

工作内容	助理风险管理师	风险管理师	高级风险管理师
评价一线部门/岗位合规状况		①能够撰写合规评价报告 ②能够针对合规状况提出奖励/处罚意见	
评价控制体系		①能够撰写控制/内部控制充分性和有效性评价报告 ②能够提出相关改进建议	能够评价控制/内部控制体系的充分性和有效性，能够提出改进建议
评价风险管理框架、过程以及综合方案的实施效果		①能够评价风险管理框架、过程、策略、工具和方法等相关方案的适宜性 ②能够撰写风险管理方案实施效果评价报告	①能够评价风险管理框架、过程、策略、工具和方法适宜性 ②能够评价风险管理综合方案实施效果，并提出改进建议
风险管理绩效考核	①能够参与风险管理绩效考核过程 ②能够服务风险管理绩效考核相关需求	①能够提出风险管理绩效考核标准 ②能够执行实施风险管理的绩效考核	①能够提出风险管理绩效考核标准 ②能够执行实施风险管理的绩效考核
持续改进	①能够参与制订持续改进计划 ②能够落实被分配的持续改进任务	能够制订持续改进的计划，并实施计划	能够指导和监督持续改进措施的实施

第二节 风险管理师职业技能和素质

风险管理师首先应掌握风险管理的相关知识，包括风险管理基础知识、风险识别分析评价技术、风险应对策略等；其次还应该掌握企业管理以及组织所处行业的相关知识。

风险管理师现在已经成为一种职业，而不是一系列活动。对于特定职业而言，必须明确从事该职业的相关人员必须具备的各种素养，也就是完成某些活动所需的能力和素质。

风险管理师所具备的技能包括技术技能（硬技能）和人际沟通技能（软技能），统称为能力框架。

一、风险管理技能

硬性技能包括风险管理技能和企业管理技能。风险管理师需掌握两项基本技能：一是风险管理师必须懂得如何处理风险管理过程中的各项活动及可能出现的问题。二是为了能够更透彻地了解企业运营所处的内部及外部环境，风险管理师应当具备一定的企业管理知识。风险管理过程、风险管理框架及内部环境的制定都离不开执业者对企业的认知及企业管理技能的培养。

不同企业所需要的业务管理技能是不一样的，一般而言，业务管理过程包括会计、财务、法律事务、人力资源、市场营销、设备运营及信息技术等多个层次。风险管理师需具备的风险管理技能要求如表 8－11 所示。

表 8－11 风险管理师风险管理关键技能要求

关键技能	技能要求
与风险管理策略的制定相关的技能	①状态评估：对企业所处的环境以及目标作出评估，明确企业的内部以及外部风险环境 ②制定策略：制定风险策略以及风险管理制度，在企业范围内统一风险管理用语
与风险管理架构的施行相关的技能	①架构设计：设计以及施行风险管理框架、角色以及责任 ②制定流程：制定以及施行风险管理流程，指导方针以及方案 ③创建文化：建立风险意识文化，保持与其他管理活动之间的协调性

续表

关键技能	技能要求
与风险管理表现的衡量相关的技能	①协调评估：协助完成风险的识别、分析以及评估，制定风险管理信息的存档备案流程 ②控制评价：对当前所采取的控制措施的效度做出评价 ③改善控制：协助完成必要且有效的控制改善措施的设计以及实施工作
与风险管理活动中汲取经验的技能	①评估框架：对风险管理决策、政策以及流程做出评估，提出相应的改造建议 ②设计汇报：充分理解汇报要求，设计合理的汇报形式，制作详略得当、形象生动的报告

二、人际沟通技能

人际沟通能力通常被称为软技能。技术技能通常被认为与智商关联，而软技能或者人际交往技能则与情商紧密相连。为了取得风险管理的成功，风险管理执业者需要同时具备智商和情商及相关技能。软技能对于所有企业而言均非常重要。软技能也像技术技能一样，可以学习得到，并在企业运营过程中努力推进该技能的开展和完善。这些手段包括开展研讨会及高级研讨会，鼓励员工为企业的发展出谋划策，贡献一己之力等。

表 8－12 所展示的是商业环境中所需的人际沟通技能范围。这些技能可以分为沟通、关系、分析及管理（CRAM）4 个层面。技术能力可以通过培训及经验积累获得，而人际沟通技能的习得则与相关主体的个性紧密相连。人际沟通技能的习得可能给风险管理执业者带来更高难度的挑战。

表 8－12　风险管理师人际沟通技能要求

关键技能	技能要求
沟通（Communication）技能	①卓越的书面表达以及口头表达能力 ②公开演讲以及口头演说技能 ③委员会以及会议参与技能
关系（Relationship）技能	①与挑战者行为合作的影响力 ②消除争端，找出解决方案的谈判技巧 ③组织团队之间的人际关系技巧

续表

关键技能	技能要求
分析（Analytical）技能	①战略思想能力以及创新技巧 ②数据处理能力，找出问题核心所在 ③研究能力，根据事实提出争议所在
管理（Management）技能	①时间管理技能，完成对团队以及项目的管理 ②激发员工工作热情的领导力水平 ③按照优先次序，协调各方之间的矛盾

（一）沟通技能

准确传达风险问题非常重要。通过风险构架，实现企业内部的沟通和交流。这是与风险控制活动相关的正式风险交流结构及外部风险汇报目的的信息收集。

在某些企业中，风险传达的方式可能并不正式。风险信息交流可以在风险评估研讨会及风险培训课程中得以实现。风险信息交流机制是企业风险文化意识的重要组成部分。外部风险信息交流的实现需要特定的对象——外部利益相关方，包括媒体、公众及群众压力等。

注意：有时候人们对风险所达成的共识和见解并没有科学证据的支撑。企业所提供的信息不能仅限于知识信息本身，还应该包括情绪等层面的人文关怀。

（二）关系技能

在人际关系技能中，实施影响及谈判能力或许是最关键的。与其他人际交流技能相类似的是，人际关系技能的实施需要以企业文化为背景，充分考虑企业内部环境可能造成的各种影响。

人际关系技能还包括聆听技能。在与谈判对象的沟通中，风险管理师必须找出对方的“话外音”或者真实意图，抓住对方话语中的关键词，进而影响对方的某些意识和想法。一般而言，影响的实现需要一定的正能量及对特定问题必将得以改变的必胜决心和坚定信念。

若要实现对他人的影响，使之为你所用，那么作为当事人必须拥有获得支持、激励他人、建立关系及运用其他人的想象力等能力。风险管理标准的改善通常离不开坚持不懈的谈判。

成功的风险管理师必须充分理解政治技能的重要性，力争影响周围的每一个人。所有的企业都摆脱不了少数特殊分子，其行为举止颇为不合时宜。风险管理师必须深谙团体动力学的作用原理，懂得如何消除争端，以灵活的方式，通过谈判协商得出解决方案。政治技能包括对企业文化影响力及利益相关方的不同要求等因素的全面认识。

如果风险管理师同时兼任了会议主持人的角色，那么政治技能的重要性则必然得以彰显。每一个参加会议的人都有权利发表自己的意见及看法，只要确保相关信息能够得以清晰、准确、连贯及真实可信地传达。作为会议主持人，特别是以非执行官的身份出现时，在会议当中保持中立态度，以不偏不倚的姿态，引导与会者达成可接受范围内的共识。

人际关系技能的核心问题在于如何与各种各样的利益相关方建立和谐的人际关系。为了实现风险管理目标，风险管理师必须与为数众多的不同背景的利益相关方打交道。企业的利害关系人主要包括客户、员工、财务管理人员、供应商、政府管理部门及社会环境（CSFSRS）等。利害关系人的范围很广而且并非所有人都对风险及风险管理活动感兴趣。因此，风险管理师需要充分利用自己的人际沟通技能及人际关系技巧，将所有相关人员的主观能动性发挥到极致水平。当然，如何婉拒某些利害关系人的建议同样是风险管理执业者必须习得的人际沟通技巧和能力。

（三）分析技能

分析技能涉及范围较广，要求当事人具备一定的战略思想、逻辑思维能力和创新性的横向思维能力。很多风险管理师都需要参与风险的定量研究，以完成《巴塞尔协议》中资本要求的计算，或是完成对所需保险水平的分析。

分析技能并非一定得与数字扯上关系。一般而言，风险管理师能够从良好的解决问题的能力当中受益。除了分析能力之外，研究能力也是风险管理师不可或缺的素质。快速挖掘及高效处理信息的能力通常能够为风险管理执业者带来诸多益处。在日常工作中，风险管理师总是需要在某个特定主题的大量信息中找出能够将所有信息串联在一起的信息主线，将研究成果以准确且逻辑思路清晰的方式表达出来。在起草书面报告及准备培训课程或者演讲的过程中，风险管理师必须达到上述要求。当然，风险管理者主持召开风险管理高级研讨会的过程中，优秀的分析能力能够带来的益处是显而易见的。

在风险评估研讨会中，与会者对于特定形势下企业所面临的风险水平高低所持的意见不尽相同。经验丰富的风险评估研讨会主持人通常能够倾听来自各方的不同声音，了解各种意见背后的主导因素，明确导致意见不一致局面的幕后主使。在理清了某些与会者先入为主的观念之后，技巧丰富的主持人能够依次挑战和质疑与会者的想法。这是最有效的达成一致意见的途径质疑。

分析技巧所涉及的能力主要包括：理解能力、提出质疑的能力、将问题及观念表达清楚的能力，及根据现有信息做出决策的能力等。这些能力可以进一步细分为展示信息的能力、逻辑思维能力、收集及分析相关信息的能力、设计问题解决方案的能力及测试解决方法效度的能力等。分析能力通常意味着能够获得多种适用的可选解决方案并做比对分析，进而制订出最合逻辑的行动计划纲要。

对于企业风险管理者而言，问题解决及决策制定是最重要的两项能力。问题的解决离不开决策的制定，而风险管理中决策制定尤为重要。我们可以借助于某些流程及技巧，改善决策制定流程及决策质量。对于某些性格的人而言，决策的制定是一个自然而然的过程。因此，这些人应该更加关注决策的质量及其改善问题。那些不太敢于做出最终决策的人通常能够针对风险状态作出高质量的评估，但是在真正的决策行为中，需要加强决策力及执行力。

解决问题的能力及制定决策的能力两者之间紧密相关。在找出并完善可行解决方案的过程中，两者都离不开创新思维的促进作用。在解决问题及制定决策阶段，头脑风暴技能的重要性尤甚。在实际操作过程中，风险管理师通常借助于SWOT 分析法及 PESTLE 分析架构。利落漂亮的决策过程离不开多种技能和素质，包括制定可行方案过程中透露出来的无限创意、做出合理判断所需的独到眼光、决策过程中所需的坚定意志及贯彻执行过程中的雷厉风行等。

（四）管理技能

无论风险管理部门的规模大小，即使风险管理师并不承担任何管理责任，了解一些管理技巧也是非常有必要的。这些管理技能可能穿插于日常工作环节中，例如，说服其他经理人采用不同的行为方式等。这份管理技能意识应当延伸至团队管理及权威代表层面。

或许，对于经理人而言，激励能力是所有人际沟通技巧中最重要的特质。风险管理师必须懂得如何激励别人，特别是在行为方式或者风险意识文化营造过程需要调整的时候。风险管理师必须懂得如何激励公司员工、经理人及执行官，让他们各司其职，为公司的长足发展贡献力量。

自我管理能力的重要性同样不容小觑。自我管理的实现通常包含下述内容：①按照事务的紧急程度及重要性水平，确定做事的条理和顺序；②明确每件事情的最后完成日期；③懂得如何完成自我激励。对于风险管理师而言，时间管理能力、企业管理技能及自我管理素质在其整个职业生涯中均非常重要。

第三节　风险管理师职业道德

职业道德，是人们在职业生活中应遵循的基本道德，涵盖职业品德、职业纪律、专业胜任能力和职业责任等内容。是符合职业特点要求的道德准则、道德情操与道德品质。它既是对本职人员在职业活动中的行为标准规范和要求，同时又是职业对社会所负的道德责任与义务，是一般社会道德在职业生活中的具体体现。

职业道德是随着社会分工的发展，并出现相对固定的职业集团时产生。在一定社会的经济关系基础上，特定的职业不但要求人们具备特定的知识和技能，而且要求人们具备特定的道德观念、情感和品质。各种职业集团为了维护职业利益和信誉，适应社会的需要，在职业实践中根据一般社会道德的基本要求逐渐形成了职业道德规范。

一、职业道德概述

职业道德的含义主要包括以下八个方面的内容：①是一种职业规范，受社会普遍的认可；②是长期以来自然形成的；③没有确定形式，通常体现为观念、习惯、信念等；④依靠文化、内心信念和习惯，通过员工的自律实现；⑤大多没有实质的约束力和强制力；⑥主要内容是对员工义务的要求；⑦标准多元化，代表了不同企业可能具有不同的价值观；⑧承载着企业文化和凝聚力，影响深远。

归纳起来，职业道德主要具有职业性、实践性、继承性和多样性等特征。

职业道德的内容与职业实践活动紧密相连，反映着特定职业活动对从业人员行为的道德要求。每一种职业道德都只能规范本行业从业人员的职业行为，在特定的职业范围内发挥作用。

职业行为过程就是职业实践过程，只有在实践过程中，才能体现出职业道德的水准。职业道德的作用是调整职业关系，对从业人员职业活动的具体行为进行规范，解决现实生活中的具体道德冲突。

在长期实践过程中形成的，会被作为经验和传统继承下来。即使在不同的社会经济发展阶段，同样一种职业因服务对象、服务手段、职业利益、职业责任和义务相对稳定，职业行为的道德要求的核心内容将被继承和发扬，从而形成了被不同社会发展阶段普遍认同的职业道德规范。

不同的行业、不同的职业有不同的职业道德标准。

二、风险管理师职业道德要求

风险管理师是专业性较强的职业，这一职业的复杂性，使外部人员难以对他们的工作做出评价。因此，有必要针对注册风险管理师制定职业道德规范，对他们在工作中的操守、品质进行约束，促使他们认真工作。同时，职业道德规范的建立是风险管理师职业取得外界理解与支持、增加外界对风险管理师职业的信赖的必然要求。相对于组织内部其他人员而言，注册风险管理师需要掌握专门的技能，对经营活动及内部控制进行风险评估，因此树立和维护注册风险管理师的职业形象，是维护风险管理工作的权威性、顺利开展风险管理活动的关键。

风险管理师职业道德规范是风险管理师职业规范体系的重要组成内容。从职业道德行为的角度对注册风险管理师的职业素质、品质、专业胜任能力等各方面提出严格的要求，来保证风险管理师能够独立、客观地进行风险评估和风险管理活动，确保风险管理作用的发挥，促进组织目标的实现。

（一）风险管理师应遵守国家、地区、行业相关的法律法规

风险管理师作为组织经营活动和风险工作的评价者与监督者，应遵守国家、地区、行业相关的法律法规，不能从事有损国家利益、组织利益和风险管理师职业荣誉的活动。

（二）风险管理师在履行职责时，应当做到独立、客观

风险管理师应具备的职业品质是从事风险管理师职业所必须具备的基本条件，保持自身的独立、客观、正直和勤勉，维护职业荣誉。

风险管理师有一定程度的自主权，来完成风险管理工作并及时和董事会进行沟通，这是实现风险管理师价值的重要因素。

风险管理师有责任将风险管理过程中所了解的重要事项如实进行反映。否则，可能使所提交的风险管理报告产生曲解或使潜在的风险不为组织的管理层所重视。在风险管理活动中，风险管理师可能会碰到这样一种情况，即发现一些可能会对组织产生重大影响的现象，但是又没有足够充分的证据表明一定会产生影响。在这种情况下，风险管理师不能隐瞒这些事项，应当在风险管理报告中进行客观的披露，但不能随便得出结论。

（三）风险管理师在履行职责时，应当保持廉洁，不得从风险评估单位或者对象处获得任何可能有损职业判断的利益

因为，从被风险评估单位或者对象处收取利益，会使风险管理师的独立性、客观性受到损害，风险管理师对被风险评估单位或者对象所做审查和评价的公正性、客观性不可避免地都会受到怀疑，从而与组织的利益相悖甚至带来损害。

（四）风险管理师应当具备专业能力和保持应有的职业谨慎，并合理使用职业判断

专业能力是风险管师必须具备履行其职责所需要的知识、技能和其他能力。风险管理师应具备必要的工作技能，并使之不断更新，与工作的需要相匹配。

风险管理师应当具备的专业知识能力主要是指开展风险管理活动所必须掌握的业务、财务、战略、合规等方面的专业知识，以及与组织的经营活动相关的业务知识。风险管理师所掌握的专业知识应能达到这样一个水平，即能够发现组织经营过程中存在的或潜在的风险，并能提出解决问题的建议和相应的控制。

风险管理师还应具备一些基本的沟通技能，如交际技能、出色的语言与书面

表达能力，以有效地完成风险管理活动，并将工作结果清楚地表达出来。风险管理工作的性质决定了风险管理师经常需要与组织内外不同机构和人士进行接触、交流与沟通。风险管理师的工作需要去评价公司风险控制的错误或不足之处，因此，风险管理师与被评价对象之间存在着潜在的冲突倾向。处理好与被评价对象之间的人际关系，增加交流与合作，可以减少被评价对象的抵触情绪，减少工作阻力，对于顺利开展风险管理工作具有良好的促进作用。另外，风险管理是为组织服务的，与组织管理层以及被评价对象以外的其他部门和人员保持良好的人际关系，也是提高服务质量、促进组织目标实现的必然要求。

风险管理工作与组织经营管理的各个方面紧密相连，风险管理师的知识结构和专业水平不能只限于一个狭窄的范围，而应广泛涉猎，吸取多方面的知识。而且身处新经济时代，各类知识的更新与发展很快，只有不断地学习，接受后续教育，才能保持良好的专业水平，胜任风险管理工作。

风险管理师在实施风险管理活动时，应秉持应有的职业谨慎，根据工作的复杂程度，合理使用职业判断，运用必需的风险管理技术。对于风险管理和评价中发现的管理和控制不够充分的环节，应提出合理可行的改进措施。

应有的职业谨慎只是合理的谨慎，而不意味着永远正确、毫无差错，注册风险管理师只能是在合理的程度上开展监督和评价工作，而不可能进行详细的检查和全面的覆盖，风险管理工作并不能保证发现所有存在的问题。

（五）风险管理师应当遵循保密性原则，按规定使用其在履行职责时所获取的资料

由于风险管理工作的性质决定了风险管理师经常会接触到组织的一些机密的内部信息及资料，风险管理师应当对这些信息及资料进行保密，不能因为任何个人或其他组织的利益而滥用和泄露这些机密的资料，要防止因为这些信息与资料的泄露，给组织带来损失。

参考文献

［1］许谨良、周江雄：《风险管理》，中国金融出版社，1998 年。

［2］魏巧琴：《保险企业风险管理》，上海财经大学出版社，2002 年。

［3］寇日明、陈雨露、孙永红：《风险管理实务》，中国金融出版社，2002 年。

［4］王晓群：《风险管理》，上海财经出版社，2003 年。

［5］马丁·冯、彼得·扬：《公共部门风险管理》，天津大学出版社，2003 年。

［6］托马斯等：《企业风险管理》，王剑锋、寇国龙译，中国人民大学出版社，2004 年。

［7］李晓林、何文炯：《风险管理》，中国财政经济出版社，2006 年。

［8］雅科夫·Y. 海姆斯：《风险建模、评估和管理》，胡平等译，西安交通大学出版社，2007 年。

［9］张先之、袁克利：《财务报告内部控制与风险管理》，东北财经大学出版社，2008 年。

［10］黄丽红、黄长全、李素鹏：《企业风险管理员》，国际文化出版公司，2008 年。

［11］黄丽红、黄长全、李素鹏：《企业全面风险管理基础》，国际文化出版公司，2008 年。

［12］安泰环球技术委员会编著：《管理风险 创造价值——深度解读 ISO31000：2009 标准》，人民邮电出版社，2010 年。

［13］《民营企业风险管理——指引手册》，中华全国工商业联合会、中华工商联合出版社，2009 年。

［14］《风险评估专业人员——职业岗位技能培训教材》，中国就业培训技术指导中心，中国商务出版社，2012 年。

［15］李素鹏：《ISO 风险管理标准全解》，人民邮电出版社，2012 年。

［16］李存建：《风险评估——理论与实践》，中国商务出版社，2012 年。

[17] 刘钧:《风险管理概论》(第三版),清华大学出版社,2013 年。

[18] 保罗·霍普金:《风险管理——理解、评估和实施有效的风险管理》,中国铁道出版社,2014 年。

[19] 唐钧:《社会稳定风险评估与管理》,北京大学出版社,2015 年。

后 记

时光飞逝，从组织引进注册企业风险管理师职业资格证书到全面持续开展风险管理理念、理论、方法的传播已经整整10年。10年来，有艰辛、有汗水，但得到更多的是成功的喜悦和对这份事业的一份责任，渐渐地追求变成一种执着和情怀。

事业聚人，具有扎实、全面的风险管理理论知识并具有丰富风险管理实践经验的原亿阳集团法律事务部主任闫存岩博士担任此套丛书的编委会主任，擅长于大数据处理和IT技术的原云汇智（北京）科技有限公司总经理李斌先生正式合作加盟风险管理分会秘书处，闫存岩博士担任专家委员会副主任委员，李斌担任分会风险评估专业委员会副主任委员兼分会秘书处常务副秘书长。他们的全职支持与合作堪称风险管理分会秘书处的幸事，也必将积极推进风险管理分会使命进程的可持续发展。可以期待风险管理分会在服务会员规范性及高品质服务多样性方面更有成效；同时，在风险管理分会公共服务平台、开发风控体系、ERM体系、风险评估、风险管理成熟度第三方评价标准以及评价评估报告模板的开发等方面将更有所作为；在中国各个行业传播风险管理理念将更具深度。

风险管理分会是风险管理者和爱好者的摇篮，也是风险管理实践者实现社会价值的开放性服务平台。担任分会专家委员会副主任委员的闫存岩博士除通过整合各行业风险管理领域的众多专家为社会提供专业的培训外，已经为并且还将继续为相关机构提供风险管理控制体系建设的评价和政务诚信评价。相关评估与评价的标准及报告模板有望陆续出炉，全面履行风险管理分会新的时代使命，即成为中国风险管理的倡导者、领跑者和实践者。

特别要感谢的是，在总会刘福垣会长的倡议以及沈志群常务副会长、李震秘书长的大力支持下，风险管理分会秘书处在2017年4月正式启动《风险管理专业能力培训基础教程》丛书的编撰工作，在49位老、中、青三代中国境内风险管理学者、实践者、探究者、履行者构成的全体编委会成员的积极合作与努力下，丛书已经基本完成合稿，整套丛书由闫存岩博士负责合稿与总审。出版之际需要特别提到师门的盛永娇同学，她是黄炜教授工作室首任总干事并兼任风险管理分会执行副秘书长。是她与各分册的主编及全体参编人员及出版社编辑认真细致而富有责任心的持续、有效沟通促成了书稿的如期合稿与出版。还有师门的孙文萃、和静淑等同学为书稿检索并编辑了匹配的案例资料以帮助读者易于理解书中的内容。在此，对各位同门一直以来的支持与合作一并表示特别的感谢。

此套丛书出版时恰逢我国改革开放 40 周年，希望书中的知识能够鼓励并助力改革者基业长青、平安前行。能够着力巩固改革开放所取得的成就。

最后，希望您在使用本套丛书时，随时将您的意见和建议传达给我们。让我们携手共同为实现党的十九大提出的实现国家治理体系现代化和治理能力现代化贡献力量，以求再版时改进不足并补充完善。

黄 炜

2018 年 4 月 6 日星期五于北京